붓다의 가르침
What The Buddha Taught

붓다의 가르침

What The Buddha Taught

맑은소리
맑은나라

차례

옮기면서　8
머리말　11
서문　14
붓다Buddha　19

제1장 붓다가 가르친 마음가짐　23

인간의 지위는 최고다 - 자기가 자신의 보호자다 - 의혹 - 사고의 자유 - 포용 - 불교는 종교인가 철학인가? - 진리에는 꼬리표가 없다 - 맹목적인 믿음이 아니라 보고 이해하기이다 - 진리조차 집착하지 말라 - 뗏목의 비유 - 가상적 추론은 무의미하다 - 현실적인 태도 - 독화살에 다친 사람의 비유

제2장 첫 번째 거룩한 진리

고제苦諦Dukkha · 둑카　49

불교는 비관주의적이거나 낙관주의적이지 않고 현실주의적이다 - 둑카의 의미 - 인생 경험의 세 가지 측면 - 둑카의 세 가지 양상 - 중생이란 무엇인가? - 다섯 가지 무더기(오온五蘊) - 정신은 물질에 상대되는 개념이 아니다 - 흐름 - 생각하는 자와 생각 - 생명의 기원이 있는가?

제3장 두 번째 거룩한 진리

집제集諦Samudaya · 둑카의 기원   73

정의 - 네 가지 영양분 - 괴로움과 이어짐의 근본 원인 - 발생과 소멸의 본질 - 업과 다시 태어남 - 죽음이란? - 다시 태어남이란?

제4장 세 번째 거룩한 진리

멸제滅諦Nirodha · 둑카의 소멸   83

열반이란 무엇인가? - 언어와 절대적 진리 - 열반의 정의 - 열반은 부정적인 용어가 아니다 - 절대적 진리로서의 열반 - 절대적 진리란 무엇인가? - 진리는 부정적이지 않다 - 열반과 윤회 - 열반은 결과가 아니다 - 열반 다음은 무엇인가? - 잘못된 표현들 - 사후에 아라한은 어떻게 되는가? - 자아가 없다면 누가 열반을 깨닫는가? - 이 생애에서 열반 성취

제5장 네 번째 거룩한 진리

도제道諦Magga · 둑카의 소멸로 이끄는 길   101

중도中道 즉 거룩한 팔정도八正道 - 자비와 지혜 - 윤리적 처신 - 정신 수양 - 지혜 - 두 가지 종류의 이해 - 사성제四聖諦에 관한 네 가지 할 일

제6장 자아라는 불멸하는 실체는 없다

무아론無我論Anatta　　111

영혼이나 자아란 무엇인가? - 신과 영혼: 자기보호와 자기보존 - 흐름을 거스르는 가르침 - 분석적 방법과 종합적 방법 - 조건에 따라 생겨남(연기론緣起論) - 자유의지에 대한 의문 - 두 종류의 진리 - 일부 잘못된 견해들 - 붓다는 분명히 진아眞我를 부인한다 - 붓다의 침묵 - 자아에 대한 관념은 막연한 느낌 - 올바른 태도 - 자아가 없다면 누가 업보를 받는가? - 무아론無我論의 교리는 부정적이 아니다

제7장 명상瞑想 즉 정신 수양　　139

그릇된 견해 - 명상은 일상적 삶에서의 도피가 아니다 - 명상의 두 가지 양식 - 마음챙김의 확립 - 호흡에 대한 명상 - 일상 활동에 대한 마음챙김 - 현재 순간을 살기 - 감각에 대한 명상 - 마음에 대한 명상 - 윤리적, 영적, 지성적 주제에 대한 명상

제8장 붓다의 가르침과 오늘날의 세계　　157

그릇된 견해 - 모두를 위한 불교 - 일상생활에서 - 가족과 사회생활 - 높이 평가되는 평신자 생활 - 불교 신자가 되는 방법 - 사회 및 경제적 문제 - 빈곤: 범죄의 원인 - 물질적, 정신적 진보 - 평신자의 네

가지 행복 - 정치, 전쟁 및 평화 - 비폭력 - 통치자의 열 가지 본분 - 붓다의 메시지 - 현실적인가? - 아쏘까의 예 - 불교의 목표

가려 뽑은 경전   179

   진리의 수레바퀴를 움직이게 하다 - 초전법륜경初轉法輪經   183
   불의 설법   187
   만인에 대한 사랑 - 자비경慈悲經   190
   축복 - 축복경   192
   모든 걱정과 근심을 없애 버림 - 모든 번뇌의 경   194
   옷감 조각의 비유 - 옷감의 비유경   204
   마음챙김의 확립 - 염처경念處經   210
   씨갈라에게 한 충고 - 선생경善生經   225
   진리의 말씀 - 법구경法句經   234
   부처님의 마지막 말씀 - 대반열반경大般涅槃經   252

영어 독자를 위해 가려 뽑은 참고문헌   257

용어 목록   260

찾아보기   267

옮기면서

서예 작품의 글감을 찾기 위해 불교 문헌을 검색하다가 최상대현자最上大賢者Aggamahāpaṇḍita, 왈뽈라 라훌라(Walpola Sri Rāhula, 1907~1997) 스님의 『What the Buddha Taught』를 접하게 되었다. 이 책은 영어로 된 유명한 불교 입문서로, 한글 번역본이 몇 차례 간행되어 이미 많은 사람에게 호평을 받은 바 있다. 그러나 약간의 오류가 있으며, 한글과 한자 불교 용어 사이에서 이해가 어려운 부분도 있고 또 절판되어 구하기 어렵게 되어, 새로이 번역해서 인연이 있는 분들에게 나누려고 한다. 얕은 지식으로 인해 스님의 정한 뜻을 잘 전달할 수 있을지에 대한 우려도 크지만, 불교를 처음 공부하는 분들에게 조금의 도움은 되리라는 마음으로 용기를 내었다.

번역이란, 어떤 언어로 된 글을 다른 언어로 옮기는 행위로, 한자로는 '뒤집다'는 뜻의 '번飜'과 '풀이하다'의 뜻이 있는 '역譯'의 조합어라고 설명한다. 좋은 번역을 위해서는 먼저 해당 분야에 대한 탁월한 지식이 있어야 하고, 두 언어의 뉘앙스를 섬세히 표현할 수 있는 글재주도 있어야 한다. 그러나 두 언어 사이에 완전한 동의어가 있지 않은 한, 번역은 불완전할 수밖에 없어서, 직역과 의역을 넘나들어도 독자에게 원저자의 의도를 전달하기는 몹시 어렵다. 많은 불경을 한역漢譯하여, 중국, 한국과 일본에서 불경이 읽힐 수 있도록 한 구마라집鳩摩羅什에 대해 고승전高僧傳에서 언급하며, '범어梵語로 된 문장을 한문으로 바꾸면 아름다운 문채文彩를 잃어, 마치 밥을 씹어서 남에게 주는 것과 같아, 원래의 맛을 잃을 뿐만 아니라 구역질을 일으킨다.'라고 했는데, 번역하는 이에게 비수와 같은 경구警句다.

『What the Buddha Taught』는 비불교도가 대부분인 서양의 일반인들에게 붓다의 가르침을 쉽게 소개하려는 의도로 쓴 책이다. 라훌라 스님이 빠알리어로 된 초기 불교의 개념을 적절한 영어 어휘로 바꾸어 서술하고 있는데, 원래 빠알리어 단어의 뉘앙스에 딱 맞는 영어단어가 있기 어려워, 물론 이런 점 때문에 빠알리어를 함께 적어 놓았지만, 의미의 전달에 한계가 있을 수밖에 없다. 거기에다 이 영어본을 한국어로 번역하면 이중 번역이 되니 빠알리어 원전의 의미와 더 동떨어질 위험이 크다. 또 다른 어려움은, 구마라집이 한문으로 번역해 놓은 불경을 통해 우리가 한자식 불교 용어에 이미 어느 정도 익숙해져 있는데, 영어로 된 원저를 일상적 우리말 어휘로 그대로 번역하면 독자가 기존 한자식 불교 용어와 혼선을 일으켜 의미가 오히려 쉽게 와닿지 않을 수 있다는 점이다. 그래서 어쩔 수 없이 일상적 우리말 표현과 한자식 불교 용어 사이에서 우왕좌왕하였으니, 부족한 부분은 독자들의 지혜로움에 기대기로 한다.

그리고 저자가 각주에 표기해 놓은 원전 출처는 본문 해당 문장 말미에 [ ]로 표기하였고, 영어나 빠알리어로 된 오래된 책자여서 페이지는 생략하였다. 외국어의 한글 표기는 가능하면 국립국어원의 외래어 표기법을, 빠알리어(빨.)와 쌘쓰끄리뜨어(범어梵語)(싼.)1) 표기는 전재성 경전연구소 범어전문위원의 '음성론'을 따랐다. 이해를 도우려고 역자가 본문이나 주석에 첨가한 내용은 〈역주〉로 표시해 놓았다. 원작에 실려있는 많은 불상 사진은 선명도가 제한적이어서 석굴암 사진과 전각篆刻을 위주로 대체하였다. 사진 자료를 무상 제공한 국립중앙박물관과 국립문화유산연구원(故 한석홍 작가님) 그리고 전각 작품을 사용할 수 있도록 흔쾌히 허락해 주시고 조언을 아끼지 않으신 퇴휴 남황기 선생님과 매현 박순하 선생님께 감사드린다. 아울러 출판을 맡아 애써주신 도서출판 맑은소리맑은나라 김윤희 대표님과 김창미 선생님께도 고마움을 표한다.

서기 2025년 1월 5일

- 碧山 合掌

---

1) 〈역주〉 붓다가 설법에 사용했을 것으로 추정되는 언어는 고대 마가다어(ancient Magadhi prakrit)이다. 붓다가 돌아가신 지 100일이 채 지나기 전에 500명의 아라한이 마가다국 왕사성에 모여 불경 제1차 결집을 이루는데, 우빠알리 존자와 아난다 존자의 기억에 의존해 붓다의 말씀을 정리해 운율에 맞추어 암송하며 전해져 왔다. '빠알리'는 특정 언어가 아니라 '성서聖書'라는 의미인데 스리랑카에 남아 있던 전통적 삼장三藏을 성서라고 부르면서 그 언어를 빠알리어라고 한 것이 아닌가 생각된다. 암송되어 전해 내려오던 빠알리어 경전은 기원전 1세기경 스리랑카에서 문자로 기록되었고, 5세기에 빠알리어 삼장을 확립하였으며, 씽할라어로 전승되어 오던 주석을 빠알리어로 번역하여 편찬하였다. 4세기 인도 북부에서는 공용어가 된 쌘쓰끄리뜨어로 필사되었고, 이 쌘쓰끄리뜨어 경전이 중국으로 건너가 한역漢譯되어 우리나라까지 전해지게 된다.

머리말

폴 드미빌Paul Demiéville
The Institut de France 회원
The College de France 교수
The School of Higher Studies (Paris) 불교연구 주임

이 책은 깨달음을 얻은 불교계의 상징적 인물이며 가장 적임자 중 한 사람에 의해 확실한 현대적 사고로 쓰인 불교 해설서이다. 왈뿔라 라훌라W. Rāhula 스님은 실론Ceylon(스리랑카)에서 불교 승려의 전통적인 수련과 교육을 받았으며, 아쏘까Asoka 시대부터 붓다의 법이 번성해 왔고 오늘날까지 모든 생명력을 보존하고 있는 그 섬의 주요 수도원 교육기관 중 한 곳에서 지도자로 있었다. 이처럼 고대의 전통 속에서 자란 그는 모든 전통이 의문시되는 이 시기에 국제적인 과학적 학습의 정신과 방법을 대면하기로 결심했다. 라훌라 스님은 실론대학교2)에 입학하여 우등학사 학위(런던대학교)를 취득한 후 실론

---

2) 〈역주〉 실론대학교는 1921년부터 1942년까지 영국 런던대학교의 분교로 운영되었기 때문에 학사학위는 런던대학교로 되어 있다.

의 불교 역사를 주제로 한 박식한 논문으로 실론대학의 철학박사 학위를 받았다. 캘커타대학의 저명한 교수들과 함께 일하면서 티베트에서 극동에 이르는 지역의 불교의 주류 형태인 대승大乘의 대가들과 접촉한 후, 그는 자신의 무편견주의無偏見主義oecumenism를 넓히기 위해 티베트어 경전과 한역漢譯 경전을 파고들기로 결심했고, 대승불교계의 저명한 철학자인 아쌍가Asaṅga3)에 대한 연구를 준비하러 영광되게도 파리대학(소르본느)에 왔다. 아쌍가의 싼쓰끄리뜨어로 된 주요 저술 원전은 유실되어 티베트어와 한역본만 남아 있다. 라훌라 박사가 노란색 가사袈裟를 걸치고 서양의 공기를 마시면서, 어쩌면 우리의 낡고 잘못되었을지 모르는 시각으로 자기 종교인 불교에 대한 보편적 성찰을 찾으며, 우리와 지낸 지 이제 8년이 지났다.

  그가 나에게 서양의 일반인에게 소개해 달라고 정중히 부탁한 이 책은, 싼쓰끄리뜨어로 '아가마agama(아함阿含, 전승傳承)', 빠알리어로 '니까야nikāya(교리모음집)'라고 불리는 가장 오래된 고대 경전에 나와 있는, 불교 교리의 기본 원칙에 대해 모든 사람이 이해할 수 있도록 명쾌하게 설명하고 있다. 이 경전들에 대해 비길 바 없는 지식의 소유자인 라훌라 박사는 경전의 내용만을 계속해서 인용하고 있다. 이

---

3) 〈역주〉 아쌍가(무착無着, 300년~390년?)는 간다라 지방 출신의 인도 대승불교의 사상가이며, 그의 동생 바쑤반두(Vasubandhu, 세친世親) 역시 불교 사상가이다. 대승아비달마집론大乘阿毗達磨集論(Mahāyānābhidharma-samuccaya) 등을 저술했다.

경전들의 권위는 예나 지금이나 수많은 모든 불교 학파에 의해 이의 없이 받아들여지고 있는데, 행간의 정신을 더 잘 해석하려는 의도에 의한 것을 빼면 이 책의 어떤 부분도 고대의 경전에서 절대 벗어나지 않았다. 불교가 수 세기에 걸쳐 광대한 지역으로 퍼져 나가는 과정에서 해석은 실로 변화해 왔으며, 법法(붓다의 가르침)은 여러 관점을 갖게 되었다. 그러나 라훌라 박사가 여기서 제시한 불교의 관점은 어떤 면에서는 인문주의적, 이성주의적, 소크라테스적이고, 다른 면에서는 포교주의적이며, 또 다른 한편으로는 거의 과학적인데, 문헌적 증거가 설명에 필요한 경우에는 방대한 원전의 자료를 이용해서 뒷받침하고 있다.

라훌라 스님은 인용문에 덧붙이는 설명을 항상 꼼꼼하고 정확하게 번역하여, 명확하고 단순하고 직설적이며, 현학적인 요소는 전혀 없다. 그가 빠알리어 자료에서 대승의 모든 교리를 재발견해 내기를 바라는 것처럼, 일부 내용은 토론이 필요할 수 있다. 그러나 그는 빠알리어 원전에 워낙 정통하여 그 자료들이 새로이 조명받도록 만들고 있다. 라훌라 스님은 자신을 현대인이라 부르지만, 여기저기서 꺼내 놓은 것들 - 동시대 세계의 어떤 사고 흐름과 함께 만들어질 수 있는 것들로 사회주의, 무신론, 실존주의와 정신분석학 - 과 비교하며 주장하는 것을 삼가고 있다. 이 진심 어린 학구적 저술에서, 독자는 현대적 감각과 사고로 설명된 데 대해 감사해야 하고, 빠알리어 불교 원전에 해박한 스님에게는 불교 교리 번역의 가능성을 열어 보여주었다.

서문

오늘날 전 세계적으로 불교에 대한 관심이 높아지고 있다. 수많은 학회와 연구 단체가 생겨났고, 붓다의 가르침에 대해 많은 책이 출간되었다. 그러나 유감스럽게도 그 책들 대부분은 실제로 능력이 부족한 사람들이나, 다른 종교에서 비롯된 옳지 않은 가정으로 연구하는 사람들에 의해 쓰이고 있다. 이런 책들은 틀림없이 주제를 잘못 해석하고 잘못 표현한다. 최근 불교에 관한 책을 쓴 한 비교종교학 교수는 붓다의 헌신적인 시자侍者인 아난다Ānanda가 비구比丘였다는 사실조차 모르고 그가 평신자라고 생각했다. 이런 책이 전파한 불교 지식이 독자의 기억 속에 그대로 남겨질 수 있다.

나는 이 작은 책에서 무엇보다도 먼저 붓다가 실제로 무엇을 가르치셨는지 알고 싶어 하는, 이 주제에 대해 배우지 않은, 그러나 교육받은 지적인 일반 독자들을 대상으로 설명하려고 노력했다. 독자를 위해서, 붓다 설법의 현존하는 가장 오래된 기록으로 학자들이 보편적으로 받아들이고 있는 삼장三藏tipiṭaka4)의 빠알리어 원본에 있는

---

4) 〈역주〉 빠알리 삼장三藏(빨.tipiṭaka, 싼.tripiṭaka)은 크게 세 가지로 나눈다. 삼장이란 세 가지 광주리라는 의미다. 세 가지는 승가를 위한 계율 규정인 율장律藏

붓다가 실제로 하신 말씀들에 대해, 원본에 충실히 정확하게 해석하여, 가능하면 간략하고 직설적이고 또 간결하게 표현하고자 했다. 여기에 사용된 자료와 인용된 구절은 대부분 이 원전에서 직접 발췌한 것이다. 몇몇은 후기 경전에서도 인용하였다.

나는 또한 붓다의 가르침에 대해 이미 어느 정도 지식을 가지고 있고 더 깊이 공부하고 싶어 하는 독자도 염두에 두었다. 그래서 나는 대부분의 핵심 단어에, 해당하는 빠알리어를 표기했을 뿐만 아니라, 각주에 원전 상 출처와 선정된 참고문헌도 나타내었다.

내 작업의 어려움은 여러 가지였다. 시종일관 생소함과 대중성 사이에서 방향을 잡으려 했으며, 붓다 설법의 주제와 형식을 손상하지 않으면서 현대의 영어권 독자에게 이해하고 감상할 수 있는 무언가를 주려고 노력했다. 이 책을 쓰면서 나는 고대 경전들을 머릿속에 떠올렸고, 그래서 나는 독자가 스승이 사용한 가르침의 형식에 대한 개념을 약간은 가질 수 있도록, 우리에게 구전口傳된 대로 붓다 설법의 한 부분인 동의어와 반복을 의도적으로 유지했다. 나는 가능한 한 원전에 가깝게 하려고 했으며, 쉽고 읽기 편하게 번역하려고 노력했다.

그러나 간단하게 하려다가 붓다가 전개하고자 했던 특별한 의미를 잃어버리는 우를 범하지 않으면서, 개념을 다루기가 어려웠다는

(vinaya piṭaka), 법법을 모은, 즉 니까야인 경장經藏(sutta piṭaka), 경장에 설해진 법의 철학적 논의인 논장論藏(abhidhamma piṭaka)이다.

것 외에도 언급할 것이 있다. 이 책의 제목을 'What the Buddha Taught(붓다의 가르침)'로 정했을 때, 의미를 왜곡시키는 위험을 감수하고라도 알기 쉽게 표현하여 독자들을 만족하게 하자는 생각도 좋겠지만, 붓다의 말씀은 물론 구사했던 문채文彩조차 원고에 넣지 않는 것은 잘못이라 느꼈다.

나는 붓다의 핵심적이고 근본적인 가르침이라고 일반적으로 인정되는 거의 모든 것을 이 책에서 거론하였다. 이들은 '네 가지 거룩한 진리(사성제四聖諦)', '여덟 부분으로 된 거룩한 길(팔정도八正道)', '다섯 가지 무더기(오온五蘊)', '업業karma', '거듭 태어남(윤회輪廻)', '조건 따라 생겨남(paṭicca-samuppāda, 연기緣起)', '자아라는 불멸하는 실체는 없다(anatta, 무아론無我論).', '마음챙김(알아차림)의 확립(satipaṭṭhāna, 염처念處, 염주念住)'에 관한 교리이다. 당연히 책의 내용 중에는 서양의 독자들에게 생소한 표현들이 있을 것이다. 독자가 좋다면 먼저 제1장을 읽고, 다음으로 제5, 7, 8장으로 가서 일반적인 개념이 더 명확하고 생생해졌을 때, 다시 돌아가서 제2, 3, 4, 6장의 순으로 읽으라고 권하고 싶다. 상좌부上座部Theravāda와 대승불교大乘佛敎Mahāyāna 모두의 사상적 체계에서 근본적인 것으로 받아들이고 있는 주제들을 다루지 않고 붓다의 가르침에 관한 책을 쓰는 것은 불가능하다.

'작은 수레(소승小乘)'라는 뜻의 '히나야나Hīnayāna'라는 말은 불교에 정통한 사람들 사이에서 더는 쓰이지 않으며, '테라바다Theravāda'는 '상좌부上座部(장로長老학파)'로, '마하야나Mahāyāna'는 '대승大乘(큰 수레)'으로 번역할 수 있다. 이 두 형태가 오늘날 세계 불교의 양대 산맥으로 인정되고 있다. 원래의 정통 불교라고 여겨지는 상좌부불교는 스리랑카, 미얀마, 태국, 캄보디아, 라오스, 방글라데시 남동부의 치타공에서 신봉되고 있다. 상대적으로 나중에 발달한 대승불교는 중국, 일본, 티베트, 몽골 등의 타 불교 국가에서 받들고 있다. 이들 두 종파 사이에 주로 신앙, 수행, 의례와 관련하여 부분적으로 약간 차이가 있다. 그러나 여기에 수록된 것 같은 붓다의 가장 중요한 가르침에 있어서는 상좌부와 대승 모두 이의 없이 동의한다.

이제 나는 이 책을 집필하도록 권해 준 EFC 뤼도빅Ludowyk 교수님께, 갖은 도움과 함께 이 책에 대해 관심을 가지고 여러 제안을 해주셨고 또 처음부터 끝까지 훑어 읽어 주신 데 대해 감사를 표하는 일만 남았다. 원고를 전체적으로 검토하고 귀중한 제안을 해준 마리 안느 몬Marianne Mohn 양에게도 깊은 고마움을 표한다. 마지막으로 파리의 나의 스승 폴 드미빌Paul Demieville 교수님께서 머리말을 써 주시는 친절로 베푸신 은혜에 크게 감사드린다.

1958년 7월 파리에서
왈뿔라 라훌라 W. Rāhula

마니Mani에게

진리를 선물하는 것은 다른 어떤 선물보다도 훨씬 뛰어나다.
Sabbadanam dhammadanam jinati

사진 1. 석굴암 본존불 〈국립문화유산연구원 제공〉

붓다Buddha

붓다는 본명이 씻다르타(빨.Siddhattha, 싼.Siddhārtha)였고 성은 고따마(빨.Gotama, 싼.Gautama)였으며 기원전 6세기에 북인도에 살았다. 그의 아버지인 숫도다나Śuddhodana는 현재 네팔 지역인 석가족釋迦族 Sakya 왕국의 통치자였다. 어머니는 마야Maya 왕비였다. 당시의 관습에 따라 그는 열여섯의 어린 나이에 야쏘다라Yasodharā라는 이름의 아름답고 헌신적인 젊은 공주와 결혼했다. 젊은 왕자는 자신의 궁전에서 마음대로 갖은 호사를 누리며 살았다. 그러다가 갑자기, 삶의 실상實相(만물의 있는 그대로의 참모습, 본성)과 인류의 고통에 직면하게 되자, 그는 해결책 즉 이 보편적인 고통에서 벗어나는 길을 찾기로 결심하였다. 스물아홉 살에 외동 라홀라Rāhula가 태어난 직후 그는 왕국을 떠나 이 해답을 찾으려는 고행수도자가 되었다.

고행수도자 고따마는 여섯 해 동안 갠지스Ganges 강 유역을 돌아다니며 유명한 종교적 스승들을 만나고, 그들의 학설과 수련 방법을 공부하고 따르며 엄격한 금욕 수행을 감수하였다. 그러나 고따마는 만족하지 못했다. 그래서 모든 전통 종교와 그 방식을 그만두고 자신만의 길을 갔다. 그리하여 서른다섯 살의 고따마는 어느 날 저녁, 붓다-가야Buddha-Gaya(오늘날 비하르Bihar의 가야Gaya 부근)의 네란자라Nerañjarā 강둑에 있는 나무(그 이후로 보리수 또는 보나무, '지혜의 나무'로 알려집) 아래에 앉아 깨달음을 얻었고, 그 후 그는 붓다, 즉 '깨달은 이'로 알려지게 된다.

깨달음을 얻은 후, 붓다 고따마는 바라나씨Varanasi(Benares) 근처의 이씨빠따나Isipatana(오늘날의 싸르나트Sārnath)에 있는 '사슴동산(녹야원鹿野苑)'에서 그의 옛 동료들인 다섯 명의 고행수도자 무리에게 첫 설법을 했다. 그날부터 45년 동안 그는 왕과 농민, 바라문과 불가촉천민, 자산가와 거지, 성자聖者와 강도를 조금도 차별하지 않고 모든 계층의 남녀들을 가르쳤다. 그는 카스트caste나 사회적 그룹의 차이를 인정하지 않았으며, 그가 역설한 '길'은 그것을 이해하고 따를 준비가 되어 있는 모든 남자와 여자에게 열려 있었다.

붓다는 여든 살에 꾸씨나라Kusinara(현재 인도의 웃따르 쁘라데쉬Uttar Pradesh)에서 돌아가셨다.

오늘날 불교는 스리랑카, 미얀마, 태국, 캄보디아, 라오스, 베트남, 티베트, 중국, 일본, 몽골, 한국, 대만과 인도, 파키스탄, 네팔의 일부 지역, 그리고 러시아에 전해져 있다. 전 세계 불교 인구는 5억 명이 넘는다.

사진 2. 인도 빨라Pāla 시대 10세기경 붓다 일생의 중요한 여덟 장면을 새긴 팔상八相 불비상佛碑像. 가운데 촉지인觸地印 자세의 큰 불좌상은 깨달음(성도成道)의 장면, 왼쪽 아래에서부터 위로 탄생, 초전법륜初轉法輪과 도리천강하忉利天降下, 오른쪽 아래에서부터 위로 원후봉밀猿猴奉蜜, 대신변大神變, 취상조복醉象調伏, 가운데 맨 위는 붓다의 반열반般涅槃을 나타내었다. 〈국립중앙박물관 제공〉

사진 3. 석굴암 본존불 〈국립문화유산연구원 제공〉

제1장

붓다가 가르친 마음가짐

우리가 붓다를 통속적인 의미에서의 종교 창시자라고 불러도 된다면, 종교의 창시자들 가운데서 붓다는 순수하고 평범한 인간 이외에 어떤 존재가 있다고 주장하지 않은 유일한 스승이었다. 다른 교주들은 하느님이거나, 하느님이 변한 화신이거나, 또는 하느님에게 계시를 받은 사람이었다. 붓다는 한 인간이었을 뿐이며 무슨 신神이나 외부의 신적 권능으로부터 어떠한 영감도 받은 바 없다고 했다. 그는 모든 자신의 깨달음, 성과 및 성취를 인간의 노력과 지성 덕분으로 여겼다. 사람은 아니 오직 사람만이 붓다가 될 수 있다. 바라고 노력한다면 붓다가 될 수 있는 잠재력을 모든 사람은 스스로 가지고 있다. 우리는 붓다를 대단히 뛰어난 사람이라고 평가할 수 있다. 그의 '인간다움'은 너무 완벽했었기에 후대의 대중 신앙에서는 거의 '초인'으로 여겨지게 되었다.

불교에 의하면 인간의 지위는 최고다. 인간은 자신이 자기의 주인이며, 그의 운명을 심판하는 더 높은 존재나 신적 권능은 없다.

"자기가 자기 자신의 보호자인데, 어찌 다른 누가 보호자일 수 있겠는가?"라고 붓다는 말했다.[법구경 160] 그는 제자들에게 자기 자신의 보호자가 되라고 하였으며, 절대로 다른 사람에게서 보호자를 찾거나 도움을 구하지 말라고 일깨워주었다.[디가 니까야 반열반경] 붓다는 각 개인이 자기 자신을 계발하고 자신의 해탈解脫을 모색하도록 가르치고, 격려하고, 고무했는데, 이는 인간에게 자신의 개인적 노력과 지성으로 모든 속박에서 자신을 해방시킬 수 있는 힘이 있기 때문이다. 붓다는 "그대의 일은 그대가 해야 하느니. 여래[5]는 다만 길을 가르쳐 줄 뿐이다."라고 말했다.[법구경 276] 어쨌든 붓다가 '구원자'라 불린다면 그것은 오로지 '해탈', 즉 '열반涅槃nirvāṇa의 길'을 발견하여 보여주었다는 의미에서다. 그러나 우리는 그 '길'을 스스로 걸어가야만 한다.

붓다가 제자들에게 자유를 허용한 것은 바로 이 개인이 책임져야 한다는 원칙에서다. 「대반열반경大般涅槃經Mahāparinibbāna-sutta」[6]에서 붓다는 결코 승가僧伽saṅgha[7]를 다스리려고 생각하지 않았을 뿐만 아니라 승가가 자기에게 의존하는 것도 바라지 않았다고 말한다. 자기

---

[5] 여래如來Tathāgata의 문자적 의미는 '진리에 도달한 사람', 즉 '진리를 발견한 사람'이다. 이 용어는 붓다가 자신을 가리킬 때나 일반적으로 붓다들을 가리킬 때 쓰인다.
[6] 〈역주〉 고대 인도인들도 수많은 현인의 어록 가운데, 특별한 어록들을 별도로 구별하여 한 권의 책으로 만들었다. 그들은 나뭇잎에 문구를 기록하고, 그 잎들을 차곡차곡 겹쳐 하나로 묶었다. 그리고 그 특별한 묶음을 싼쓰끄리뜨어로 '쑤뜨라sūtra', 빠알리어로는 '쏫따sutta'라고 불렀다. 한자로 '경전經典'이라고 한다.

가르침에는 비밀스러운 교리가 없다며, '스승의 움켜쥔 주먹(ācariya-muṭṭhi, 사권師拳)' 속에 아무것도 감추지 않았다고 하거나, '소매 속에' 들어있는 것이 전혀 없다고 말하였다.[디가 니까야]

붓다가 허용한 사고의 자유는 종교사宗敎史적으로 다른 종교에서 들어보지 못한 것이다. 붓다에 의하면 인간의 해탈은 진리에 대한 자신의 깨달음에 달린 것이지, 인간의 순종적인 선한 행동에 대한 보상으로서 주어지는, 신이나 어떤 외부의 신적 권능의 자비로운 은총에 의해 좌우되는 것이 아니기 때문에, 이 사고의 자유가 필요하다.

한번은 붓다가 꼬쌀라Kosala 왕국의 께싸뿟따Kesaputta라는 작은 마을을 방문했다. 이 마을은 깔라마Kālāma라는 성씨를 가진 사람들의 집성촌이었다. 붓다가 자기들 마을에 왔다는 소식을 듣고서, 방문에 고마움을 표하고 이렇게 말하였다. "선생님이시여, 께싸뿟따를 찾아온 사문과 바라문[8]이 몇 사람 있습니다. 그 사람들은 오로지 자기 교리만을 설명하고 존중합니다. 그리고 남의 교리는 멸시하고 비난하고 배척합니다. 그러고 나서 다른 사문과 바라문이 찾아옵니다. 그

---

7) 쌍가saṅgha의 뜻은 '공동체'이다. 그러나 불교에서 이 용어는 승려 조직체인 '불교 승려들의 집단(승가僧伽)'를 가리킨다. 붓다Buddha(불佛), 가르침(dhamma, 법法)과 승가는 '세 의지처(tisaraṇa, 삼귀의처三歸依處)'나 '세 보물(빨.tiratana, 싼.triratna, 삼보三寶)'로 알려져 있다.

8) 〈역주〉 붓다 당시 고대 인도에는 바라문婆羅門brāhmaṇa과 사문沙門sāmaña이라는 두 부류의 종교인이 있었다. 바라문은 고대 인도 카스트의 가장 높은 계급으로, 제사와 교육을 담당하는 바라문교의 사제司祭를 말한다. 그 외의 혈통 출신으로, 출가 수행자를 모두 사문이라 했다. 당연히 불교 승려도 사문의 하나였다. 불교가 융성해진 뒤로 불교의 승려들만 가리키게 되었다.

리고 그 사람들 역시 자기네 교리만 설명하고 빛나게 하지만 남의 교리는 깔보고 헐뜯고 일축합니다. 하지만 선생님, 저희는 이 존경받는 사문들과 바라문들 중에서 누가 진실을 말했고, 누가 거짓을 말했는지에 대해 항상 의혹과 당혹감을 가지고 있습니다."

그때 붓다는 종교사에 유례없는 이런 충고를 해주었다.

"그렇다, 깔라마씨들이여, 그대들이 의혹을 품고, 이해하기 힘들어서 당혹감을 느낄 수밖에 없었을 것이니, 이는 미덥지 못한 곳에 대해 의문이 생겼기 때문입니다. 자, 깔라마씨들이여, 소문이나 구전口傳이나 풍문에 이끌리지 마십시오. 종교 경전의 권위에 이끌리지 말고, 논리나 추론에 이끌리지 말고, 상황을 배려해서 이끌리지 말고, 불확실한 견해의 재미에 이끌리지 말고, 그럴듯해 보이는 것에도 이끌리지 말고, '이분이 우리의 스승이다.'라는 생각에도 이끌리지 마십시오. 오! 깔라마씨들이여, 그대들이 어떤 것들이 불건전하고(akusala, 불선不善), 그릇되고, 나쁘다는 것을 스스로 알게 될 때는 그것들을 버리십시오…. 그리고 어떤 것들이 건전하고(kusala, 선善), 좋다는 것을 스스로 알게 되면, 그것들을 받아들이고 따르십시오."[앙굿따라 니까야]

붓다는 더 나아갔다. 그는 비구들에게 제자는 자신이 따르는 스승의 진정한 가치를 완전히 확신할 수 있도록 여래 즉 붓다 자신조차도 검증해야 한다고 말했다.[맛지마 니까야 M47 구해경求解經(검증자경)]

붓다의 가르침에 의하면, 의심vicikicchā은 '진리'에 대한 명확한 이해와 정신적 진보를 방해하는 '다섯 가지 장애(nīvaraṇa, 오개五蓋, 오장애五障礙)9)' 중 하나이다. 그러나 의심이 '죄'가 되지 않는 것은, 불교에는 믿음의 계명誡命이 없기 때문이다. 사실 불교에는 몇몇 종교에서 가르치는 원죄 같은 그런 '죄'라는 것이 없다. 모든 악폐의 뿌리는 무명無明avijjā10)과 그릇된 견해(micchā diṭṭhi, 사견邪見)이다. 의심, 이해하기 힘들어 생기는 당혹감, 흔들림이 있는 한 어떤 진전도 불가능하다는 것은 부인할 수 없는 사실이다. 또한, 이해하지 못하거나 명확하게 알지 못하는 한 의심할 수밖에 없다는 것도 마찬가지로 부인할 수 없다. 하지만 더 나아가기 위해서는 의심을 없애는 것이 절대적으로 필요하다. 의심을 없애기 위해서는 명확하게 알아야 한다.

의심하지 말아야 한다거나 믿어야만 한다고 말하는 것은 의미가 없다. 그냥 '믿습니다.'라고 말한다고 해서 이해하고 안다는 뜻은 아니다. 학생이 수학 문제를 공부할 때, 어떻게 풀어야 할지 모르는 국면에 이르면 의심과 당혹감에 빠진다. 그 학생이 이 의심이 있는 한, 풀 수 없다. 만약 풀기를 원한다면, 학생은 이 의심을 해결해야만 한다. 그리고 그 의심을 해소할 방법이 있다. 그냥 '나는 믿습니다.'라거나 '나는 의심하지 않습니다.'라고 말한다고 해서 문제가 풀릴 수는 없다. 이해하지 못하는데 억지로 믿게 하고, 억지로 받아들이게 하는 것은 정치적인 행태지 종교적이거나 지성적이지 않다.

붓다는 항상 의심을 없애고 싶어 했다. 심지어 죽기 불과 몇 분 전

---

9) 다섯 장애(nīvaraṇa, 오개五蓋)는 (1) 감각적인 욕망(탐욕貪慾), (2) 악의, 분노(진에瞋恚), (3) 정신적, 육체적 무기력과 나태(혼면惛眠), (4) 동요과 불안(도회掉悔), (5) 의심(의疑)이다.
10) 〈역주〉 무명無明(빨.avijjā, 싼.avidyiā), 원시불교에서는 사성제四聖諦 또는 연기緣起의 이치를 모르는 것으로 정의했다. 영원한 진리에 대한 무지無知를 말하며, 모든 번뇌의 근본이요 일체 악업惡業의 원인이다.

까지도 제자들에게 자신의 가르침에 대해 의심이 있으면, 나중에 그 의심을 해소하지 못한 것에 대해 후회하지 말고, 지금 물어보라고 여러 번 권했다. 그러나 제자들은 말이 없었다. 그러자 붓다가 한 말은 감동적이었다. "스승이 어려워서 아무것도 묻지 못하고 있다면, 너희 중 한 사람이라도 그런 사람은 친구에게 알려라." 즉 질문할 것이 있는 사람은 자기 친구에게 말하여 그 친구가 그를 대신하여 질문할 수 있게 하라는 뜻이다.[디가 니까야, 앙굿따라 니까야]

사고의 자유뿐만 아니라 붓다가 보인 포용은 종교사를 공부하는 학생에게는 놀라운 것이다. 인도 동부의 5-12세기에 번성한 불교 중심지였던 날란다Nālandā(나란타那爛陀)에 한 때 우빠알리Upāli라는 유능하고 부유한 사람이 살고 있었는데, 자이나 마하비라Jaina Mahāvīra(니간타 나따뿟따Nigantha Nātaputta)11)의 유명한 평신도 제자였다. 업業karma 이론에 대한 견해가 붓다와 마하비라가 서로 달랐기 때문에, 이 이론의 특정 요점에 대한 논쟁으로 붓다를 굴복시키기 위해 마하비라는 일부러 우빠알리를 붓다에게 보낸 적이 있었다. 기대와는 전혀 달리, 토론이 끝날 무렵 우빠알리는 붓다의 견해가 옳고 자기 스승의 견해는 틀렸다고 확신했다. 그래서 그는 붓다에게 자신을 평신도 제자(upāsaka, 우바새優婆塞)로 받아달라고 간청하였다. 그러나 붓다는 "그대같이 잘 알려진 사람들은 신중하게 고려하는 것이 좋다."라며 그에게 재고하고 서두르지 말라고 했다. 우빠알리가 그 뜻을 재차 피

---

11) 마하비라Mahāvīra(대용大勇, 대웅大雄), 자이나교Jainism(지나교耆那教)의 창시자, 붓다와 동시대 인물로 붓다보다 몇 살 연상이었다.

력했을 때, 붓다는 그에게 이전에 따랐던 종교적 스승들을 지금껏 해 왔던 대로 계속 존경하고 후원하도록 당부하였다.[맛지마 니까야 M56 우바리경優婆離經(우빠알리경)]

기원전 3세기, 인도의 위대한 불교 황제 아쏘까Asoka12)는 이러한 포용과 이해의 거룩한 본보기를 따라 그의 광대한 제국 내의 모든 나머지 종교도 존중하고 지원했다. 황제가 선포한 칙령은 바위에 새겨져 오늘날에도 원문을 읽어볼 수 있는데, 그중 하나는 다음과 같다.

"자기의 종교만 숭배하고 다른 사람의 종교를 비난해서는 안 되며, 이런저런 이유로 타인의 종교도 존중해야 한다. 그렇게 하는 것이 자신의 종교가 성장하도록 돕고 다른 종교에도 조력하는 것이다. 그렇지 않게 행동하는 것은 자기 종교의 무덤을 파는 것이며, 다른 종교에도 해를 끼치는 것이다. 자기 종교만 숭배하고 다른 종교를 비난하는 사람은 누구나 '나는 내 종교를 찬양할 것이다.'라는 생각으로 자기 종교에 헌신하려고 그렇게 한다. 그러나 그와 달리, 그렇게 함으로써 그는 자신의 종교에 더욱 심각한 상처를 입힌다. 그러므로 화합은 좋은 것이다. 모든 백성은 들어라, 다른 사람들이 내세우는 교리에 기꺼이 귀 기울여라."

---

12) 〈역주〉 아쏘까(Asoka, Ashoka, ?BC 304-232)는 고대 인도 마우리아Maurya 왕조 제3대 왕이다. 한역漢譯 문헌에 음역은 아육阿育, 의역은 무우無憂라 한다. 부왕 빈두싸라Bindusara의 죽음 후 형제들을 죽이고 왕위를 이었다. 재위 제8년 깔링가Kalinga국을 정복하며 인도 대륙을 통일했으나 십만 명이 넘는 희생자를 낳았다. 이 전쟁 후 크게 후회하여 정복 전쟁과 폭정을 포기하고 불교에 귀의해 사회 복지에 힘쓴 이상적인 군주가 되었다. 전륜성왕으로 불리며. 불교를 보호하고 세계적 포교 활동과 3차 불전 결집을 후원했다.

우리는 여기서 이러한 공감적 이해의 정신을 오늘날 종교 교리 문제뿐만 아니라 다른 부문에도 적용해야 한다는 것을 덧붙여야겠다.

이 포용과 이해의 정신은 처음부터 불교 문화와 문명의 가장 소중한 이상 중 하나였다. 약 2,500년의 긴 역사에 걸친 불교의 전파나 불교로 개종하는 과정에서 박해받거나 피 한 방울 흘린 예가 단 한 번도 없었던 이유가 바로 이것이다. 불교는 아시아 대륙 전역에 평화롭게 퍼져 나갔으며, 오늘날 5억 명이 넘는 신도가 있다. 어떤 형태로든, 어떤 구실로든 폭력은 붓다의 가르침에 완전히 어긋난다.

종종 이런 질문을 받는다. 불교는 종교인가 철학인가? 당신이 무어라고 부르든 상관없다. 불교는 당신이 어떤 꼬리표를 붙여도 그대로다. 이름표는 중요하지 않다. 우리가 붓다의 가르침에 붙이는 '불교'라는 이름표조차도 별로 중요하지 않다. 사람이 부여하는 이름은 없어도 그뿐이다.

이름 속에 무엇이 있나?
우리가 장미라 부르는 건,
무어라고 불러도 향기로운 건 그대론 데.

마찬가지로 진리에는 이름표가 필요 없다. 불교 신자건, 기독교 신자건, 힌두교 신자건, 이슬람교 신자이건 진리에 꼬리표는 필요 없다. 진리는 누구의 전유물이 아니다. 종파宗派적 딱지는 진리에 대한 독자적 이해에 방해가 되며, 사람들의 마음에 해로운 편견을 심는다.

이는 지적, 정신적인 문제뿐만 아니라 인간관계에서도 그렇다.

예를 들어, 우리가 어떤 사람을 만날 때, 우리는 그를 한 인간으로 보지 않고, 영국인, 프랑스인, 독일인, 미국인, 유대인과 같은 꼬리표를 붙이고, 그 딱지와 관련된 모든 편견을 마음속에 품고 그를 대한다. 그렇지만 그는 우리가 부여한 속성과는 아마도 전혀 무관할 것이다.

사람들은 차별적인 꼬리표를 너무나 좋아하기 때문에 모두에게 공통된 인간의 성품과 감정에도 그런 딱지를 붙이려고까지 한다. 그래서 사람들은 자선慈善을 말할 때도 각종 브랜드를 거론한다. 예를 들어 불교 자선이나 기독교 자선과 같이, 그리고 다른 브랜드의 자선은 얕잡아 본다. 그러나 자선은 종파적일 수 없다. 기독교 신자건, 불교 신자건, 힌두교 신자건, 이슬람교 신자건 자선에 이름표는 필요 없다. 자식에 대한 어머니의 사랑은 불교도의 것이나 기독교도의 것이 아니다. 그것은 어머니의 사랑이다. 사랑, 박애, 연민, 관용, 인내, 우정, 욕망, 증오, 악의, 무지, 자만 등과 같은 인간의 성품과 감정에는 종파적 꼬리표가 필요 없다. 인간의 성품과 감정은 특정 종교에 속하는 것이 아니다.

진리를 추구하는 사람에게는, 어떤 관념이 어디서 나왔는지는 중요하지 않다. 관념의 유래와 발전은 학술적인 문제이다. 사실, 진리를 이해하기 위해서는 그 가르침이 붓다에게서 온 것인지, 아니면 다른 누군가에게서 나왔는지 알 필요조차 없다. 핵심은 진리를 보고 이해하는 것이다. 『맛지마 니까야』13) 제140번 경(분별육계경分別六界經)에는 이를 보여주는 중요한 이야기가 있다.

붓다가 한번은 옹기장이의 헛간에서 하룻밤을 보냈다. 그 헛간에는 먼저 온 젊은 사문이 있었다.14) 그들은 서로 초면이었다. 붓다는 그 사문을 살펴보고 그에 대해 생각했다. '이 젊은이는 예의가 바르구나. 그에 관해 물어보면 좋겠다.' 그래서 붓다는 그 젊은 사문에게 물었다. "오! 비구比丘여15), 그대는 누구의 이름으로 집을 떠났소? 누가 그대의 스승이시오? 그대는 누구의 가르침을 좋아하시오?"

그 젊은이가 대답하였다. "오! 벗이여, 석가釋迦Sakya족의 후예인데, 부족을 떠나 사문이 된 고따마Gotama라는 분이 있습니다. 그분은

---

13) 〈역주〉 니까야nikāya는 스리랑카, 미얀마, 태국, 캄보디아 등 동남아의 상좌부 불교권에서 주로 보는 불경을 말한다. 대승불교 대장경 경전과 달리 주로 붓다가 생전에 말한 이야기들로 이루어져 있다. 빠알리어로 쓰였으므로 빠알리 경전이라고도 하며, 빠알리 삼장(tipiṭaka) 중 두 번째 묶음인 경장經藏(sutta piṭaka)이다. 니까야의 본래 단어 뜻은 모임, 모음인데 길이나 주제나 숫자별로 경들을 모아 5개로 분류되었기에 5부 니까야(Pañca nikāya)라고 한다. 5부 니까야는 ① 디가 니까야(Dīgha nikāya, 장부경長部經), ② 맛지마 니까야(Majjhima nikāya, 중부경中部經), ③ 상윳따 니까야(Saṃyutta nikāya, 상응부경相應部經), ④ 앙굿따라 니까야(Aṅguttara nikāya, 증지부경增支部經), ⑤ 쿳다까 니까야(Khuddaka nikāya, 소부경小部經)이다. 부파에 따라 붓다 사후에 정리된 쿳다까 니까야를 논장으로 분류해 4부로 보기도 한다. 니까야가 빠알리어 버전이라면, 쿳다까 니까야를 제외한 4부 니까야가 싼쓰끄리뜨어를 거쳐 한역되어 한·중·일 등의 대승불교에서 전해지는 한문 버전이 아함경阿含經이다. 4부 니까야는 각각 장아함長阿含, 중아함中阿含, 잡아함雜阿含, 증일아함增一阿含과 서로 상응하나, 완전히 일치하지는 않는다.
14) 인도에서 옹기장이의 헛간은 널찍하고 조용하다. 고행수도자와 사문들뿐만 아니라, 붓다 자신도 방랑 수행하는 동안에 옹기장이의 헛간에서 밤을 보냈다는 언급이 빠알리 경전에 나와 있다.
15) 여기에서 붓다가 이 사문을 '비구'라 부른 것이 흥미롭다. 비구라는 용어는 불교 승려에게 쓰인다. 그런데 그가 붓다에게 승가에 들어가게 해 달라고 청하는 장면이 나중에 나오므로, 그가 승가僧伽의 일원인 비구가 아니었음을 알 수 있다. 아마, 붓다 당시에 비구라는 용어를 가끔 다른 고행수도자들과 구분하지 않고 사용했거나, 붓다가 비구라는 용어의 사용을 엄격히 하지 않아서 일 것이다. 비구는 '탁발 수도자', 즉 '음식을 구걸하는 이'를 뜻하는 데, 여기서는 아마도

아라한Arahant, 즉 '완전히 깨달은 이'라는 높은 칭송이 자자합니다. 그 세존의 이름으로 저는 사문이 되었습니다. 그분은 저의 스승이시고 저는 그분의 교리를 좋아합니다."

"그 세존이고, 아라한이며, '완전히 깨달은 이'는 지금 어디에 계신답니까?"

"벗이여, 북쪽 나라에 사위성舍衛城Sāvatthi이라고 부르는 도시가 있습니다. 이곳이 세존이시며, 아라한이시며, '완전히 깨달은 이'가 지금 계신 곳입니다."

"그대는 이전에 그 세존을 뵌 적이 있소? 그분을 뵈면 알아볼 수 있겠소?"

"저는 그 세존을 뵌 적이 없습니다. 제가 그분을 뵙더라도 알아보지 못할 겁니다."

붓다는 처음 만난 이 젊은이가 집을 떠나서 사문이 된 것이 자기 이름으로 인하였음을 알았다. 그러나 자신의 정체를 밝히지 않고 말했다. "오! 비구여, 그대에게 종교적 가르침을 줄 터이니 잘 듣고 집중하시오. 내 말 하리다."

"예, 좋습니다. 벗이여"라고 젊은이는 동의하였다.

그래서 붓다는 진리를 설명하는 가장 중요한 설법을 젊은이에게 해주었는데, 그 요점은 나중에 나온다.16)

용어의 본래 의미로 쓰인 것 같다. 그러나 오늘날에는 비구라는 용어는 불교 승려에게만 쓰며, 특히, 스리랑카, 미얀마, 태국, 캄보디아 같은 나라와 방글라데시의 치타공 지방의 상좌부불교 승려를 가리킨다.
16) '세 번째 거룩한 진리'에 대한 장, p.89를 참조하라.

설법의 마지막쯤에 뿍꾸싸띠Pukkusāti라는 이름의 이 젊은 사문은 자기에게 말한 사람이 바로 붓다라는 것을 깨닫고, 일어나 붓다 앞으로 가서 스승의 발에 엎드려 절을 올리고는, 몰라뵙고 '벗'17)이라고 부른 데 대해 용서를 구하였다. 그리고 나서 붓다에게, 수계受戒(붓다가 제정한 계율을 받고 지키기로 서약하는 것)하게 해 주고 승가僧伽에 받아 달라고 간청하였다.

비구는 탁발을 위한 발우鉢盂(승려들이 소지하는 밥그릇)와 세 벌의 가사袈裟18)를 가지고 있어야 하므로, 붓다는 그에게 발우와 가사가 준비되어 있느냐고 물었다. 뿍꾸싸띠가 준비되어 있지 않다고 대답하자, 여래는 발우와 가사가 준비되지 않은 사람에게는 수계를 주지 않

---

17) 여기서 쓰인 용어는 친구를 뜻하는 '아부쏘āvuso(우友)'이다. 그것은 같은 지위의 사람끼리 부르는 높임말이다. 그러나 제자가 붓다를 부를 때는 이 용어를 절대 쓰지 않았다. 대신에 제자들은 '선생님'이나 '주인님'과 비슷한 의미의 '반떼bhante'라는 용어를 썼다. 붓다 당시 승가僧伽 승려들은 상대방을 아부쏘āvuso, 즉 '벗'이라고 불렀다. 그러나 붓다가 돌아가시기 전에 후배 승려는 선배를 반떼bhante, 즉 '선생님'이나 아야쓰마āyasmā, 즉 '존자尊者'라고 부르도록 가르쳤다. 그러나 선배는 후배를 이름이나 아부쏘āvuso, 즉 '벗'이라고 불러야 했다.[디가 니까야] 이런 관습은 지금까지 승가에서 계속되고 있다. 〈역주〉 반떼bhante는 주로 호격으로 쓰이고 있고 아야쓰마āyasmā는 거의 대부분 장로 스님들의 이름 앞에 쓰이는데, 대개 둘 다 존자尊者로 옮긴다.

18) 〈역주〉 가사袈裟는 싼.kaṣāya의 음역으로 버려진 옷감 또는 시체를 쌌던 천 등의 조각을 일정한 크기의 田 모양으로 꿰매어, 흙과 분뇨 등을 이용해 칙칙한 붉은색 또는 짙은 황색으로 염색해서 수행자의 옷으로 사용하였는데, 그 색상에서 온 이름이다. 똥 묻었던 천으로 만들었다고 해서 분소의糞掃衣라고도 한다. 세 가지가 있어 삼의三衣라 하는데 안타회安陀會antarvāsa는 하체를 가리는 치마형 속옷으로 평소 작업하거나 취침할 때 입는 옷으로 삼는다. 울다라승鬱多羅僧

는다고 말했다. 그래서 뿍꾸싸띠는 발우와 가사를 구하러 나섰는데 불행히도 소에 받혀 죽고 말았다.[19]

    나중에 붓다에게 이 슬픈 소식이 전해졌을 때, 붓다는 뿍꾸싸띠가 이미 진리를 보았으며, 열반의 깨달음에 있어서 마지막에서 두 번째 지위를 얻은 지혜로운 사람이며, 그래서 아라한[20]과果를 얻을 곳에 태어났고 결국 죽고 나서는, 이 속세에 다시 돌아오지 않을 것이

---

  uttarāsaṅga은 상체를 덮는 겉옷인데 대외적 의례에서 승가리僧伽梨saṃghāti로 가려지기 때문에 드러나지 않는 경우가 많다. 예배禮拜 드리거나 강의를 들을 때 입는 옷으로 삼는다. 승가리는 탁발 나설 때, 계율을 수여할 때나 왕궁에 불려 들어갈 때 입는 큰 예복으로 삼는다. 우리나라에서 보통 가사라고 하면 이 승가리를 가리키며, 예불, 설법, 의식, 독경 때 장삼 위에 걸쳐 입는다. 인도나 동남아와 달리 북쪽 국가에서는 추워서 가사만을 입을 수 없으므로 복장의 차이가 있다. 우리나라 스님들은 평상시 승복으로, 예전부터 일반인이 입는 흰옷과 구분되며 화려한 색을 피한 먹물색으로 물들여, 한복 형태의 바지저고리를 입었으며 그 위에 장삼을 입고 가사 즉 승가리를 걸치게 됐다. 가사의 색상은 나라와 종단마다 차이가 있다.

19) 인도에서 소들이 길거리를 돌아다니는 것은 잘 알려져 있다. 원전에 언급된 것으로 보아 그 전통은 아주 오래된 것 같다. 그러나 일반적으로 이 소들은 순하며, 사납거나 위험하지 않다.
20) 아라한阿羅漢Arahant은 욕망, 증오, 악의, 무지, 교만, 자만, 등의 모든 오염과 더러움에서 떠난 사람이다. 아라한은 네 번째 경지, 그러니까 열반을 실현하는 최고의 궁극적 경지에 도달하였으며, 지혜와 자비, 그리고 그런 순수하고 거룩한 성품으로 가득 차 있다. 뿍꾸싸띠는 그때 전문적인 용어로 아나함阿那含(Anāgāmī, 불환不還-욕계欲界의 번뇌를 끊고 돌아오지 않는 사람)이라 부르는 세 번째 경지에 결과적으로 도달했다. 두 번째 경지는 사다함斯陀含(Sakadāgāmi, 일래一來-한번 욕계에 돌아오는 사람), 첫 번째 경지는 수다원須陀洹(Sotāpanna, 예류預流-흐름에 든 사람)이라 부른다. 〈역주〉아라한阿羅漢(빨.Arahant, 싼.Arhat). 줄여서 나한羅漢, 또 성도聖道를 모두 성취했고 윤회를

라고 일러주었다.21)

이 이야기에서 뿍꾸싸띠가 붓다의 이야기를 들으며 그의 가르침을 이해해 가고 있는 동안은 자기에게 말하고 있는 사람이 누구인지, 또는 그것이 누구의 가르침인지를 몰랐던 것이 분명하다. 그는 진리를 보았다. 약이 좋으면 병이 나을 것이다. 누가 그 약을 준비했는지, 그 약이 어디서 왔는지 알 필요는 없다.

거의 모든 종교가 신앙 위에 세워져 있는데, 약간 맹목적인 믿음처럼 보인다. 하지만 불교에서 강조하는 것은 보기, 알기, 이해하기이지 신앙이나 믿음이 아니다. 불교 경전에 보통 '믿음'이나 '신앙'이라고 번역되는 쌋다saddhā(싼.śraddhā, 신信)22)라는 단어가 있다. 그러나 쌋다saddhā는 그런 믿음이나 신앙의 의미가 아니며, 납득에서 나

벗어났기 때문에, 더 배워야 할 것이 없다는 뜻에서 무학無學이라고도 한다. 빠알리어로 '공경받을 자'라는 의미여서 응공應供으로 한역되었다. 본래 부처를 뜻하는 명칭이었으나 후에 불제자들이 도달하는 최고의 계위階位로 바뀌었다.
21) 카를 기엘레루프(Karl Gjellerup, 1857-1919, 덴마크의 시인 소설가)의 「순례자 카마니타(The Pilgrim Kamanita)」는 이 뿍꾸싸띠Pukkusāti의 이야기에서 영감을 받은 것으로 보인다.
22) 〈역주〉「불교사전(Dictionary of Buddhism)」에 'śraddhā(빨.saddhā)'는 믿음, 신뢰 또는 확신의 태도를 뜻하는데, 특히 붓다와 그의 가르침에 대해 쓰인다. 믿음은 팔정도八正道에 발을 내딛기 위한 전제 조건이지만, 비판적 성찰을 통해 절제되고 자기 경험으로 검증되어야 한다. 일반적으로 불교에는 '믿음에 의한 구원'의 교리가 없으며, 맹목적인 믿음은 미덕으로 간주하지 않는다. 대신 각 개인은 네 가지 고귀한 진리(사성제四聖諦)에 대한 통찰력과 지혜를 계발해야 한다. 그러나 일부 정토불교 종파는 극락정토極樂淨土(천국)에 다시 태어나는 것은 오직 믿음을 통해서만 얻을 수 있다고 가르친다.

오는 확신이다. 하지만 대중적 불교에서 그리고 경전 상 통상적 용법에서 쌋다saddhā라는 단어가 붓다(佛)와 가르침(dhamma, 법法)과 승가僧伽(saṅgha)에 대한 귀의歸依(맡기고 의지하여 신앙함)를 의미한다는 면에서 '신앙'이라는 요소가 있음을 인정한다.

서기 4세기의 위대한 불교 철학자 아쌍가Asaṅga(무착無着)에 의하면 스랏다śraddhā(빨.saddhā, 신信)에는, (1) 어떤 것이 있다고 하는 완전하고 확고한 믿음 (2) 청정한 기쁨과 훌륭한 품성 (3) 의도한 목적을 성취하려는 열망이나 소망의 세 가지 해석이 있다고 지적했다.[대승아비달마집론]

당신이 어떻게 간주하든, 대부분의 종교에서 당연하게 생각하는 신앙이나 믿음을 불교에서는 거의 다루지 않는다.23)

믿음에 대한 의문은 'seeing'의 모든 의미, 즉 '봄', '알아차림', '이해함', '만남', '목격함', '판단함' 등이 없으면 생긴다. 당신이 보는 순간 믿음에 대한 의문은 사라진다. 내가 보석을 손에 쥐고 있다고 말하면 당신은 직접 그것을 보지 못했기 때문에 의심이 생기지만, 내가 손을 펴서 보석을 보여준다면 당신이 직접 그것을 보게 되어 의심이 일지 않을 것이다. 그래서 고대 불교 경전에는 '깨닫는 것은, 손

---

23) 에디트 뤼도빅-쥠뢰이(Edith Ludowyk-Gyömrői)의 「초기 빠알리 문헌에서 기적의 역할(The Role of the Miracle in Early Pali Literature)」이 이 주제를 다룬다. 안타깝게도 이 박사 학위 논문은 아직 출판되지 않았다. 같은 주제에 대한 이 저자의 논문이 University of Ceylon Review, Vol. I, No.1(1943 Apr), p74에 실려있다.
24) 〈역주〉 가자나무(Black Myrobalan, Chebulic Myrobalan)의 열매. 인도 북부, 티베트, 미얀마, 중국 남부 등 열대에 분포하며 약제와 염료로 쓰인다.

바닥에서 보석(또는 가자訶子24))을 보는 것 같이'라는 문구가 있다.

붓다의 제자 무실라Musila(모시라護尸羅)가 다른 승려에게 말했다. "벗 싸빗타Savittha여, 귀의歸依나 신앙 또는 믿음25) 없이, 좋아하거나 쏠리는 마음도 없이, 떠도는 이야기나 구전口傳에 의해 전해져 오는 것 없이, 표면적 이유를 고려하지 않고, 불확실한 추론을 즐기지 않고도, 나는 태어남의 소멸이 열반涅槃nirvāṇa임을 알고 그리고 본다."[상윳따 니까야]

그리고 붓다는 말한다. "오! 비구들이여, 오염과 부정不淨을 없애는 것은 알고 그리고 보는 사람을 위한 것이지, 알지 못하고 보지 못하는 사람을 위해서가 아니라고 나는 말한다."[상윳따 니까야]

불교는 항상 알고 보는 문제이지, 믿음의 문제가 아니다. 붓다의 가르침은 '와서 보라(ehi-passika).'로서, 당신에게 '와서 보라.'고 권하는 것이지 와서 믿으라는 것이 아니다.

불교 경전 여러 곳에 나와 있는 진리를 깨달은 사람을 지칭하는 표현들은, '먼지와 때 없는 청정淸淨한 진리의 눈(dhamma-cakkhu, 법안法眼)이 생겼다.', '그는 진리를 보았고, 진리를 얻었고, 진리를 알았고, 진리를 꿰뚫었고, 의혹을 떨쳐냈고, 이제 흔들림이 없다.', '이처럼 바른 지혜로 있는 그대로(yathābhūtam, 사실이나 진실에 따라, 있는 그대로, 여실如實히) 본다.'이다.[상윳따 니까야, 맛지마 니까야] 붓다는 자신의 깨달음에 대해 다음과 같이 말했다. "눈이 생겨났고, 지식이 생겨났고, 지

---

25) 여기서 'saddhā'라는 단어는 '귀의歸依', '신앙', '믿음'이라는 평범한 보편적 의미로 사용된다.

혜가 생겨났고, 선교善巧(중생의 타고난 성품과 능력에 따라 그들을 잘 교화할 수 있는 수단과 방법)가 생겨났고, 광명이 생겨났다."[상윳따 니까야] 불교는 언제나 지식이나 지혜로 보는 것이지(ñāṇa-dassana, 지견知見), 신앙으로 믿는 것이 아니다.

바라문교가 정통적 교리로, 그들의 전통과 권위가 유일한 진리이니 의심 없이 믿고 받아들이라며 다른 의견은 추호도 용납하지 않고 우기던 시대에, 불교는 점점 더 진가를 인정받았다. 한번은 학식 있고 유명한 한 무리의 바라문들이 붓다를 만나러 와서 긴 토론을 벌였다. 그 무리 중 한 사람은 까빠티까Kāpathika라는 16세의 젊은 바라문이었는데, 나머지 바라문들은 모두 그가 유난히 명석하다고 여겼다. 까빠티까가 붓다에게 물었다.[맛지마 니까야 M95 상가경商伽經(짱끼경)]

"고따마 존자여, 구전으로 대대로 이어져 전해 오는 바라문의 아주 오래된 신성한 경전이 있습니다. 이 경전에 대하여, 바라문들은 '이것만이 진리이고 다른 모든 것은 틀렸다.'라는 절대적인 결론을 내립니다. 자, 고따마 존자여 이것에 대해 뭐라고 말씀하시렵니까?"

붓다는 물었다. "바라문들 중에서 '이것만이 진리이고 다른 모든 것은 틀렸다.'라는 것을 직접 알고 본다고 주장하는 사람이 단 한 분이라도 있나요?"

그 젊은 바라문은 솔직하여 "아니오."라고 답했다.

"그렇다면, 단 한 명의 스승이나, 일곱 세대를 거슬러 올라간 바라문의 스승들의 스승이나 아니면 심지어 그 신성한 경전의 원저자들 가운데에서도 '이것만이 진리이고 다른 모든 것은 틀렸다.'라는 것을 알고 본다고 주장하는 누군가가 있나요?

"없습니다."

"그렇다면 그것은 각자 앞사람을 붙잡고 줄지어 서 있는 장님들과 같아서, 맨 앞에 선 사람도 못 보고, 중간에 선 사람도 못 보고, 마지막 사람도 역시 못 보고 있지요. 그래서 내가 보기에는 바라문들의 처지가 마치 장님들이 줄 서 있는 것 같군요."

이어서 붓다는 바라문 무리에게 지극히 중요한 충고를 해주었다. "진리를 지키는 지혜로운 사람이 '이것만이 진리이고 다른 모든 것은 틀렸다.'라는 결론을 내리는 것은 적절하지 않습니다."

진리를 지킨다는 개념을 설명해 달라는 젊은 바라문의 요청에 붓다는 다음과 같이 말했다. "어떤 사람이 신앙이 있어서, 만약 '이것이 나의 신앙이다.'라고 한다면 거기까지만 진리를 지키는 것이지요. 하지만 그것으로는 '이것만이 진리이고 다른 모든 것은 틀렸다.'라는 절대적 결론에 이를 수는 없어요." 다시 말해, 사람은 아마 자기가 좋아하는 것을 믿을 것이고, '나는 이것을 믿는다.'라고 말할 수는 있지만, 그 사람은 그 정도까지만 진리를 소중히 여기는 것이다. 그래서 자신의 믿음이나 신앙 때문에 자신이 믿는 것만이 진리이고 다른 모든 것은 거짓이라고 말해서는 안 된다.

붓다가 말하기를, "어떤 견해에 집착하며 다른 견해들을 저급하다고 얕잡아 보는 것, 현명한 사람은 이것을 족쇄라고 부른다."하였다.[쑷따니빠따]

한번은 붓다가 원인과 결과의 교리를 제자들에게 설명하였는데, 제자들은 그것을 보았고 명확하게 이해했다고 말했다.[맛지마 니까야 M38 다제경茶帝經(갈애멸진의 긴 경)] 그러자 붓다는 말하였다.

"오! 비구들이여, 너무나 순수하고 명백한 이 견해조차도, 만일 너희들이 그것에 매달리고, 껴안고, 소중히 여기고, 집착한다면, 이 가르침이 뗏목과 마찬가지라는 것을 이해하지 못하는 것이다. 뗏목은 건너가기 위한 것이지 가지고 있기 위한 것이 아니다."[맛지마 니까야]

다른 곳에서도 붓다는 이 유명한 비유로 설법하면서, 그의 가르침을 뗏목에 비하며 건너가기 위한 것이지 등에 짊어지고 다니기 위한 것이 아니라고 깨우친다.

"오! 비구들이여, 한 사람이 여행길에 광활하게 펼쳐진 물을 만났다. 이쪽 물가는 위험하지만, 건너편 물가는 안전하고 위험하지 않다. 안전하고 위험이 없는 저 건너로 타고 갈 배가 없고, 또 건너갈 다리도 하나 없다. 그는 마음속으로 생각한다. '이 넓은 물은 광대하고, 이쪽 물가는 위험으로 가득 차 있지만, 저 건너편은 안전하고 위험이 없다. 하지만 건너갈 배도 없고, 다리도 없다. 그러면 내가 풀과 나무, 나뭇가지와 나뭇잎을 모아 뗏목을 만들고, 그 뗏목을 이용해 손과 발로 힘껏 저으면서 건너편으로 안전하게 건너가는 것이 좋겠다.' 오! 비구들이여, 그래서 그 사람은 풀과 나무와 나뭇가지, 나뭇잎을 모아 뗏목을 만들고, 그 뗏목을 이용해 손과 발로 힘껏 저으며 무사히 건너편으로 건너간다. 건너서 반대편에 도착하고 나서 그는 생각한다. '이 뗏목은 나에게 큰 도움이 되었다. 그 도움으로 나는 손과 발로 저으면서 이쪽으로 안전하게 건너왔다. 어디를 가든 이 뗏목을 머리에 이거나 등에 지고 다니는 것이 좋겠다.' 오! 비구들이여, 그 사람처럼 한다면 뗏목을 올바르게 다룬다고 보느냐 어떻게 생각하느냐?"

"아닙니다, 스승님."

"그렇다면 그는 뗏목을 어떻게 하는 것이 올바른 대처인가? 반대편으로 건너가고 나서 그 사람이 이렇게 생각한다고 해보자. '이 뗏목은 나에게 큰 도움이 되었다. 그 도움으로 나는 손과 발로 저으면서 이쪽으로 안전하게 건너왔다. 이 뗏목을 물가 뭍에 끌어올리거나, 밧줄로 매어 물에 떠 있게 둔 다음 그것이 어디에 있든 내 길을 가는 것이 좋겠다.' 이렇게 한다면 그 사람은 그 뗏목에 대해 올바르게 행동한 것이다."

"오! 비구들이여, 이처럼 나는 뗏목과 마찬가지인 교리를 가르쳐 왔는데, 그것은 건너가기 위한 것이지, 붙잡고 있기 위한 것이 아니다. 오! 비구들이여, 가르침이 뗏목과 똑같다는 것을 알고 있는 너희들은, 좋은 것(dhamma, 법法)조차 버려야만 하는데, 그렇다면 나쁜 것(adhamma, 비법非法)들은 얼마나 더 많이 버려야 하겠느냐."26)[맛지마 니까야]

이 비유에서 붓다의 가르침은 인간을 안전, 평화, 행복, 평온, 열반의 성취로 이르게 할 의도임이 분명하다. 붓다가 가르친 교리는 모두 이쪽으로 향한다. 그는 지적 호기심만을 충족시키는 것은 말하지 않았다. 그는 현실적인 스승이어서 사람에게 평화와 행복을 가져다줄 것들만 가르쳤다.

붓다는 한때 알라하바드Allahabad 근처의 꼬쌈비Kosambī의 자단나

---

26) 주석서에 의하면, 여기에서 법法dhamma은 청정한 견해와 관념뿐만 아니라 높은 정신적 성취이다. 법이 아무리 높고 청정하다 하더라도 거기에 대한 집착은 버려야만 한다. 해롭고 나쁜 것에 대해서는 얼마나 더 많이 버려야 하겠는가.[맛지마 니까야 주석서]

무Simsapā27) 숲에 머문 적이 있었다. 붓다는 몇 개의 나뭇잎을 손에 들고 제자들에게 물었다. "오! 비구들이여, 너희는 어떻게 생각하느냐? 어느 것이 더 많은가? 내 손에 있는 이 몇 개의 나뭇잎인가, 아니면 여기 숲의 나뭇잎인가?"

"스승님, 세존의 손에 들린 잎은 극히 적지만, 여기 자단나무 숲의 잎은 훨씬 더 많습니다."

"그와 같이 비구들이여, 내가 알고 있는 것 중에서 나는 너희에게 아주 조금만 말해 주었고, 내가 너희에게 말하지 않은 것이 훨씬 더 많다. 그러면 왜 나는 너희에게 그런 것들을 말하지 않았느냐? 그것은 쓸모가 없어서…. 열반으로 이끌지 않기 때문이다. 이것이 내가 너희에게 그런 것들을 말하지 않은 이유이다."[상윳따 니까야]

일부 학자들이 헛되이 시도하는 것처럼, 붓다가 알면서도 우리에게 말하지 않은 것을 추측하는 것은 소용없는 일이다.

붓다는 순전히 추론적이면서 비실재적인 문제들만 만드는 무익한 형이상학적 질문을 논하는 데 관심이 없었다. 그는 형이상학적 문제를 '무수한 지론持論(주장하여 오가는 이론이나 견해만 무수히 많은 문제)'으로 여겼다. 붓다 자기 제자들 가운데도 붓다의 이러한 태도를 올바로 이해하지 못하는 이들이 있었던 것 같다. 그들 중 한 예로 말룬꺄뿟따Mālunkyaputta(만동자鬘童子)라는 제자는 형이상학적 문제에 대한 10가지 잘 알려진 전형적 질문을 붓다에게 던지고 대답을 요구했다.[맛

---

27) 〈역주〉 이 나무는 인도와 동남아시아에 흔한 자단나무인 '북인도황단(Dalbergia sissoo)' 또는 실거리나무과의 '버마의 자존심(Amherstia nobilis)'으로 생각된다.

[마지마 니까야 M63 전유경箭喩經(말룬꺄 짧은 경)]

하루는 말룬꺄뿟따가 오후 명상에서 일어나 부처님께 가서 예를 올리고 나서 한쪽 옆에 앉아서 말했다.

"스승님, 제가 혼자서 명상하다가 이런 생각이 떠올랐습니다. 세존께서 제쳐 놓고 받아들이지 않아 설명하지 않으신 이런 문제들이 있습니다. 즉, (1) 우주는 영원한가? 아니면 (2) 영원하지 않은가? (3) 우주는 유한한가? 아니면 (4) 무한한가? (5) 영혼과 몸은 하나인가? 아니면 (6) 영혼과 몸은 따로인가? (7) 여래如來Tathāgata는 사후에도 존재하는가? 아니면 (8) 사후에는 존재하지 않는가? 아니면 (9) 사후에 존재하기도 하고 존재하지 않기도 하는가? 아니면 (10) 존재하는 것도 아니고 존재하지 않는 것도 아닌가? 이런 문제들을 세존께서는 저에게 설명해 주지 않으십니다. 이는 제 마음에 들지 않으며 저는 좋게 평가할 수 없습니다. 저는 세존께 이 문제들에 대해 여쭈어보려 합니다. 세존께서 제게 설명해 주신다면 저는 계속해서 세존 아래에서 거룩한 삶을 따를 것입니다만, 그것들을 설명해 주지 않으신다면 저는 승가僧伽를 떠나 버릴 것입니다. 세존께서 우주가 영원하다고 아신다면 저에게 그렇게 설명해 주십시오. 세존께서 우주가 영원하지 않다고 아신다면 그렇게 말씀해 주십시오. 세존께서 우주가 영원한지 아닌지 등을 모르신다면, 모르는 사람으로서 '나는 모른다, 나는 보지 못한다.'라고 말하는 것이 솔직합니다."

말룬꺄뿟따에게 해준 붓다의 답변은 이러한 형이상학적 질문에 귀중한 시간을 허비하고, 무의미하게 마음의 평화를 어지럽히고 있는, 요즈음 세상의 수백만의 사람들에게 도움이 될 것이다.

"말룬꺄뿟따여, '이리 오너라, 말룬꺄뿟따야, 내 아래에서 거룩한 삶을 살아라, 내 너에게 이 질문들을 설명해 주겠다.'라고 너에게 말한 적이 있었느냐?"

"없었습니다, 스승님."

"그렇다면 말룬꺄뿟따여, 그대라도 '스승님, 저는 세존 아래에서 거룩한 삶을 영위할 것이고, 세존께서는 이 질문들을 저에게 설명해 주실 것입니다.'라고 이전에 나에게 말했더냐?"

"아닙니다, 스승님."

"말룬꺄뿟따여, 이와 같이 지금까지 나는 너에게 '와서 내 아래에서 거룩한 삶을 살아라, 내 너에게 이 질문들을 설명해 주겠다.'라고 말하지 않는다. 그리고 너 역시 나에게 '스승님, 저는 세존 아래에서 거룩한 삶을 영위할 것이고, 세존께서는 이 질문들을 저에게 설명해 주실 것입니다.'라고 말한 적이 없다. 어리석은 자여, 이런 상황에서 누가 누구를 거부하느냐?"28)

"말룬꺄뿟따여, 만약에 어떤 이가 '나는 그 문제들을 설명해 주기 전에는 세존 아래에서 거룩한 삶을 살지 않을 것이다.'라고 말한다면 그는 여래에게서 이 질문들의 답을 듣지 못한 채 죽을 것이다. 말룬꺄뿟따여, 어떤 사람이 독화살에 다쳐서 그의 친구들과 친척들이 그를 외과 의사에게 데려간다고 가정해 보자. 그런데 그 남자가 이렇게 말한다고 생각해 봐라. '나는 누가 나를 쏘았는지 알 때까지는 이 화살을 뽑지 않겠다. 그가 귀족이나 무사 계급(kṣatriya)인지, 사제 계급(brāhmaṇa)인지, 농상업의 평민 계급(vaiśya)인지 아니면 천민 계급

---

28) 즉 둘 다 구속받지 않으며, 어느 쪽도 상대방에 대한 의무를 지지 않는다.

(śūdra)인지, 그리고 이름과 성은 무엇인지, 키는 큰지, 작은지, 중간인지, 또 피부 빛깔은 검은지, 갈색인지, 아니면 누런빛인지, 그리고 어느 마을, 어느 읍 아니면 어느 도시에서 왔는지? 어떤 활로 나를 쏘았는지 알기 전에는 이 화살을 뽑지 않겠다. 활시위 종류는 무엇이고, 어떤 형의 화살인지, 화살의 깃털은 어떤 부류인지, 화살촉의 재료는 무엇인지? 말룬꺄뿟따여, 그 사람은 이런 것 중에 어느 것도 전혀 모르고 죽을 것이다. 그와 같이 말룬꺄뿟따여, 만일 어떤 이가 '나는 세존께서 우주가 영원한지 아닌지 등과 같은 질문에 답해주시기 전에는 나는 그분 아래에서 거룩한 삶을 따르지 않겠다.'라고 말한다면, 그는 여래로부터 이런 질문에 대한 답을 듣지 못한 채 죽을 것이다."

그런 다음 붓다는 말룬꺄뿟따에게 거룩한 삶은 이러한 견해들과 무관하다고 설명한다. "이 문제들에 대해 어떤 견해를 가지고 있든지 간에, 태어남, 늙음, 쇠락衰落, 죽음, 슬픔, 탄식, 고통, 비탄, 괴로움이 인간에게 있다. 내가 알려주고자 하는 바는 바로 지금 생生에서 이것들의 소멸, 즉 열반의 성취이다."

"그러므로, 말룬꺄뿟따여, 내가 설명해야 할 것은 설명했고 설명하지 않아야 할 것은 설명하지 않았다는 것을 명심하여라. 내가 설명하지 않은 것은 무엇인가? 우주가 영원한지 아닌지 등(이 10가지 의견, 십무기十無記29))을 나는 설명하지 않았다. 말룬꺄뿟따여, 왜 나는 그

---

29) 〈역주〉 '설명의 부재'로서, 기원전 6세기 인도 외도外道 사상들에 대해 붓다가 침묵한 것이다.

것들을 설명하지 않았는가? 왜냐하면 그것은 유용하지 않고, 근원적으로 정신적 거룩한 삶과 연관이 없으며, 세속적 욕망에 대한 혐오, 집착으로부터의 초탈超脫, 둑카의 소멸, 평정, 깊은 통찰, 완전한 깨달음, 열반에 도움이 되지 않기 때문이다. 그래서 너에게 그것들에 대해 말하지 않았다."

"그러면 말룬꺄뿟따여, 내가 설명한 것은 무엇인가? 나는 둑카, 둑카의 기원, 둑카의 소멸, 둑카의 소멸로 인도하는 길을 설명하였다.30) 말룬꺄뿟따여, 내가 그것들을 설명한 이유는 무엇인가? 그것은 유용하고, 근원적으로 정신적인 거룩한 삶과 연관되어 있으며, 세속적 욕망에 대한 혐오, 집착으로부터의 초탈, 둑카의 소멸, 평정, 깊은 통찰, 완전한 깨달음, 열반에 도움이 되기 때문이다. 그래서 나는 그것을 설명하였다."31)

이제 붓다가 말룬꺄뿟따에게 설명했다고 말한 '네 가지 거룩한 진리(사성제四聖諦)'를 알아보자.

---

30) 이 네 가지 거룩한 진리(사성제四聖諦)는 다음 네 장에서 설명된다.
31) 붓다의 이 충고는 말룬꺄뿟따에게 바람직한 영향을 준 것으로 보이는데, 다른 곳에서 그가 다시 붓다에게 가르침을 청하고 그 후 아라한이 되었다고 전해지기 때문이다.[앙굿따라 니까야, 상윳따 니까야]

제2장

첫 번째
거룩한 진리

고제苦諦Dukkha

둑카

붓다의 가르침의 핵심은 바라나씨(Benares, Banaras, Varanasi) 근교 이
씨빠따나Isipatana(오늘날의 싸르나트Sārnath)의 사슴동산(Migadāya, 녹야원鹿
野苑)에서 옛 동료인 다섯 고행자에게 해준 첫 설법에서 설명한 '네
가지 거룩한 진리(cattāri ariyasaccāni, 사성제四聖諦)'에 있다.[율장律藏 대품大
品, 초전법륜경初轉法輪經, 상윳따 니까야] 우리가 원전에서 보는 바와 같이
이 설법에서는 네 가지 진리가 간략하게 나와 있다. 그러나 '네 가지
거룩한 진리'는 초기 불교 경전에 수없이 많이 나오며, 훨씬 더 자세
하고 다른 방식으로 반복해서 설명되어 있다. 우리가 이러한 경전들
을 출전出典으로 삼아 해설서들의 도움을 받으면서 '네 가지 거룩한
진리'를 공부한다면, 우리는 붓다의 핵심적인 가르침에 대해서 원문
에 기반한 상당히 만족스럽고 정확한 풀이를 알 수 있게 될 것이다.

'네 가지 거룩한 진리' 즉 사성제四聖諦는 다음과 같다.

1. Dukkha[32], 둑카(불완전, 불만족) - 고苦

2. Samudaya, 둑카의 기원 또는 원인 - 집集

3. Nirodha, 둑카의 소멸消滅 - 멸滅

4. Magga, 둑카의 소멸로 이끄는 길 - 도道

'첫 번째 거룩한 진리(dukkha-ariyasacca)'는 거의 모든 학자에 의해 '괴로움의 거룩한 진리(고성제苦聖諦)'라고 번역되어, 불교에 의하자면 삶은 괴로움과 고통일 뿐이라는 의미로 받아들이게끔 해석된다. 번역과 해석 모두 매우 만족스럽지 못하며 오해의 소지가 있다. 많은 사람이 불교는 비관주의적이라고 여기도록 잘못 인식되어 온 것은 이러한 부족하며 조심성 없는 안일한 번역과 깊이 없는 해석 때문이다.

우선, 불교는 비관주의적이지도 낙관주의적이지도 않으며, 굳이 뭐라고 한다면 불교는 현실주의적이다. 불교는 삶과 세상에 대해 현실주의적 관점을 가진다. 불교는 일체 사물을 객관적으로 본다(yathābhūtam). 불교는 거짓으로 당신을 어리석은 자의 천국에서 살도록 현혹하지 않으며, 온갖 가공의 공포와 원죄로 당신을 겁먹게 하거나 번민하게 하지도 않는다. 불교는 당신이 누구인지 그리고 당신을 둘러싼 세상이 무엇인지를 정확하고 객관적으로 알려주며, 당신에게 완전한 자유와 평화, 평정과 행복에 이르는 길을 보여준다.

---

32) 저자 본인은 다음에 나올 이유로 이 용어의 영어 동의어 즉 번역어를 제시하고 싶지 않다. 〈역주〉 역자도 같은 이유로 둑카를 우리말로 번역하지 않고 그대로 쓴다.

어떤 의사는 병을 심각한 상태로 과장하여 절망에 빠뜨려 완전히 포기하게 할 수 있다. 또 어떤 의사는 어리석게도 병이 없으며 치료도 필요 없다고 알려서 거짓 위로로 환자를 속일 수 있다. 첫 번째 의사를 비관론적, 두 번째 의사를 낙관론적인 의사라고 생각할 수 있지만 둘 다 똑같이 위험하다. 그러나 세 번째 의사는 증상을 보고 정확하게 진단하며 병의 원인과 본질을 이해하고, 치료될 수 있는 질환임을 명확히 알아서 용감히 일련의 치료를 시행하여 환자를 구한다. 붓다는 마지막 의사와 같다. 그는 세상의 병을 치료하는 현명하고 과학적인 의사(bhisakka, 또는 Bhaiṣajya-guru약사여래불藥師如來佛)이다.

빠알리어 단어인 둑카dukkha(싼.duḥkha)의 통상적인 의미는 '괴로움', '고통', '고난' 또는 '고뇌'로, '행복', '안락' 또는 '평안'을 뜻하는 단어인 쑤카sukha와 반대되는 것은 사실이다. 그러나 삶과 세상에 대한 붓다의 견해를 상징하는 '첫 번째 거룩한 진리'로서의 둑카라는 용어는 더 깊은 철학적 의미를 가지며 엄청나게 넓은 함의含意를 지니고 있다. '첫 번째 거룩한 진리'에서의 둑카라는 용어는 '괴로움'이라는 통상적인 의미를 분명히 가지고 있지만, 더하여 '불완전함', '무상無常함33)', '공허함', '실질이 없음'과 같은 더 심오한 개념도 내포하고 있다. 그러므로 '첫 번째 거룩한 진리'로서 둑카라는 용어의 개념 전체를 포괄하는 한 단어로 된 어휘를 찾기란 몹시 어려운 일이므로, '괴로움'이나 '고통'으로 손쉽게 번역함으로써 둑카

---

33) 〈역주〉 무상無常, 한결같지 않고 늘 변하는, 일정하지 않은, 일시적인, 영구적이 아닌.

에 대한 부적절하고 잘못된 개념을 가지게 하는 것보다 번역하지 않고 그대로 두고 쓰는 것이 더 낫겠다.

붓다는 괴로움이 있다고 말하면서도 삶의 행복을 부정하지는 않는다. 오히려 평신자뿐만 아니라 승려들에게 물질적 정신적인 면에서 다양한 형태의 행복을 용인한다. 붓다의 설법을 담은 빠알리어로 된 5부 니까야 중 하나인 『앙굿따라 니까야』에는 가정생활의 행복과 출가자 생활의 행복, 감각적 쾌락의 행복과 금욕의 행복, 집착의 행복과 초탈의 행복, 육체적 행복과 정신적 행복 등과 같은 행복 목록이 있다.[앙굿따라 니까야] 그러나 이 모든 것이 둑카에 속한다. 즐거움sukha과 불쾌함dukkha에서 벗어난, 순수한 평정과 알아차림만 유지되는 선禪(빨.dhyāna, 싼.dhjana)의 경지뿐만 아니라, 일반적인 의미로 티끌만큼도 괴로움이 없는, 순전한 행복으로 일컬어지는 상태인, 고도의 명상 수행에 의해 도달하는, 선정禪定34)의 매우 순수한 정신적 경지조차도 둑카에 속한다. 5부 니까야 중 하나인 『맛지마 니까야』의 한 경전에서, 붓다는 이 선정이 주는 정신적 행복을 칭송한 후, 그것은 '무상한 것이고, 둑카이며, 변하는 성질이 있는 것이다(aniccā dukkhā

---

34) 〈역주〉 명상과 정신 통일로써 번뇌를 끊고 진실의 법칙을 체득하는 일. 좌선은 두 다리를 포개어 가부좌를 하고, 정신을 집중하여 무념무상의 경지에 들어가는 불교의 수행 방법으로 특히 선종에서는 근본수행법으로 삼는다. 선정禪定은 수행을 통해 욕계欲界의 번뇌를 일시적으로 또는 언제나 굴복시킨 상태에서 들어갈 수 있는 색계의 마음 상태를 뜻한다. 희열과 행복을 느끼는 경지부터 희열과 행복을 여의고 평온(사捨)하여 마음(념念)이 청정하고 평등한 경지(사념청정捨念清淨)까지 4단계가 있다. 선禪은 dhyāna의 음사이고 정定은 그 의미를 나타낸다.

vipariṇāmadhammā).'라고 말한다.[맛지마 니까야 M13 고음경苦陰經(괴로움의 무더기의 긴 경)] 둑카라는 단어가 명백하게 사용된 것에 주목하자. 선정은 둑카인데, 일반적인 의미에서의 '괴로움'이 있기 때문이 아니라, '영구적이지 않는 것은 모두 둑카(yad aniccam tam dukkham)'이기 때문이다.

붓다는 현실주의적이고 객관적이었다. 그는 삶과 감각적 쾌락을 누리는 데 대해 다음의 세 가지를 명확하게 이해해야 한다고 말한다. (1) 끌림 또는 즐김(assāda), (2) 나쁜 결과나 위험 또는 불만족(ādīnava), (3) 벗어남 또는 초탈(nissaraṇa).[맛지마 니까야, 상윳따 니까야] 당신이 유쾌하고, 매력적이고, 아름다운 사람을 보게 되면 당신은 그 또는 그녀를 좋아하고 끌리게 되고, 그 사람을 자꾸자꾸 보면서 즐기고, 그 사람으로부터 즐거움과 만족을 얻는다. 이것이 즐김(assāda)이며, 우리가 경험하게 되는 현실이다. 그러나 그 사람과 그 또는 그녀의 모든 매력이 영원하지 않은 것처럼 이 즐김 또한 영원할 수 없다. 상황이 바뀌어서 그 사람을 볼 수 없고, 더 이상 이런 것을 누릴 수 없게 되면, 당신은 슬퍼지고, 비이성적으로 되고 마음이 어수선해지기도 하며 심지어 멍청한 행동을 할 수도 있다. 이것이 이 장면의 나쁘고 불만족스러우며 위험한 측면이다(ādīnava). 이것 역시 경험하게 되는 현실이다. 이제 당신이 그 사람에게 집착하지 않는다면, 완전히 헤어진다면,(〈역자〉 욕탐欲貪의 제어와 버림) 그것이 벗어남이고 초탈이다(nissaraṇa). 이 세 가지는 인생의 모든 즐김에 대하여 진실이다.

이로써 비관주의냐 낙관주의냐의 문제가 아니라, 우리는 삶을 완전하고 객관적으로 이해하기 위해, 삶의 즐거움뿐만 아니라 삶의 고통과 슬픔 그리고 그것으로부터의 벗어남까지 살펴야만 한다는 것이 분명해진다. 그래야만 진정한 초탈이 가능하다. 이 문제에 대해 붓다는 말한다.

"오! 비구들이여, 어떤 사문이나 바라문이 이런 식으로 감각적 쾌락을 즐기는 것이 즐김이고, 자신의 불만족이 불만족이며, 그것으로부터의 초탈이 초탈이라는 것을 객관적으로 이해하지 못한다면, 그들 자신이 감각적 쾌락에 대한 욕망을 확실히 완전하게 이해할 수 없고, 이를 이해시키기 위해 다른 사람을 가르칠 수 없으며, 또 그들의 가르침을 따르는 사람도 감각적 쾌락에 대한 욕망을 완전히 이해할 수 없다. 그러나, 오! 비구들이여, 어떤 사문이나 바라문이 이런 식으로 감각적 쾌락을 누리는 것이 즐김이고, 자신의 불만족이 불만족이며, 그것으로부터의 초탈이 초탈이라는 것을 객관적으로 이해한다면, 그들 자신도 감각적 쾌락에 대한 욕망을 확실히 완전하게 이해할 수 있고, 이를 이해시키기 위해 다른 사람을 가르칠 수 있으며, 또 그들의 가르침을 따르는 사람도 감각적 쾌락에 대한 욕망을 완전히 이해할 수 있다."[맛지마 니까야]

둑카의 개념은 세 가지 양상으로 볼 수 있다. (1) 통상적인 괴로움으로서의 둑카(dukkha-dukkha, 고고苦苦), (2) 변화에 의해 생겨난 둑카(vipariṇāma-dukkha, 괴고壞苦), (3) 조건에 따라 생겨난 상태로서의 둑카(saṅkhāra-dukkha, 행고行苦).[청정도론清淨道論, 대승아비달마집론]

태어남, 늙음, 병듦과 죽음(생로병사生老病死), 싫은 사람이나 상황과의 만남(원증회고怨憎會苦), 사랑하는 사람이나 즐거운 상황과의 이별(애별리고愛別離苦), 원하는 것을 얻지 못함(구부득고求不得苦), 슬픔, 애통, 괴로움 등 모든 형태의 육체적, 정신적 삶의 고통은 보편적으로 괴로움이나 아픔으로 받아들여지며 통상적인 괴로움으로서의 둑카

(dukkha-dukkha, 고고苦苦)에 포함된다.

행복한 느낌 즉 행복한 삶의 상태는 영원하지도 영구적이지도 않다. 그것은 조만간 변하며, 변화할 때 아픔, 괴로움, 불행을 초래한다. 이 부침浮沈은 변화에 의해 생겨난 괴로움으로서의 둑카(vipariṇāma-dukkha, 괴고壞苦)에 속한다.

위에서 언급한 두 가지 형태의 괴로움 즉 둑카는 이해하기 쉬워서, 아무도 이의를 제기하지 않을 것이다. '첫 번째 거룩한 진리' 즉 둑카의 이러한 양상은 이해하기 쉽기 때문에 더 널리 알려져 있다. 이런 상황은 우리가 일상생활에서 흔히 경험하고 있다.

그러나 세 번째 형태인 조건에 따라 생겨난 상태로서의 둑카(saṅkhāra-dukkha, 행고行苦)는 '첫 번째 거룩한 진리'의 가장 중요한 철학적 측면이며, 우리가 '중생衆生'35)이나 '개인' 또는 '나'로 여기는 것에 대한 약간의 분석적 설명이 필요하다.

불교 철학에 의하면 우리가 '중생'이나 '개인' 또는 '나'라고 부르는 것은 끊임없이 변화하는 육체적, 정신적 힘이나 기운의 조합일 뿐이며, 이 기운은 다섯 그룹 또는 무더기(pañcakkhandha, 오온五蘊)36)로 나눌 수 있다. 붓다는 말한다. "간단히 말해서 집착하는 이들 다섯 가지 무더기(오취온五取蘊)가 둑카이다."[상윳따 니까야] 다른 곳에서는 둑

---

35) 〈역주〉 중생衆生은 구마라집鳩摩羅什(Kumārajīva: 343~413)이 싼쓰끄리뜨어 'sattva' 등을 한역漢譯하며 중국 고전에서 도입한 용어로, 불교에서는 '윤회하는 존재', '인식을 가진 존재' 또는 '모든 생명이 있는 존재'의 의미로 쓰인다.
36) 〈역주〉 온蘊은 싼.skandha 빨.khandha의 번역으로 종류별로 모인 집합, 무더기, 다발을 뜻한다. 오온五蘊은 '중생衆生'을 구성하는 다섯 무더기, 즉 색色, 수

카를 다섯 가지 무더기로 명확하게 정의하고 있다. "오! 비구들이여, 둑카란 무엇인가? 집착하는 다섯 무더기가 둑카라고 말해야 한다."[상윳따 니까야] 여기서 둑카와 다섯 가지 무더기는 서로 다른 두 가지가 아니라는 것을 분명히 이해해야 한다. 다섯 가지 무더기 그 자체가 둑카이다. 우리는 소위 '중생'을 구성하는 다섯 가지 무더기에 대한 약간의 개념을 가지고 있으면 이 점을 더 잘 이해할 수 있을 것이다. 자, 이들 다섯 가지는 무엇인가?

다섯 가지 무더기 - 오온五蘊

그 첫째는 '물질의 무더기(rūpakkhandha, 색온色蘊)'이다. 이 '물질의 무더기'에는 전통적인 '사대 원소(cattāro mahābhūtāni)'인 고체(지地), 유체(수水), 열(화火), 운동(풍風)과 '사대 원소의 파생물(upādāya-rūpa)'이 속한다.[상윳따 니까야] '사대 원소의 파생물'은 우리의 다섯 가지 물질 감각기관(오근五根), 즉 눈(안眼), 귀(이耳), 코(비鼻), 혀(설舌), 몸(신身)의 기능과 거기에 해당하는 외부 세계의 대상들, 즉 보이는 형상(색色), 소리(성聲), 냄새(향香), 맛(미味), 만질 수 있는 물체들(촉觸)을 포함한다. 그

受, 상想, 행行, 식識을 뜻한다. 오취온五取蘊은 오온에 upādāna(취取, 집착, 번뇌)라는 말을 덧붙인 것인데, 중생들이 오온을 '나'라고 취하여 집착하기 때문에, '취착取着하는 무더기(upādāna-kkhanda)'라는 의미이다. 즉 오온에 욕탐欲貪이 있으면 곧 오취온이다. 아라한의 경지에 이르면 오온에 대한 집착이 소멸되어 순수한 오온만 남아 있게 된다.

리고 마음(의意)의 대상(dharmāyatana, 법처法處, 법진法塵) 영역에 속하는 어떤 생각이나 관념 또는 개념(법法) 또한 파생물에 속한다.[대승아비달마집론, 분별론, 법집론] 따라서 내부와 외부를 포괄한 물질의 영역 전체가 '물질의 무더기'에 속한다.

둘째는 '감각(느낌, 감수感受)의 무더기(vedanākkhandha, 수온受蘊)'이다. 이 무더기는 육체적, 정신적 기관이 외부 세계와의 접촉을 통해 느끼는 즐겁거나 불쾌하거나 중립적인 모든 우리의 감각을 포함한다. 감각은 여섯 가지 종류로 나뉜다. 눈이 보이는 형상에, 귀가 소리에, 코가 냄새에, 혀가 맛에, 몸이 만질 수 있는 대상에, 그리고 불교 철학에서 여섯 번째 감각기관인 마음이 마음 대상 즉 생각 또는 관념에, 접촉함으로써 느끼는 감각이다.[상윳따 니까야] 우리의 모든 육체적 정신적 감각이 이 그룹에 속한다.

여기서 불교 철학에서 '마음(manas, 의意)'이라는 용어가 무엇을 의미하는가에 대해 한 마디 언급하는 것이 유용할 것 같다. 마음은 물질의 상대 개념으로서의 정신이 아니라는 것을 분명히 납득해야 한다. 대부분의 다른 철학계와 종교계에서는 정신을 물질에 상대되는 것으로 받아들이고 있지만, 불교는 정신을 물질의 상대적인 것으로 인정하지 않는다는 것을 항상 기억해야 한다. 마음은 눈이나 귀와 같은 하나의 기능 또는 기관(indriya)일 뿐이다. 마음은 다른 기능들과 마찬가지로 조절하고 발달시킬 수 있으며, 붓다는 이 여섯 가지 기능을 통제하고 수련하는 것의 가치에 대해 꽤 자주 이야기한다. 눈과 마음의 기능으로서의 차이점은 전자는 색채와 보이는 형태의 세계를 감각하는 반면, 후자는 관념과 생각 및 정신(마음)대상의 세계를 느낀다는 것이다. 우리는 각각 다른 감각으로 세상의 서로 다른 영역들을 느낀다. 우리는 색깔을 들을 수는 없지만 볼 수는 있다. 마찬가지로 소리를 볼 수는 없지만 들을 수 있다. 따라서 우리는 눈, 귀, 코, 혀, 몸의 다섯 가지 신체 감각 기관을 통해, 보이는 형상, 소리, 냄새, 맛과 만질 수 있는 대상들의 세계만을 느낄 따름이다. 그러나 이것들은 세상의 한 부분만을 나타낼 뿐, 세상 전체는 아니다. 관념과 생각은 어떤가? 그들은 역시 세상의 일부분이다. 관념과 생각은 눈, 귀, 코, 혀나 몸의 기능으로 느낄 수도 알 수도 없는 것이다. 그렇지만 다른 기능으로 알 수 있는데 그것은 마음이다. 그런데 관념과 생각은 이 다섯 가지 육체적 감각 기능이 느끼는, 경험하는 세계와 무관하지 않다. 사실 관념과 생각은 육체의 느낌이나 경험에 의존하고 지배된다. 따라서 시각장애 상태로 태어난 사람은 나머지 감각 기능으로 느껴진 소리나 어떤 다른 것들을 통해 유추하지 않고는 색채에 대한 관념을 가질 수 없다. 세상의 한 부분을 이루는 관념과 생각은 그렇게 육체적 느낌과 경험으로 만들어지고 지배되며, 마음이 알게 된다. 그러므로 마음을 눈이나 귀 같은 감각 기능이나 기관(indriya, 근根)으로 간주한다.

세 번째는 '지각知覺(표상表象37))의 무더기(saññākkhandha, 상온想蘊)38)'이다.

---

37) 〈역주〉 표상表象은 감각感覺에 의하여 획득한 외부 대상의 상像이 직관적으로 마음속에서 재생된 것이다.
38) 〈역주〉 상온想蘊은 물질적, 정신적 대상을 인지, 인식하여 직관적으로 개념화하는 것이다. 경험되는 것들이 기억 속에 쌓인 것으로, 상상에서는 외부 대상을 구분해 알 수 있고 의식상에 저장하고 떠올려 생각할 수 있다.

감각과 마찬가지로, 지각도 여섯 가지 내부 기능(육근六根)과 그에 상응하는 여섯 가지 외부 대상(육경六境)과 연관되어 여섯 가지 종류가 있다. 감각과 같이 지각은 우리의 여섯 가지 기능이 외부 세계와 접촉할 때 만들어진다. 육체적이든 정신적이든 간에 대상을 인지認知하여 알아보는 것이 지각이다.[상윳따 니까야]

네 번째는 '마음작용의 무더기(saṅkhārakkhandha, 행온行蘊)39)' 이다. 선하든 악하든 모든 의도적인 행위가 이 무더기에 속한다. 일반적으로 업業(싼.karma, 빨.kamma)이라고 알려진 것이 이 무더기에 속한다. 업에 대해 붓다가 친히 내린 정의를 여기서 떠올려보아야 하겠다. "오! 비구들이여, 내가 업業이라 부르는 것이 바로 '의도意圖cetanā'다. 의도가 있으면 몸과 말과 마음을 통해 행동한다."[앙굿따라 니까야] "의도는 마음을 만들어내고, 마음을 움직이게 한다. 그 기능은 좋은 행동이나 나쁜 행동, 또는 중립적인 행동의 영역으로 마음을 이끄는 것이다."[대승아비달마집론] 감각과 지각과 마찬가지로 의도도 여섯 가지로 나뉘며, 여섯 가지 내부 기능과 외부 세계의 육체적 및 정신적 여섯 가지 대상과 연관되어 있다.[상윳따 니까야] 감각과 지각은 의도된 행위가 아니며, 따라서 업과業果40)를 만들어내지 않는다. 주의注意(manasikāra, 작의作意), 의지(chanda, 욕欲), 결단(adhimokkha, 승해勝解), 확신

---

39) 여기서 '마음작용'은 '다섯 가지 무더기' 목록에서 쌍카라saṅkhāra(행行)라는 단어의 넓은 의미를 나타내는 데 일반적으로 사용되는 용어이다. 다른 문맥에서 쌍카라saṅkhāra는 조건 따라 있는 어떤 것, 세상의 어떤 것을 의미하기도 하며, 그런 의미에서는 '다섯 가지 무더기'가 모두 다 쌍카라saṅkhāra이다.
40) 〈역주〉 선과 악의 업을 행함으로 말미암은 과보果報

(saddhā, 신信), 집중(samādhi, 삼마지三摩地, 삼매三昧, 정정定), 지혜(paññā, 반야般若, 혜慧), 근기根氣(viriya, 정진精進), 갈망(rāga, 탐貪), 혐오 또는 증오(paṭigha, 진瞋), 무지無知(avijjā, 무명無明), 자만심(māna, 만慢), 자아관념(sakkāya-diṭṭhi, 살가야견薩迦耶見)41) 등 업과를 초래할 수 있는 것만이 의도된 행위이다. '마음작용들의 무더기'를 구성하는 52가지의 그런 마음 활동42)이 있다.

다섯 번째는 '알아차림(식識, 요별了別)'의 무더기(viññāṇakkhandha, 식

---

41) 〈역주〉 살가야견薩迦耶見. 싼.satkāya-dṛṣṭi, 빨.sakkāya-diṭṭhi. 일명 유신견有身見. 오온五蘊의 일시적 화합에 지나지 않는 신체를 나 또는 나의 것이라고 집착하는 견해

42) 〈역주〉 마음작용(심소心所)은 상좌부불교의 대표적 논서인 아누룻다Anuruddha의 「섭아비달마의론攝阿毘達磨義論」에 52가지가 정리되어 있다. 촉觸, 수受, 상想, 사思, 심일경성心一境性, 명근命根, 작의作意, 심尋, 사伺, 승해勝解, 정진精進, 희喜, 욕欲, 신信, 염念, 참慚, 괴愧, 무탐無貪, 무진無瞋, 사捨, 신경안身輕安, 심경안心輕安, 신경쾌身輕快, 심경쾌心輕快, 신유연身柔軟, 심유연心柔軟, 신적업身適業, 심적업心適業, 신련달身練達, 심련달心練達, 신정직身正直, 심정직心正直, 정어正語, 정업正業, 정명正命, 비悲, 수희隨喜, 혜慧, 치癡, 무참無慚, 무괴無愧, 도기掉擧, 탐貪, 사견邪見, 만慢, 진瞋, 질嫉, 간慳, 악작惡作, 의疑, 혼침惛沈, 수면睡眠. 4세기경의 인도의 불교사상가로, 무착無着Asaṅga의 동생인 세친世親Vasubandhu이 지은 「대승오온론大乘五蘊論」에는 51가지 마음작용이 있는데, 현장玄奘의 한역漢譯은 촉觸, 작의作意, 수受, 상想, 사思, 욕欲, 승해勝解, 염念, 삼마디三摩地, 혜慧, 신信, 참慚, 괴愧, 무탐선근無貪善根, 무진선근無瞋善根, 무치선근無癡善根, 정진精進, 경안輕安, 불방일不放逸, 사捨, 불해不害, 탐貪, 진瞋, 만慢, 무명無明, 견見, 의疑, 분忿, 한恨, 부覆, 뇌惱, 질嫉, 간慳, 광誑, 첨諂, 교憍, 해害, 무참無慚, 무괴無愧, 혼침惛沈, 도거掉擧, 불신不信, 해태懈怠, 방일放逸, 망념忘念, 산란散亂, 부정지不正知, 악작惡作, 수면睡眠, 심尋, 사伺이다. 이 중 수受와 상想을 제외한 나머지 법이 모두 행온에 해당한다.

온識蘊)43)'이다. 알아차림 즉 식識은 여섯 가지 기능 즉 눈, 귀, 코, 혀, 몸, 마음 중의 하나를 근거로 하고, 상응하는 여섯 가지 외부 현상 즉 보이는 형상, 소리, 냄새, 맛, 만질 수 있는 대상, 마음 대상인 관념과 생각 가운데 하나를 대상으로 생겨나는 반응이다. 예를 들어, 시각식(cakkhu-viññāṇa, 안식眼識)은 눈을 근거로 하고, 보이는 형상을 대상으로 한다. 마음 식(mano-viññāṇa, 의식意識)은 마음(manas, 의意)을 근거로 하고 마음 대상, 즉 관념 또는 생각(dhamma, 법法)을 대상으로 한다. 그렇게 식은 다른 기능들과도 연결되어 있다. 따라서 감각, 지각, 의도와 마찬가지로, '알아차림' 즉 식 역시 여섯 가지 내부 기능과 상응하는 여섯 가지 외부 대상과 연관되어 여섯 가지가 있다.[상윳따 니까야]

식識이 대상을 인지하지 않는다는 것을 분명히 이해해야 한다. 식은 단지 일종의 알아차림, 즉 대상이 있다는 것을 알아차릴 뿐이다. 예를 들어 눈이 파란 색채와 접촉하면 시각적 식이 생기는데, 이는 단순히 색채가 있는 것을 알아차리지만, 그것이 파란색이라는 것을 인지하지는 않는다. 이 단계에서는 인지 작용이 없다. 그것이 파란색이라고 인지하는 것은 위에서 논한 세 번째 무더기인 지각(상온想蘊)이다. '시각적 식'이라는 용어는 '본다'라는 일상적인 말이 전달하는 것과 동일한 관념을 나타내는 철학적 표현이다. '보기'가 인지

---

43) 대승불교 철학에 의하면 식識의 무더기(식온識蘊)는 심心citta, 의意manas와 식識vijñāna의 세 가지 면이 있으며, '저장 식識(장식藏識)'으로 번역되는 아뢰야식阿賴耶識ālaya-vijñāna이 이 식온에 속한다. 이 주제에 대한 상세한 비교 연구가 본 저자의 불교 철학에 대한 다음 저술에서 다루어질 것이다. 〈역주〉 상좌부 불교에서, 의식(識)과 마음(心)과 정신(意)은 의미상 하나이다.[청정도론]

를 의미하지는 않는다. 다른 형태의 식도 그렇다.44)

불교 철학에 의하면 물질과 반대되는 개념의 '자아self'나 '영혼 soul'이나 '자기ego'로 간주될 수 있는 영구적이고 불변하는 정신은 없으며, 식識viññāṇa을 물질에 상대되는 '정신'으로 여겨서는 안 된다는 점을 여기서 반복해야겠다. 이 점을 특히 강조하는데, 왜냐하면 식이 평생 영구적인 본체로서 이어지는 일종의 '자아' 또는 '영혼'이라는 잘못된 주장이 예전부터 현재까지 계속되고 있기 때문이다.

---

44) 〈역주〉 초기 불교에서는 안식眼識·이식耳識·비식鼻識·설식舌識·신식身識·의식意識의 6식을 이야기하였다. 6식 중에서 안식·이식·비식·설식·신식은 판단 능력 없이 단순한 알아차림 수준의 식별(불확정적인 인식 또는 앎, 무분별無分別)만 하며, 확정적인 인식은 하지 못한다. 확정적인 인식(유분별有分別)을 위하여서는, 판단(혜慧)과 기억(염念)의 마음작용을 본질로 하는 제6식 즉 의식에 의존하여 도움을 받아야 한다. 그래서 안식·이식·비식·설식·신식을 전오식前五識이라고 하며, 제6식인 의식은 혼자서 사고思考 등의 다양한 인식을 할 수 있고 전5식을 통괄하여 '요별了別' 즉 '분명하게 분별' 작용을 한다. 상想은 경험한 것을 기억창고에 정보로 저장하는 것인데, 전5식을 거쳐 식별된 정보를 상이 체화體化해 놓은 기억정보와 대조하며 의식이 최종적으로 분별 인식한다. 상좌부와 대승 불교 모두 마음에 심心(citta, 집기集起), 의意(manas, 사량思量), 식識(싼.vijñāna, 빨.viññāṇa, 요별了別)의 세 측면이 있다고 본다. 이에 기반하여 대승불교 유식학에서는 제6식인 마음을 세 단계로 나누어 8식으로 구분한다. 제6식인 mano-viññāṇa, 의식意識, 제7식 manas-viññāṇa, 음역音譯하여 말나식末那識, 제8식 ālaya-viññāṇa 음역하여 아뢰야식阿賴耶識이라 한다. 심리학적으로 본다면 제6식은 의식의 영역이나 제7식와 제8식은 무의식의 영역이라 할 수 있다. 제8식인 아뢰야식의 아뢰야는 싼쓰끄리뜨어 'ālaya'의 음사音寫로, 거주지, 저장, 집착을 뜻한다. 과거의 인식, 행위, 경험, 학습 등에 의해 형성된 가장 근원적인 심층적 무의식 또는 근본 무명으로, 중생들이 살아가며 지은 모든 선업, 악업과 경험을 종자種子로 보관하고 있는 거대한 바다이다. 마음의 '심心' 즉 '집기集起'에 해당되며, 업業 종자의 '집기' 즉 '쌓고 일으키는' 활동에 의해 정신

붓다의 제자 중 한 명인 싸띠Sāti는 스승이 '옮겨 다니고 떠돌아다니는 것이 동일한 식識이다.'라고 가르쳤다고 여겼다. 붓다는 그에게 '식(알아차림)'이 무엇을 의미하는지 물었다. 싸띠의 대답은 전형적이었다. "말하는 것, 느끼는 것, 여기저기서 선행과 악행의 과보를 경험하는 것입니다."[45]

스승은 꾸짖었다. "누가 봐도 너 어리석은 자여, 너는 내가 이런 식으로 교리를 설명하는 것을 들어본 적이 있느냐? 내가 식識은 조건으로부터 생겨나며, 조건들이 없으면 식이 생겨나지 않는다고 여러 가지 방식으로 설명하지 않았느냐." 그리고 붓다는 식을 자세히 설명하기 시작했다. "식은 그것이 생겨나게 하는 조건이 무엇인가에 따라 이름 지어진다. 눈과 보이는 형상으로 인하여 식이 생기면 시

활동과 행동이 지배된다. 제6식인 의식도 아뢰야식의 변화한 모습이며, 불교 수행은 결국 아뢰야식을 꿰뚫어 보고 정화하는 데 있다. 장식藏識, 무몰식無沒識, 집지식執持識, 종자식種子識 등으로도 불린다. 제7식인 말나식末那識은 마음의 '의意' 즉 '사량思量'에 해당되며 '생각하고 헤아린다'의 의미이다. 제6식의 의근意根으로, 제6식인 의식과 구별하기 위해 음역하여 말나식이라 한다. 말나식은 가장 심층의 아뢰야식과 표층의 제6식 사이에서 매개 역할을 한다. 바로 직전까지 집기하여 축적된 모든 경험을 토대로 현재의 인식 대상 또는 마음 대상에 대해, 주로 그릇되게, 이모저모로 생각하고 헤아리는 것을 말한다. 즉 말나식은 아뢰야식에 저장된 종자를 이끌어 내어 현행現行(아뢰야식에 함장된 법의 종자가 인연이 갖추어짐에 따라 현재의 법으로 나타나는 것)하게 함으로써 현재적인 인식이 이루어지게 한다. 또 오염된 말나식에 의해 자아가 있다는 집착이나 자기중심적 사고가 생겨나며, 번뇌가 정화된 청정한 말나식에서 차별심을 여읜 평등심과 대자비심이 나타난다고 본다.
45) 〈역주〉 싸띠는 식識을, '자아'라고 이해하여, 윤회하며 변치 않고 영원히 지속된다고 여겼으며, 이 '자아'인 식이 말하고 느끼고 경험한다고 답하였다.

각 식(안식眼識)이라고 부르고, 귀와 소리로 인하여 식이 생기면 청각 식(이식耳識)이라고 부르며, 코와 냄새로 인하여 식이 생기면 후각 식(비식鼻識)이라고 부르고, 혀와 맛으로 인하여 식이 생기면 미각 식(설식舌識)이라고 하며, 몸과 만질 수 있는 대상으로 인하여 식이 생기면 촉각 식(신식身識)이라고 하고, 마음과 마음 대상 즉 관념과 생각으로 인하여 식이 생기면 마음 식(의식意識)이라고 부른다."

그런 다음 붓다는 예를 들어 더 설명하였다. "불은 타는 재료에 따라 이름이 붙여진다. 장작에 불이 붙으면 이를 장작불이라고 한다. 짚에 불이 붙으면 그것을 짚불이라고 한다. 그렇게 식識은 그것이 생겨나는 조건에 따라 이름이 붙여진다."[맛지마 니까야 M38 다제경(갈애멸진의 긴 경)]

이 점에 대해 위대한 주석가註釋家인 붓다고샤Buddhaghoṣa46)는 설명 한다. "…, 장작 때문에 타는 불은 장작이 공급되면 타지만, 장작이 공급되지 않으면 바로 그 자리에서 꺼지는데, 조건이 변했기 때문이며, 불이 장작 부스러기 등으로 건너가서 부스러기 불 등등이 되지는 않는다. 그처럼, 눈과 눈에 보이는 형상 때문에 생겨난 식識은

---

46) 〈역주〉 5세기 인도의 상좌부불교 주석가, 번역가이며 철학자이다. 이름을 의역하면 '불음佛音', '각명覺鳴' 이다. 마가다왕국의 브라만 가문 출생으로 베다의 대가였으나, 불교에 귀의하여 삼장三藏tipiṭaka을 집중 연구하였다. 430년경 스리랑카로 건너가 씽할라어로 된 주석서를 연구하여 빠알리어로 번역했으며, 율장律藏, 논장論藏과 경장經藏의 대부분에 대한 주석서 및 빠알리 불교의 교리와 학설을 집대성한 「청정도론淸淨道論Visuddhimagga」을 저술하였다. 남방불교에서는 그를 미륵보살의 재래로 숭앙하고 있다.

그 감각기관의 문, 즉 눈에서 생기며, 눈, 보이는 형상, 빛과 주목하기가 조건으로 갖추어졌을 때 생기지만, 조건이 없어지면 그때 거기서 그치는데, 조건이 변했기 때문이며, 식이 귀 등으로 건너가서 청각 식(이식耳識) 등등이 되지는 않으며 그리고 등등 ….'[맛지마 니까야 주석서]

붓다는 알아차림(식온識蘊)이 물질(색온色蘊), 감각(수온受蘊), 지각(상온想蘊)과 마음작용(행온行蘊)들에 의존하며 이들과 독립적으로 존재할 수는 없다고 단호한 어조로 강조했다. 붓다는 말한다.

"식識은 물질(색온色蘊)을 수단으로 삼아서(rūpūpāyam), 물질을 대상으로 해서(rūparāmmanam), 물질의 도움을 받아서(rūpapatittham) 존재할 수 있으며, 기쁨을 탐착貪着, 추구하면서 자라고 많아지고 번성한다.47) 또 식은 감각(수온受蘊)을 수단으로 삼아서, …, 또 마음작용(행온行蘊)을 수단으로 삼아서, 마음작용을 대상으로 해서, 마음작용의 도움을 받아서 존재할 수 있으며, 기쁨을 탐착, 추구하면서 자라고 많아지고 번성한다."48)

"만약 어떤 사람이 '나는 물질(색온色蘊), 감각(수온受蘊), 지각(상온想

---

47) 〈역주〉 세친世親은, 식온識蘊(마음)은 윤회의 과정 중에 해당 색色(물질)이 주는 낙수樂受(즐거운 느낌)의 맛에 탐착貪着되어 끊임없이 여러 색色을 좋아하고 즐긴다고 한다.
48) 〈역주〉 식온識蘊은 대상을 단순히 인식하여 알아차리기도 하지만, 수온을 수단으로, 대상으로, 도움을 받아서 대상을 '느껴서 알고', 상온을 수단으로, 대상으로, 도움을 받아서 대상을 '개념화하고 생각해서 알며', 행온을 수단으로, 대상으로, 도움을 받아서 대상에 대해 '의도한 것을 통해서 알게' 된다. 그리고 수온, 상온과 행온의 도움을 받아 분별하는 능력 즉 식온이 점점 자란다.

蘊)과 마음작용(행온行蘊)을 떠나, 식識이 오거나, 가거나, 지나가 버리거나, 생겨나거나, 자라거나, 많아지거나, 번성하는 것을 보여주겠다.'라고 한다면 그는 있지도 않은 것을 말하는 것이다."[상윳따 니까야]

아주 간단히 설명한 이것들이 '다섯 가지 무더기(오온五蘊)'이다. 우리가 '중생'이니 '개인'이니 또는 '나'라고 부르는 것은 이 다섯 무더기의 조합에 붙인 간편한 이름 또는 라벨일 뿐이다. 오온은 모두 무상無常하여, 모두 끊임없이 변한다. "무상한 것은 어느 것이나 둑카다(yad aniccam tam dukkham)." 이것이 바로 붓다의 가르침, "간단히 말해서 집착하는 오온 즉 오취온이 둑카다."의 진정한 의미다. 오온은 연속되는 순간순간에도 똑같을 수 없다. 여기의 A는 지금의 A와 같지 않다. 오온은 순간적으로 생기고 사라지는 흐름 속에 있다.

"오! 바라문이여, 그것은 마치 계곡물과 같아서 멀리 빠르게 흐르며 모든 것을 함께 실어 간다. 단 한 순간도, 찰나도, 잠깐도, 흐름이 멈추지 않으며, 흐르고 또 흐른다. 바라문이여, 계곡물처럼 인생도 그렇다네."49) [앙굿따라 니까야] 붓다가 랏타빨라Ratthapāla에게 말했듯이 "세상은 쉬지 않고 흘러가며 무상하다."

원인과 결과가 계속 이어지는 상태로, 하나가 사라지면서 다음에 나타날 것의 조건을 이룬다. 오온五蘊에 변하지 않는 실체는 없다. 그

---

49) 이 말은, 아주 오래전에 살았으며, 욕망에서 벗어난 상태였던 아라까Araka라는 스승Satthā이 제자들에게 준 가르침이라며 붓다가 소개한 것이다. 여기서, 만물은 끊임없이 변한다는 헤라클레이토스Heraclitus(B.C. 500년경)의 학설과 그의 유명한 말 '너는 같은 강물에 두 번 발을 담글 수 없다. 새로운 물이 늘 너에게 흘러 들어오니까.'를 상기해 보는 것은 흥미롭다.

들 배후에 영원한 '자아ātman50)진아眞我' 나, 개인의 특성이나, 또는 실제로 '나'라고 불릴 수 있는 그 어떤 것도 없다. 물질도, 감각도, 지각도, 마음작용 중 어느 것도, 의식도 진정한 '나'라고 불릴 수 없다는 것에 누구나 동의할 것이다.51) 그러나 상호의존적인 이 다섯 가지 육체적, 정신적 무더기들이 육체 - 정신적 장치52)로서 연합하여 함께 작동할 때 우리는 '나'라는 관념을 얻는다. 그러나 이것은 단지 잘못된 관념 즉 마음작용으로, 방금 논의한 '네 번째 무더기(행온行蘊)'의 52가지 마음작용 중 하나일 뿐이며, 이름하여 자아관념(sakkāya-diṭṭhi, 살가야견薩迦耶見)이다.

이 다섯 가지 무더기를 모두 해서 우리가 일반적으로 '중생'이라고 부르는 데, 이것이 둑카(saṅkhāra-dukkha, 조건에 따라 생겨난 둑카) 자체이다. 이 다섯 무더기의 뒤에서 둑카를 느끼고 경험하는 다른 '중생'이나 '나'는 없다. 붓다고샤가 말한 대로,

"고통만 존재할 뿐, 고통받는 사람은 찾을 수 없다.
행위는 있어도 행하는 자는 찾을 수 없다."[청정도론]

---

50) 〈역주〉 고대 인도 철학에서 끊임없이 변화하는 '물질적 자아'에 반해, 절대 변하지 않는 '초월적인 자아'를 말한다. 영혼靈魂, 생기生氣, 개아個我 또는 진아眞我 등으로 번역한다. 생사를 넘어서 영원히 존재하는 실체이며 윤회의 주체로 여겨졌다. 반면 불교에서는 불변의 실체인 아뜨만이란 것은 없다는 무아론無我論을 내세운다.
51) '무아無我anatta'의 교리는 제6장에서 논의될 것이다.
52) 실제로 붓다고샤는 '중생'을 꼭두각시 인형(dāruyanta)에 비유하였다.[청정도론]

움직임의 배후에서 자신은 꼼짝하지 않으면서 움직이게 하는 무언가는 없다. 움직임은 단지 움직임일 뿐이다. 생명은 움직인다고 말하는 것은 적절하지 않다. 생명은 움직임 그 자체다. 생명과 움직임은 서로 별개가 아니다. 다른 말로 하면, 생각의 배후에서 생각하고 있는 무언가는 없다. 생각 그 자체가 생각하는 주체이다. 만약 당신이 그 생각을 없애버리면, 생각하고 있던 주체를 찾을 수 없다. 여기서 우리는 이러한 불교적 견해가 데카르트의 'cogito ergo sum, 나는 생각한다, 그러므로 나는 존재한다.'와 완전히 반대되는 것에 주목하지 않을 수 없다.

이제 생명의 기원起源이 있는지에 대한 의문이 일어날 수 있다. 붓다의 가르침에 의하면 생명체의 생명 흐름의 기원은 생각조차 할 수 없다. 생명체가 신神에 의해 창조되었다고 믿는 사람들은 이 대답에 깜짝 놀랄 것이다. 그러나 '신의 기원은 무엇이냐?'고 묻는다면, 그는 망설임 없이 '신은 기원이 없다.'라고 답하면서, 그 자신의 대답에는 놀라지 않을 것이다. 붓다는 말한다. "오! 비구들이여, 이 계속되는 윤회輪廻saṃsāra의 순환과정에 가시적인 끝은 없으며, 무명無明으로 둘러싸이고 탐욕적 갈애渴愛taṇhā53)의 족쇄에 묶여 방황하고 맴도는 중생들의 첫 시작은 인지되지 않는다."[상윳따 니까야] 그리고 더 나아가 생명이 연이어지게 하는 주요 원인인 무명에 대해 언급하면서 붓다는 다음과 같이 말한다. "어떤 시점 저편에는 무명이 없었다

---

53) 〈역주〉 갈애渴愛, 빨.taṇhā, 싼.tṛṣṇā. 갈망. 목마른 이가 물을 애타게 찾듯이 몹시 탐내고 집착하는 것을 말한다. 무명無明에 의해 생기며 둑카의 원인이다.

고 가정하는 방식으로 무명의 첫 시작이 인지되지는 않는다."[앙굿따라 니까야] 따라서 어떤 명확한 시점 저편에는 생명이 없었다고 말할 수 없다.

이것이 '거룩한 진리 둑카(고성제苦聖諦)'의 간략한 의미이다. "둑카를 보는 자는 둑카의 생겨남도 보고, 둑카의 소멸도 보며, 둑카의 소멸로 인도하는 길도 또한 본다."54)[상윳따 니까야]라고 붓다가 말한 것처럼, 이 '첫 번째 거룩한 진리'를 명확하게 이해하는 것이 매우 중요하다.

일부 사람들이 잘못 상상하는 것처럼, '첫 번째 거룩한 진리'로 인해 불교도의 삶이 우울해지거나 슬퍼지는 것은 전혀 아니다. 그와 반대로 진정한 불교도는 가장 행복한 존재이다. 불교도에게는 두려움이나 근심이 없다. 언제나 침착하고 평온하며, 사물을 있는 그대로 보기 때문에 변화나 고난에 당황하거나 동요하지 않는다. 붓다는 결코 우울하거나 어둡지 않았다. 동시대 사람들은 붓다를 '항상 미소 짓는 사람(mihitapubbamgama)'으로 묘사했다. 불교 회화와 조각에서 붓다는 언제나 행복하고 평온하며 만족스럽고 자비로운 모습으로 표현된다. 괴로움이나 고뇌나 고통의 흔적은 절대로 보이지 않는다.55) 불교 예술과 건축, 불교사원은 결코 어둡거나 슬픈 인상을 주

---

54) 사실, 붓다는 '네 가지 거룩한 진리(사성제四聖諦)'의 어느 하나라도 보는 자는 나머지 세 가지 또한 본다고 말한다. 이 '네 가지 거룩한 진리'는 서로 연관되어 있다.

55) 고따마Gotama가 고행자였을 때 갈비뼈 전부가 드러나도록 야윈 모습을 묘사한 불상이 간다라Gandhara와 중국 복건福建에 하나씩 있다. 그러나 이것은 그가

지 않으며, 오히려 고요하고 평온한 기쁨을 준다.

비록 삶에 괴로움이 있더라도, 불교도는 우울해하고, 화를 내거나 참지 못해서는 안 된다. 불교에 의하면, 삶에서 주된 죄악 중 하나가 증오 즉 미움이다. 증오patigha는 살아있는 존재에 대한, 괴로움에 대한, 그리고 괴로움에 관계된 것들에 대한 악의惡意이며, 불행과 악행의 토대가 된다.[대승아비달마집론] 그래서 괴로움을 참지 못하는 것은 옳지 못한 일이다. 괴로움을 참지 못하고 화를 내더라도 괴로움을 없애지 못한다. 오히려 괴로움을 조금 더 가중하고, 이미 불쾌해진 상황을 악화시키고 더 나쁘게 만든다. 필요한 것은 분노나 조바심이 아니라, 괴로움이 어떻게 해서 생겨났고 어떻게 하면 없앨 수 있는지 깨닫고, 그에 따라 인내, 지성, 결단력으로 활기차게 노력하는 것이다.

「장로게경長老偈經Theragāthā」과「장로니게경長老尼偈經Therīgāthā」56)이라고 불리는 두 고대 불경은 붓다의 가르침을 통해 삶의 평화와 행복을 찾은 붓다의 남녀 제자들의 기쁨에 찬 이야기로 채워져 있다. 한번은 꼬쌀라Kosala의 왕이 붓다에게, 초췌하고, 거칠고, 창백하며, 수척하고, 호감을 주지 못하는 다른 종교의 많은 제자들과는 달리,

---

붓다가 되고 난 뒤 비판한 바 있는, 깨달음 이전의 가혹한 고행 수련 시기의 모습이다.
56) 〈역주〉 5부 니까야 중 마지막 묶음인『쿳다까 니까야』에 포함되어 있는 경으로 깨달음과 수행, 해탈의 기쁨을 노래한 게송을 모은 것이다. 장로게경에는 장로 비구들의 게송 1,279수가, 장로니게경에는 장로 비구니들의 게송 494수가 실려 있다.

붓다의 제자들은 즐겁게 고무되어 있고(haṭṭha-pahaṭṭha), 기쁨으로 의기양양하며(udagga), 종교적 생활을 즐기고(abhiratarūpa), 만족스러운 지적 능력을 가지며(pīṇitindriya), 근심에서 벗어나(apposukka), 평온하고(pannaloma), 평화롭고(paradavutta), 가젤영양羚羊57)의 마음(migabhūtena cetasā) 즉 편안한 마음으로 살고 있다고 말했다. 이런 건전한 성향은 이 존자尊者들이 세존 가르침의 위대한 의미를 완전히 깨달았기 때문이라 믿는다고, 왕은 덧붙였다.[맛지마 니까야]

불교는 진리를 깨닫는 데 장애로 여겨지는, 우울하고, 슬프고, 참회하는 어두운 마음가짐과는 완전히 거리가 멀다. 반면에 기쁨(pīti, 희喜)이, 열반에 이르기 위해 반드시 함양해야 하는 성품인, 일곱 가지 '깨달음의 요소(bojjhaṅga, 각분覺分, 각지覺支)' 중의 하나임을 떠올리는 것은 흥미로운 일이다.58)

---

57) 〈역주〉 가젤gazelle은 솟과의 포유류로 영양의 일종인데 아프리카, 서아시아, 인도, 티베트, 몽골 등지에 분포한다. 비교적 성질이 온순한 편이며 점프를 잘하는 특성이 있다.
58) 이러한 '일곱 가지 깨달음의 요소'에 대해서는 명상에 관한 장, p.153을 참조하라.

제3장

두 번째 거룩한 진리

집제集諦Samudaya
둑카의 기원

'두 번째 거룩한 진리'는 둑카의 기원, 또는 둑카의 원인에 대한 진리(dukkhasamudaya-ariyasacca, 집성제集聖諦)이다. 빠알리어 원전原典에 수없이 많이 나타나는, '두 번째 거룩한 진리'에 대한 가장 보편적이고 잘 알려진 정의는 다음과 같다.

"바로 '갈애渴愛(taṇhā, 갈망, 각주 53번)'이니, 다시 태어나고 다시 생성되게 하고(ponobhavikā), 강렬한 탐욕과 결부되어 있으며(nandirāgasahagatā), 그리고 여기저기서 새로운 즐거움을 찾는 것(tatratatrābhinandinī)으로, 곧 (1) 감각적 쾌락에 대한 갈애(kāmataṇhā, 욕애欲愛), (2) 존재하고 태어나려는 갈애(bhavataṇhā, 유애有愛), (3) 존재하지 않으려는 즉 소멸하려는 갈애(vibhavataṇhā, 무유애無有愛)이다." [율장 대품, 상윳따 니까야]

모든 형태의 괴로움을 유발하며, 중생이 태어나고 죽음을 반복하며 이어지게 하는 것이 바로 이 갈망, 욕망, 탐욕, 열망인데, 다양한 방식으로 나타난다. 그러나 불교에서는 모든 것이 관련되어 있고 상호의존적이라서, 제일 중요한 원인이라고 무엇 한 가지를 콕 집을 수는 없으므로 갈애를 둑카 발생의 첫째 원인으로 간주해서는 안 된다. 둑카의 유발요인 또는 원인으로 여겨지는 이 '갈애'도 그 발생(samu-daya, 集集)은 다른 것, 즉 감각(vedanā, 受)에 의존하며[맛지마 니까야], 감각은 접촉(phassa)에 따라 생겨나며, 등등 이런 식으로 계속되어 '연기緣起(paṭicca-samuppāda, 조건 따라 생겨남)'라고 알려진 원을 따라 순환하게 되는데, 이에 대해서는 나중에 논하게 될 것이다.

그래서 '갈애'는 둑카 발생의 첫째 또는 유일한 원인이 아니다. 그러나 갈애는 가장 뚜렷하고 직접적인 원인이며, '주된 것'이자 '만연蔓衍한 것'이다.[대승아비달마집론] 그래서 빠알리어 경전의 몇 군데에서는 집제集諦 또는 둑카의 원인을 설명하면서, 항상 처음 언급되는 '갈애'에 덧붙여서 마음의 오염(번뇌)과 부정不淨(kilesā 59), sāsavā dhammā)을 같이 이야기하고 있다.[분별론] 불가피하게 지면이 제한되어 있는 우리의 논의에서는, 이 '갈애'의 중심에 무명無明에서 비롯된 거짓된 자아관념이 자리 잡고 있다는 것을 기억한다면 충분할 것이다.

여기서 '갈애'라는 용어는 감각적 쾌락, 재산과 권력에 대한 욕망과 집착뿐만 아니라 관념과 이상, 견해, 의견, 이론, 개념, 신념에 대한 욕망과 집착(dhamma-taṇhā)을 포함한다.[맛지마 니까야] 붓다가 분석한

---

59) 〈역주〉 빠알리 삼장三藏tipiṭaka 중 논장論藏의 「법집론法集論dhammasaṅgaṇi」 등에 열 가지 오염원kilesā이 나와 있다. (1) 탐貪(lobho, 탐욕) (2) 진瞋(doso, 성냄) (3) 치痴(moho, 어리석음) (4) 만慢(māno, 자만) (5) 견見(diṭṭhi, 사견邪見) (6) 의疑(vicikicchā, 의심) (7) 혼침惛沈(thinaṃ, 나태) (8) 도거掉擧(uddhaccaṃ, 동요) (9) 무참無慚(ahirikaṃ, 양심 없음) (10) 무괴無愧(anottappaṃ, 수치심 없음)

바로는, 가족 간의 사소한 개인적 다툼에서부터 국가 간의 큰 전쟁에 이르기까지 세상의 모든 분쟁과 갈등은 이러한 이기적인 '갈애'에서 비롯된다.[맛지마 니까야] 이러한 관점에서 볼 때, 모든 경제적, 정치적, 사회적 문제들은 이러한 이기적인 '갈애'에 뿌리를 두고 있다. 국제 분쟁을 해결하려고 하는 위대한 정치가들은 경제적, 정치적 용어로만 전쟁과 평화를 이야기하며 피상적인 면만 건드릴 뿐, 문제의 진정한 뿌리에는 결코 깊이 파고들지 않는다. 붓다가 랏따빨라 Rattapāla에게 말했듯이, "세상 사람들은 항상 부족하다 느끼고 갈구해서, '갈애'의 노예(taṇhādāso)가 된다."

세상의 모든 악이 이기적인 욕망 때문에 생겨난다는 것을 누구나 인정할 것이다. 이것은 이해하기 어렵지 않다. 그러나 이 '갈애'라는 욕망이, 어떻게 다시 태어나서 다시 존재하게(ponobhavikā) 할 수 있는지는 그리 파악하기 쉽지 않은 문제이다. 여기서 우리는 '첫 번째 거룩한 진리'의 철학적 측면에 상응하는 '두 번째 거룩한 진리'의 철학적 측면을 더 깊이 논의해야 한다. 이제 우리는 업業karma과 다시 태어남의 이론에 대해 어느 정도 개념을 가져야 한다.

중생들의 생존이 유지되는 데 필요한 '근거' 또는 '조건'이란 의미로 '네 가지 양분(āhāra, 식食)'이 있다. 그것은 (1) 보통의 물질적인 음식(kabaḷīkārāhāra, 단식段食)60), (2) 마음을 포함한 우리 감관感官61)의 외부 세계와의 접촉(phassāhāra, 촉식觸食), (3) 의식(viññāṇāhāra, 식식識食)과

---

60) 〈역주〉 신체를 유지하게 하는 밥, 국, 나물, 간장 등과 같이 형체가 있는 음식.
61) 〈역주〉 감각기관과 그 지각 작용을 통틀어서 이르는 말.

(4) 정신적 의도 또는 의지(manosañcetanāhāra, 의사식意思食, 사식思食, 염식念食)이다.[맛지마 니까야]

이 네 가지 중 마지막에 언급한 '정신적 의도' 즉 염식念食은 살아 있으려고, 존재하려고, 또다시 존재하려고, 존속하려고, 자꾸자꾸 번성하려고 하는 의지이다.62) 그것은 선하고 악한 행위(kusalākusala-kamma)를 하면서 장래를 위해 애쓰고, 태어나고 죽음을 반복하며 생이 이어지게 하는 근원이다.[맛지마 니까야 주석서] 그것은 '의도(cetanā, 사思)'와 같다.[맛지마 니까야 주석서] 우리는 붓다가 친히 정의한 대로 의도가 업業임을 앞에서 보았었다. 방금 언급한 염식念食에 대해 붓다는 이렇게 말한다. "염식 즉 '정신적 의도'라는 영양분을 이해할 때, 우리는 갈애의 세 가지 형태를 이해하게 된다."63)[상윳따 니까야] 그러므로 '갈애', '의도', '염식'과 '업'이란 용어는 모두 같은 것을 의미한다. 이 용어들은 태어나려 하는, 존재하려 하는, 다시 태어나려 하는, 자꾸자꾸 더 번성하려고 하는, 점점 더 성장하려고 하는, 점점 더 축적하려고 하는 의지 즉 욕망을 나타낸다. 이것이 둑카가 생겨나는 원인이며, 중생을 이루는 '다섯 무더기' 중 하나인 '마음작용의 무더기(행온行蘊)'에 속한다.

---

62) 이 '정신적 의도' 즉 염식念食을 현대 심리학의 '리비도libido'와 비교해 보는 것도 재미있다. 〈역주〉 libido는 성본능性本能, 성충동性衝動으로 해석하며, 관능적 쾌감의 기저에 놓여 있는 가설적 심리적 에너지.
63) 갈애渴愛의 세 가지 형태는 (1) 감각적 쾌락에 대한 갈애, (2) 태어나고 존재하려는 갈애, (3) 다시 존재하지 않으려는 갈애이다. 이것은 위에 나온 '둑카의 생겨남(samudaya, 집集)'의 정의이다.

이것이 붓다의 가르침에서 가장 중요하고 근본적인 요점 중 하나이다. 그러므로 우리는 둑카 발생의 원인과 싹이 둑카 자체 내에 있는 것이지 외부에 있지 않다는 것을 분명하고 주의 깊게 새겨서 기억해야 한다. 그리고 둑카의 소멸, 둑카 타파의 원인과 싹도 둑카 자체 내에 있는 것이지 외부에 있지 않다는 것을 똑같이 잘 기억해야 한다. 이것이 빠알리어 경전에서 자주 나오는 유명한 문구, 'yam kiñci samudayadhammam sabbam tam nirodhadhammam, 생겨나는 성질이 있는 것은 모두 소멸하는 성질이 있다.'가 의미하는 바이다.[맛지마 니까야] 어떤 중생, 어떤 사물, 또는 어떤 체계가 그 자체에 생겨나는 성질, 존재하려는 성질을 가지고 있다면, 그 자체 안에 스스로 소멸하고 제거되는 성질, 원기原基 또한 지니고 있다.

그러므로 둑카 즉 '다섯 무더기'는 스스로 생겨나는 성질을 그 자체에 가지고 있으면서 스스로 소멸하는 성질 또한 그 자체에 지니고 있다. 이 점에 대해서는 '세 번째 거룩한 진리'인 멸제滅諦nirodha에 대한 논의에서 다시 다루어질 것이다.

빠알리어 깜마kamma 또는 '하다'라는 뜻의 어근 'kr'에서 온 싼쓰끄리뜨어 까르마karma(업業)는 글자대로는 '활동' 또는 '하기(작위作爲)'를 의미한다. 그러나 업業karma에 대해 불교 이론에서는 특별한 의미를 지니고 있다. 업은 단지 '의도적인 행위'만을 의미할 뿐, 모든 행위를 의미하는 것은 아니다. 또한 많은 사람이 막연히 잘못 사용하고 있듯이 업이란 것은 업의 결과를 의미하지 않는다. 불교 용어로서 업은 결코 그 영향을 의미하지 않는다. 업의 영향은 업의 '열매(kamma-phala, 업과業果)' 또는 '결과(kamma-vipāka, 업보業報, 업이숙業異熟)'로 알려져 있다.

욕망이 상대적으로 좋거나 나쁠 수 있는 것처럼, '의도' 즉 염식念食도 상대적으로 좋을 수도 있고 나쁠 수도 있다. 따라서 업은 상대적으로 좋을 수도 있고 나쁠 수도 있다. 선업善業kusala은 선한 결과를 낳고, 악업惡業akusala은 나쁜 결과를 낳는다. '갈애', 의도, 업은 좋든 나쁘든 그 영향으로 하나의 힘을 가지게 되는데, 좋은 방향이든 나쁜 방향이든 계속하여 밀어붙인다. 좋든 나쁘든 업은 상대적이며, 계속 이어지는 원(samsāra, 윤회輪廻) 속에 있다. 아라한은 행위를 하더라도 업을 쌓지 않는다. 아라한은 잘못된 자아관념 즉 아집我執에서 벗어났고, 생사를 이어가고 번성하려는 '갈애'에서 벗어났으며, 다른 모든 오염(번뇌)과 부정不淨(kilesā, sāsavā dhammā)에서 벗어났기 때문이다. 그에겐 '다시 태어남'이 없다.

업 이론을 소위 '도덕적 정의'나 '보상과 처벌'과 혼동해서는 안 된다. 도덕적 정의 또는 보상과 처벌에 대한 관념은, 법을 정하면서 옳고 그름을 판정하고 심판하는 최고의 존재 즉 하느님에 대한 개념에서 생겨나는 것이다. '정의'라는 용어는 모호하고 위험해서, '정의'라는 이름으로 인류에게 이로움보다는 해를 더 많이 끼쳤다. 업 이론은 원인과 결과, 작용과 반작용의 이론이다. 그것은 자연적 법칙이며, 정의나 보상과 처벌의 개념과는 아무런 관련이 없다. 모든 의도적 행위는 그 영향이나 결과를 초래한다. 선한 행동은 좋은 결과를 낳고 나쁜 행동은 나쁜 결과를 낳는다면, 그것은 당신의 행동을 심판하는 어떤 사람이나 권력이 내리는 정의나 보상이나 처벌이 아니며, 그것은 그 자체의 본성, 그 자체의 법칙 덕분이다. 이것은 이해하기 어렵지 않다. 그러나 어려운 것은, 업 이론에 의하면 의도적 행위의 영향이 사후의 다음 생에서도 계속 나타날 수 있다는 것이다.

여기서 우리는 불교에서 말하는 죽음은 무엇인지 설명하지 않을 수 없다.

우리는 앞에서 중생이란 육체적 및 정신적인 힘 또는 기운의 결합체에 불과하다는 것을 보았다. 우리가 죽음이라 부르는 것은 육신이 완전히 기능하지 않는 것이다. 육신이 기능하지 않음에 따라 이 모든 힘과 기운이 완전히 멈출까? 불교는 '아니다!' 라고 답한다. 생존하려 하고, 지속하려 하며, 자꾸자꾸 번성하려는 의지, 의도, 욕망, 갈망은, 모든 생명과 모든 존재들을 움직이고 심지어 온 세상을 움직이는 무시무시한 힘이다. 이것은 세상에서 가장 큰 힘, 가장 큰 에너지이다. 불교에 따르면, 이 힘은 신체의 기능 상실, 즉 죽음이 와도 없어지지 않는다. 대신 다른 형태로 계속 발현해서, 다시 태어나게 즉 다시 존재하게 한다.

이제 또 다른 의문이 생긴다. '자아'나 '영혼(ātman)'과 같은 영구적이고 불변하는 실체나 물질이 없다면, 죽은 뒤에 다시 태어나고 다시 존재할 수 있는 것은 무엇인가? 죽은 뒤의 삶을 논하기에 앞서 현재의 이 생명은 무엇이고 지금 어떻게 존속되고 있는지 생각해 보자. 여러 차례 반복해 왔듯이, 우리가 생명이라고 부르는 것은, 육체적 및 정신적 에너지의 조합인 다섯 무더기(오온五蘊)의 결합체이다. 이들은 끊임없이 변화하여, 연이어 있는 아주 짧은 두 순간도 같은 상태로 유지되지 않는다. 매 순간순간 이들은 태어나고 또 죽는다. "오온이 생겨나고 쇠락衰落하고 죽을 때, 오! 비구여, 이 매 순간 너도 태어나고 쇠락하고 죽는다."[64][경집經集 주석서] 이렇게 지금, 이 생生에서도 매 순간 우리는 태어나고 죽지만 존속하고 있다. 우리가 현생에서 '자아'나 '영혼'과 같은 영구적이고 변하지 않는 물질 없이 우리가 존속할 수 있다는 것을 이해한다면, 몸의 기능이 없어진 후에 '자아'나 '영혼' 없이도 이러한 힘이 계속될 수 있다는 것을 어찌 이해하지 못하겠는가?

육신이 더 이상 기능할 수 없게 되면, 에너지는 함께 소멸하는 것이 아니라, 우리가 다른 생이라고 부르는 어떤 다른 모양이나 형태를 취해서 존속하게 된다. 어린이의 모든 신체적, 정신적, 지적 기능은 미숙하고 약하지만, 그 안에는 완전히 자란 성인을 배출할 수 있는 잠재력을 가지고 있다. 이른바 중생을 구성하는 육체적, 정신적 에너지는, 자체 내에 새로운 형태를 취할 능력을 갖추고 있으며, 점차 성장하여 다 자랄 때까지 힘을 늘여간다.

영구적이고 변하지 않는 실체가 없는 것처럼 한 순간에서 다음 순간으로 그냥 넘어가는 것은 아무것도 없다. 그러므로 한 생에서 다음 생으로 그냥 넘어가거나 윤회할 수 있는 영구적이거나 변하지 않는 것은 명백히 없다. 생의 이어짐은 끊어지지 않고 계속되는 시리즈이지만 매 순간 변화한다. 이 시리즈는 실제로는 단지 흐름일 뿐이다. 그것은 마치 밤새도록 타고 있는 불꽃과 같아서, 매 순간 같은 불꽃도 아니고 다른 불꽃도 아니다. 어린아이가 자라서 예순 살의 어

---

64) 'Khandhese jāyamānesu jiyamānesu miyamānesu ca khane khane ivam bhikkhu jāyase ca jiyase ca miyase ca.' 이것은 「제일의등명소第一義燈明疏(Paramattha-joti kā 주석서)」에서 붓다가 친히 한 말로 인용되어 있다. 지금까지 나는 이 구절을 원전에서 추적해 낼 수 없었다. 〈역주〉「제일의등명소」는 『쿳다까 니까야』 중 「소송경小誦經(Khuddakapāṭha)」, 「경집經集(Suttanipāta)」에 대한 붓다고샤의 주석서이다.

른이 되면, 분명 예순 살의 어른은 60년 전의 어린아이와 같지 않지만, 다른 사람도 아니다. 마찬가지로, 여기서 죽어 다른 데에서 다시 태어나는 사람은 같은 사람이 아니지만 다른 사람도 아니다(na ca so na ca añño). 삶과 죽음 간의 차이는 단지 일념경一念頃65)일 뿐이어서, 이 생의 마지막 일념경이, 사실 같은 시리즈의 연속 상태인, 이른바 다음 생의 첫 일념경을 좌우한다. 이 생을 사는 동안에도 역시 한 일념경이 다음 일념경에 영향을 미친다. 따라서 불교의 관점에서 볼 때, 사후의 생에 대한 의문은 대단히 신비스러운 것이 아니며, 불교도는 이 문제에 대해 절대 걱정하지 않는다.

태어나고 존재하려는 이 '갈애'가 있는 한 윤회의 순환은 계속된다. '실상實相', '진리', '열반涅槃nirvāṇa'을 보는 지혜로써, 그 원동력인 '갈애'를 끊어내어야만 윤회를 멈출 수 있다.

---

65) 〈역주〉 일념一念은 싼쓰끄리뜨어 eka-citta의 번역으로 극히 짧은 순간에 이루어지는 생각念의 단위이며, 찰나刹那kṣaṇa와 동의어로도 쓰인다. 일념경一念頃은 한 번 생각하는 정도의 시간을 뜻한다.

제4장

세 번째
거룩한 진리

멸제滅諦Nirodha
둑카의 소멸

세 번째 거룩한 진리는 고통으로부터, 계속되는 둑카로부터 해방되어 자유로워지는 것이다. 이것이 '둑카의 소멸(dukkhanirodha-ariya-sacca, 멸성제滅聖諦)'이라는 거룩한 진리로서, 이것이 열반涅槃nibbāna이며, 싼쓰끄리뜨어 니르바나nirvāṇa로 더 널리 알려져 있다.

둑카를 완전히 제거하기 위해서는, 우리가 이미 공부한 둑카의 주된 근원인 '갈애'를 없애야 한다. 그래서 열반涅槃은 '갈애의 소멸(taṇhā-kkhaya, 애진愛盡, 단애斷愛)'이라고도 알려져 있다.

이제 당신은 열반이 무엇인지 묻고 싶어질 것이다. 이 꽤 자연스럽고 단순한 질문에 대답하기 위해 여러 권의 책들이 쓰였지만, 이 문제에 대해 명쾌히 답해주기보다는 더욱더 혼란스럽게 만들어만 왔다. 이 질문에 대한 하나뿐인 합리적인 답은, 언어로는 절대로 완전하고 만족스럽게 답할 수가 없다는 것이다. 열반이라는 '절대 진리' 또는 '궁극적 실상'의 진정한 본질을 표현하기에는 인간의 언어가 너무나 빈약하기 때문이다. 언어는 감각기관과 마음으로 경험한 사물과 개념을 표현하려고 인간 집단이 창조하고 사용한다. '절대 진리'를 깨우치는 것 같은 영적 세계의 경험은 그런 범주에 속하지 않는다. 그래서 그런 경험을 표현할 수 있는 말이 있을 수 없다. 마치 물고기가 쓰는 어휘에 단단한 땅의 성질을 표현할 말을 갖지 못하는 것과 같다. 거북이가 친구인 물고기에게 땅을 걸어서 막 호수에 돌아왔다고 말하였다. 물고기는 "물론, 헤엄쳤다는 뜻이지?" 하고 말했다. 거북이는 땅에서는 헤엄칠 수가 없으며, 단단해서 그 위로 걸어 다닌다고 설명하려 하였다. 그러나 물고기는 그런 게 어딨느냐며, 자기 호수같이 일렁이는 액체임이 분명하며, 거기에서 다이빙하고 헤엄칠 수 있어야 한다고 우겨댔다.

언어는 우리가 아는 사물과 개념을 나타내는 기호이지만, 평범한 사물에 대해서 조차도 그 본질은 전달하지 않으며, 할 수도 없다. 언어는 진리를 이해하는 데에 오해의 소지를 만드는 것으로 간주된다. 그래서 「능가경楞伽經Lankāvatāra-sūtta」에 '무지한 사람은, 수렁에 빠진 코끼리처럼, 말에서 헤어날 수 없게 된다.'라고 하였다.

그럼에도 불구하고 우리는 언어 없이 아무것도 할 수 없다. 그러나 만일 열반을 긍정적인 용어로써 표현하여 설명한다면, 우리는 즉각 그 용어가 연상시키는 관념에 집착하려 할 것인데, 그런 관념은 원래의 뜻과 꽤 상반된 것일 수도 있다. 그래서 일반적으로 부정적인 용어66)로 표현된다 – 아마 덜 위험한 방식일 것이다. 그래서 '갈

---

66) 때로는 siva(길상吉祥, 선善), khema(안전安全), suddhi(청정清淨), dipa(주洲, 모래톱), sarama(귀의歸依), tāna(보호保護), pāra(피안彼岸), santi(평화平和, 적

애의 소멸(taṇhākkhaya, 애진愛盡, 단애斷愛)', '인연의 조건에 의하지 않은 또는 섞이지 않은(asaṅkhata, 무위無爲)', '욕망이 없음(virāga, 이탐離貪, 지탐止貪, 이욕離欲)', '중단(nirodha, 적멸寂滅)', '불꽃이 꺼짐 또는 소멸(nibbāna, 열반涅槃)' 같은 부정적 용어로 흔히 풀이하고 있다.

빠알리어 원전에 보이는 대로 열반에 대한 몇 개의 정의와 설명을 고찰해 보기로 하자.

'열반은 참으로 갈애가 완전히 그치는 것이며, 갈애를 포기하는 것이고, 갈애를 단념하는 것이며, 갈애에서 해방되는 것이고, 갈애에서 떠나는 것이다.' 67)[율장 대품, 상윳따 니까야]

'조건 따라 나타나는 것(유위법有爲法)이 모두 고요해지고, 모든 오염을 내려놓고, 갈애를 그치고, 초탈하고, 소멸하며, 탐욕과 번뇌의 불꽃이 꺼지는 것이다.'[상윳따 니까야]

"오! 비구들이여, 무엇이 '절대적(asaṅkhata, 조건에 따른 것이 아닌, 무위無爲)'인가? 오! 비구들이여, 그것은 탐욕(탐貪)의 소멸(rāgakkhaya), 증오(진瞋)의 소멸(dosakkhaya), 미혹迷惑(치痴)68)의 소멸(mohakkhaya)이다. 오! 비구들이여, 이것을 '절대적'인 것이라 부른다."[상윳따 니까야]

정寂靜)과 같은 긍정적 용어들이 열반涅槃을 표현하기 위해 쓰인다. 빠알리 삼장三藏 중 경장經藏의 『상윳따 니까야』의 「무위편無爲篇Asaṅkhatasaṃyutta」에는 열반의 동의어가 32개 있으며, 대부분 비유적인 용어이다.

67) 적멸寂滅nirodha을 '둑카의 소멸'로 정의한 것은 녹야원鹿野苑Sārnath에서의 첫 설법에서 나오며, 여기서 그 정의가 열반涅槃nibbāna를 뜻함에도 'nibbāna'가 쓰이지 않았다는 것은 흥미롭다.
68) 〈역주〉 마음이 무명에 가려져 번뇌 망상이 일어나고 사리에 어두운 것. 미迷는 사리를 잘못 아는 것, 혹惑은 사리를 분명히 알지 못하는 것을 뜻한다.

"오! 라다Radha야, '갈애의 소멸'이 열반이다."[상윳따 니까야]

"오! 비구들이여, 조건에 따라 나타나는 것이거나(유위법有爲法), 조건에 따르지 않은 것(무위법無爲法)이거나 간에 집착을 여의는 것이(virāga, 이탐離貪)이 최상이다. 말하자면 교만에서 벗어나는 것, 갈애를 부수는 것, 집착을 뿌리뽑는 것, 계속됨을 끊어 버리는 것, 갈애를 소멸시키는 것, 욕망을 떠나고 소멸하며, 탐욕과 번뇌의 불꽃이 꺼지는 것이다."[앙굿따라 니까야]

한 방랑수행자(parivrājaka, 유행자遊行者)[69]가 "열반이란 무엇입니까?"라고 단도직입적으로 질문을 했을 때, 붓다의 수제자 사리불[70]의 대답은 붓다가 위에서 한 무위無爲(asaṅkhata)의 정의와 같았다. 즉 '탐욕의 소멸, 증오의 소멸과 미혹의 소멸'이다.[상윳따 니까야]

사리불은 또 "탐욕과 이 '집착하려고 하는 다섯 가지 무더기(오취온五取蘊)'에 대한 열망을 버리고 부수는 것, 그것이 둑카를 그치게 한다." 하였다.[맛지마 니까야]

붓다의 또 다른 제자, 무실라Musila는 "계속됨과 태어남, 즉 생사상속生死相續의 그침(bhavanirodha, 존재의 소멸)이 열반이다."라고 하였

---

69) 〈역주〉 집을 떠나 여러 곳으로 돌아다니며 수행하는 종교생활자
70) 〈역주〉 사리불舍利弗(빨.Sāriputta. 싼.Sāriputra). 사리자舍利子. 붓다의 십대제자 가운데 한 사람으로 지혜제일智慧弟一이라고 불린다. '사리의 아들'이란 뜻인데, 사리는 그의 어머니 이름이다. 마가다국Magadha國의 바라문 출신으로, 원래 목건련目犍連Maudgalyāyana과 함께 육사외도六師外道의 한 사람인 싼자야Sañjaya의 수제자였으나 붓다의 가르침을 듣고 목건련과 함께 250명의 동료를 이끌고 불문에 귀의하였다. 붓다보다 나이가 많았고, 병이 들어 붓다보다 먼저 입적하였다.

다.[상윳따 니까야]

그리고 더 나아가, 붓다는 열반에 대해서 이렇게 말한다.

"오! 비구들이여, 태어나지 않고, 자라지 않으며, 조건에 구애되지 않는 것이 있다. 태어나지 않고, 자라지 않으며, 조건에 구애되지 않는 것이 없다면, 태어나고, 자라고, 조건에 따르는 데서 벗어날 수 없다. 태어나지 않고, 자라지 않으며, 조건에 구애되지 않는 것이 있으므로, 태어나고, 자라고, 조건에 따르는 데서 벗어날 수 있는 것이다."[무문자설경無問自說經]

"여기에는 고체(지地), 유체(수水), 열(화火)과 운동(풍風)의 네 가지 원소가 없다. 길이와 너비, 미세함과 거대함, 이로움과 해악, 이름과 형상 등의 개념은 모두 허물어졌다. 또한 이 세간世間도 저 세간도, 오는 것도 가는 것이나 머무는 것도, 죽음도 태어남도, 감각기관과 그 대상들도 찾을 수 없다."[무문자설경]

이렇게 열반이 부정적인 용어로 표현되었기 때문에 그것이 부정적이라는 잘못된 개념을 갖게 되고, 자아를 훼멸毁滅하는 것으로 표현하는 사람이 많다. 열반은 분명히 말하건대 자아를 멸하는 것이 아니다. 멸할 자아가 없기 때문이다. 만약 조금이라도 그런 뜻이 있다면 자아에 대한 미혹되거나 거짓된 관념을 멸한다는 것이다.

열반이 긍정적, 또는 부정적이라고 말하는 것은 옳지 않다. '부정적'과 '긍정적'이라는 개념은 상대적이며 쌍대성雙對性71)의 영역에

---

71) 〈역주〉 쌍대성雙對性duality은 수학과 물리학에서 자주 등장하는 표현이다. 보통 어떤 수학적 구조의 쌍대雙對dual란 그 구조를 '뒤집어서' 구성한 것을 말하

들어있다. 이 용어들은 열반 즉 '절대 진리'에 적용될 수 없는데, '절대 진리'는 양립兩立과 상대성을 초월하였기 때문이다.

부정적인 단어가 반드시 부정적인 상태만을 가리키는 것은 아니다. '건강'에 해당하는 빠알리어와 싼쓰끄리뜨어 단어는 '아로갸 ārogya(무병無病)'인데, 직역하면 '병이 없음'을 의미하므로 부정적인 용어다. 그러나 '아로갸ārogya'는 부정적인 상태를 의미하지 않는다. '불멸不滅(빨.amata, 싼.amṛtā)'이라는 단어 또한 열반의 동의어인데 부정적이다. 부정적 가치에 대한 부정은 부정이 아니다. 열반에 대한 잘 알려진 동의어의 하나가 '해탈解脫(빨.mutti, 싼.mukti)'이다. 아무도 '해탈'이 부정적이라고 말하지 않을 것이다. 그러나 '해탈'조차도 부정적 측면이 있다. 해탈은 언제나 방해되는 것, 해로운 것, 부정적인 것들에서 벗어나는 것이다. 그러나 해탈은 부정적이지 않다. 그래서 열반, 해탈(mutti, vimutti), 즉 '절대적 자유'는 모든 해악, 열망, 증오와 무지로부터의 자유로움이며, 모든 양립성, 상대성, 시간과 공간적 측면에서 벗어난 것이다.

우리는 『맛지마 니까야』의 「분별육계경分別六界經Dhātuvibhaṅga-sutta(요소의 분석 경), M140」에서 '절대적 진리'로서 열반의 개념을 약간 얻을 수 있다. 한밤중에 옹기장이의 헛간에서 붓다는 뿍꾸싸띠가 지적이고 성실하다는 것을 알고, 이 지극히 중요한 법문을 설해주었다.

는데, 엄밀한 정의는 세부 분야와 대상에 따라 각각 다르다. 쌍대의 쌍대는 자기 자신이므로 어떤 대상과 그 쌍대는 서로 일종의 한 '켤레'를 이룬다고 할 수 있으며, 이를 쌍대관계雙對關係라고 한다.

이 경에서 관련 있는 부분의 핵심은 다음과 같다.

〈역주〉 여기에 서 있는 자에게 공상空想이나 망상妄想이 일어나지 않으며, 공상이나 망상이 더 이상 일어나지 않을 때 그는 고요한 성자라고 불린다. 지혜를 소홀히 말고, 진리를 수호해야 하고, 버림을 키워야 하고, 고요함을 수행해야 한다.

사람은 여섯 가지 원소로 구성되어 있는데, 고체, 유체, 열, 운동, 공간과 의식이다. 그는 그것들을 분석하여 그것 중에는 '내 것' 이니 '나' 니 '나 자신' 이랄 것이 없음을 알아낸다. 그리고 그는 의식이 어떻게 나타나고 사라지는가, 유쾌감과 불쾌감 또 유쾌도 불쾌도 아닌 기분이 어떻게 나타나고 사라지는가를 이해한다. 이 앎을 통해 그의 마음은 집착을 여의게 된다. 그러면 그는 지고한 정신적 경지에 도달할 수 있는 순수한 평정平靜(upekkhā)이 그에게 있음을 안다. 그리고 그는 이 순수한 평정이 오랫동안 머물러 있으리라는 것을 안다.

그리고 그는 생각한다. '내가 무한한 공간의 영역(공무변처空無邊處)에서 이 순수하게 정화된 평정심에 집중하고, 그것에 상응相應하는 마음을 내더라도 그것은 정신이 만든(saṅkhataṃ) 것이다.72) 내가 무한한 의식의 영역(식무변처識無邊處)에서 이 순수하게 정화된 평정심에 집중하고, …, 내가 아무것도 없는 영역(무소유처無所有處)에서, …, 또는 지각하지도 지각하지 않는 것도 아닌 영역(비상비비상처非想非非想處, 비유상비무상처非有想非無想處)에서 이 순수하게 정화된 평정심에 집중하

---

72) 모든 정신적이고 신비로운 경지는 그것이 순수하고 지고하다 하여도 정신의 창작이고, 마음작용이며, 조건에 따라 있는 것이고, 구성된 것(행行, saṅkhata)임에 유의하라. 그것은 '실상實相' 이 아니며, '진리(제諦, sacca)' 가 아니다.

고, 그것에 상응하는 마음을 내더라도 그것은 정신이 만든 것이다.' 그리하여 그는 지속과 존재bhava 또는 소멸vibhava을 정신적으로 만들지도 의도하지도 않게 된다.73) 그는 지속과 존재 또는 소멸을 만들거나 의도하지 않기 때문에 세상의 어떤 것에도 집착하지 않고, 집착하지 않기 때문에 그는 걱정이 없으며, 걱정이 없기에 그의 내면이 완전히 고요해졌다. 즉 내적적멸內的寂滅상태(paccatta-myeva parinibbāyati)에서 불이 완전히 꺼졌다. 그리고 '태어남은 끝났으며, 청정한 삶을 살았고(청정범행淸淨梵行의 성취), 할 일은 다하였으며, 더 해야 할 일은 남아 있지 않다.'74)라고 그는 안다.

이제 그는 기쁘거나, 불쾌하거나 그도 저도 아닌 기분을 느낄 때는 그것이 일시적이고 자신을 속박하지 않으며, 격동적 감정을 띠지 않는다는 것을 안다. 어떤 감각을 느끼더라도 그는 그것에 속박되지 않는다(visamyutta, 멍에를 벗은, 매이지 않은). 그리고 마치 기름과 심지가 다하면 호롱의 불꽃이 꺼져버리듯, 몸뚱이가 해체되면 모든 감각이 가라앉을 것임을 그는 안다.

오! 비구여, 그러므로 이렇게 갖춘 이는 절대적 지혜를 갖춘다. 왜냐하면 모든 둑카의 소멸에 대해 깊이 아는 것이 절대적인 거룩한 지혜니까.

진리에 근거한 이런 그의 해탈은 흔들릴 수 없다. 오! 비구여, 비

---

73) 이것은 그가 새로운 업業을 만들어내지 않는다는 뜻이다. 이제 그는 갈애, 의지 또는 의도에서 벗어났기 때문이다.
74) 이 표현은 이제 그가 아라한이라는 것을 의미한다.

실상非實相인(mosadhamma, 허망虛妄한) 것은 거짓이고, 실상實相인(amosa-dhamma, 허망되지 않은) 것, 즉 열반은 진리(sacca, 제諦)다. 그러므로 오! 비구여, 이렇게 갖춘 이는 절대적 진리를 갖춘다. 절대적인 거룩한 진리(paramaṃ ariyasaccaṃ, 절대적 성제聖諦)는 실상인 열반이므로.

어떤 다른 곳에서는 붓다는 '열반'이 들어갈 곳에 '진리'라는 어휘를 분명히 사용했다. "나는 너희에게 진리와 진리에 이르는 길을 가르치겠노라."[상윳따 니까야] 여기서 '진리'는 '열반'을 의미하는 것이 명백하다.

그러면 '절대 진리'란 무엇인가? 불교의 가르침에서 '절대 진리'는, 세상에는 절대적인 것은 없으며, 모든 것은 상대적이며, 연기적緣起的이고 영원하지 않다는 것이다. 그래서 내면에 있는 것이건 외부에 있건 간에, '자아'니, '영혼'이니, '진아眞我ātman'니 하는 변화하지 않고, 무궁하며, 절대적인 실체는 없다. 이것이 '절대 진리'이다. '부정적 진리'라는 통속적 표현이 비록 있지만 '진리'는 결코 부정적이 아니다. 진리를 깨닫는 것 - 즉 미혹이나 무명 없이 사물을 있는 그대로(yathābhūtaṃ) 보는 것[능가경] - 은 갈애의 소멸과 둑카의 중단이며, 이것이 열반이다. 여기서 열반이 윤회와 다르지 않다는 대승불교의 관점을 기억하는 것은 흥미롭고 유용하다.[75] 윤회나 열반은 당신이 보는 방법 - 주관적 또는 객관적 - 에 따라서 같은 것이 된다. 이 대승불교적 견해는, 아마도 바로 우리의 개략적인 논의에서 막 언급한, 상좌부上座部Theravāda의 빠알리어 원전에 보이는 개념들에서 발전되어 나온 것 같다.

열반이, 탐욕의 소멸로 인한 자연스러운 결과라는 생각은 잘못이다. 열반은 그 어떤 것의 결과가 아니다. 만약 그것이 결과라면, 원인이 만들어낸 성취이어야 하며, 초래되고, 조건에 따라 만들어진 유위有爲saṅkhata76)일 것이다. 열반은 원인도 결과도 아니다. 그것은 인과因果를 초월해 있다. 진리는 무엇의 결과나 효과일 수 없다. 그것은 선정禪定이나 삼매三昧77)같은 신비한 심령적 정신적 경지처럼, 만들어지는 것이 아니다. 진리는 있다. 열반은 있다. 당신이 할 수 있는 유일한 일은 그것을 보고, 실현하는 것이다. 열반에 이르도록 인도하는 길이 있다. 그러나 열반이 이 길의 결과는 아니다. 당신은 길을 따라 산에 오르지만, 산이 길의 결과나 효과는 아니다.78) 당신은 빛을 보지만 빛이 당신 시력의 결과는 아니다.

---

75) 인도 승 용수龍樹Nagarjuna(150년 추정~250년 추정)는「중론송中論頌」에, "윤회samsāra(생사유전生死流轉)는 열반nirvāṇa과 다른 어떤 것도 아니며, 열반은 윤회와 다른 어떤 것도 아니다."라고 분명히 말하고 있다.

76) 〈역주〉 'saṅkhata'는 '유위有爲'로 한역漢譯되었다. 운허스님은 '유위'를 '인연으로 말미암아 조작되는 모든 현상'이라고 설명한다. 'asaṅkhata(조건에 따르지 않음, 무위無爲)'의 반대어이므로 '탐진치貪瞋痴의 성품 상태'로 풀이하기도 한다.

77) 〈역주〉 마음이 산란하지 않고 고요하게 머물러 있는 상태를 말하며, 고요하면서도(적寂) 의식이 맑게 깨어 있는 상태(성惺)라야 비로소 삼매라고 할 수 있다. 왜냐하면 삼매를 통해 비로소 업식業識에 의해 왜곡되지 않는 사물의 진실한 모습(제법실상諸法實相)을 볼 수 있고, 그것이 곧 해탈에 이르는 길이기 때문이다. 마음이 하나의 대상에 집중된 상태를 이르므로 심일경성心一境性이라고 하고, 의식을 일정하게 파지하고 있으므로 등지等持라고 하며, 심신이 고요하기 때문에 적정寂靜이라 하고 선정禪定이라 한다.

78) 여기서 아홉 개의 출세간법出世間法 중에 열반은 길과 열매(사향사과四向四果, 사도사과四道四果)를 떠나 있음을 기억할 필요가 있다.

사람들은 종종 묻는다. 열반 다음에는 무엇이 있습니까? 이런 질문은 성립될 수 없다. 왜냐하면 열반은 '궁극적 진리'이기 때문이다. 그것이 '궁극적'이라면 그 후에는 아무것도 있을 수 없다. 만일 열반 뒤에 어떤 것이 있다면, 그것이 '궁극적 진리'일 수 있으며, 열반은 궁극적 진리가 아닐 것이다. 라다Rādha라는 승려가 붓다에게 이 문제를 다른 방식으로 질문하였다. "열반의 목적 또는 목표는 무엇입니까?" 이 질문은, 열반에 어떤 목적이나 목표가 있는 것이 당연한 것으로 치부하고, 열반 후의 어떤 것을 예상하고 던지는 것이다. 그래서 붓다는 대답하였다. "오! 라다야, 이 질문은 범위를 벗어났구나(즉, 관점에서 벗어났다). 사람들은 열반을, 절대적 진리로 향하는 삶의 최종적 관문으로, 삶의 목적으로, 또 삶의 궁극적 결말로 여기며 경건하게 살아간다."[상윳따 니까야]

'붓다께서 돌아가신 뒤 열반 또는 반열반般涅槃paribnirvāṇa79)에 드셨다.'와 같은 통속적이고 부정확히 표현한 몇몇 구절들은, 열반에 대하여 많은 가상적 억측을 불러일으켜 왔다.80) '붓다께서 열반이나 반열반에 드셨다.'라는 구절을 듣는 순간, 당신은 열반을, 일종의 존재가 있는 어떤 경계境界, 또는 어떤 영역, 아니면 어떤 위치로 받아들인다. 그리고 당신이 이미 알고 있는 바에 따라 '존재'라는 단어

---

79) 〈역주〉 생전 열반에 도달한 사람이 사후에 입적入寂한 상태를 말하며, 오온五蘊의 소멸과 아울러 윤회, 업, 재탄생에서 벗어나게 된다.
80) '붓다의 반열반般涅槃 후에' 대신 '붓다의 열반 후에'라고 쓰는 사람들이 있다. '붓다의 열반 후에'는 아무 의미가 없다. 그런 표현은 불교 문헌에는 없고, 언제나 '붓다의 반열반 후에'라고 쓰여있다.

가 주는 느낌으로, 열반을 떠올려보려고 애쓴다. '열반에 들었다.'라는 통속적인 이 표현에 상당하는 것은 원전에 없다. '죽은 뒤 열반에 들었다.' 같은 것은 나오지 않는다. 붓다나 열반에 이른 아라한의 서거逝去를 뜻하는 '빠리닙부또parinibbuto(반열반般涅槃)'라는 단어가 있지만, 그것은 '열반에 들어감'을 의미하지는 않는다. '빠리닙부또'는 단순히 '완전히 지나가 버림(완전사세完全謝世)' '불이 완전히 꺼짐(완전식멸完全熄滅)' 또는 '완전한 소멸(원적圓寂, 귀적歸寂)'을 뜻하는데, 붓다나 아라한에게는 죽은 뒤에 다시 존재하는 일이 없기 때문이다.

이제 또 다른 의문이 일어난다. '붓다나 아라한에게는 죽은 뒤, 즉 반열반paribnirvāṇa 뒤에 무슨 일이 일어나는가?' 이것은 대답 되지 않는 질문의 범주(avyākata, 무기無記)에 들어간다.[상윳따 니까야] 붓다가 이에 대해 이야기할 때도, 아라한의 사후에 일어나는 것을 표현할 만한 어휘가 우리에게는 없다고 지적하였다. 붓다는 밧차Vaccha라는 방랑수행자에게 대답하면서, "아라한의 경우에는 '태어남'이나 '태어나지 않음' 같은 용어를 쓰지 않는데, 왜냐하면 '태어남'과 '태어나지 않음'에 연관된 오온五蘊 즉 색色·수受·상想·행行·식識이 완전히 파괴되고 뿌리뽑혀서, 죽은 뒤 결코 다시 생기지 않기 때문이다."라고 말하였다.[맛지마 니까야]

죽은 뒤의 아라한은 장작이 다 하여 꺼진 불이나, 심지와 기름이 다 되어 꺼진 호롱의 불꽃에 종종 비유된다.[맛지마 니까야] 여기서 꺼진 불꽃이나 불에 비유되는 것은, 열반이 아니라, 열반에 이른 사람의 오온五蘊으로 이루어진 '생명'임을 조금도 혼동되지 않고 명확하고 분명히 이해해야 한다. 많은 사람이 심지어는 일부 석학들까지도 열반에 대한 이 직접적인 비유를 오해하고 잘못 해석하고 있으므로,

이 점을 강조하는 것이다. 열반은 결코 꺼진 불이나 꺼진 호롱불에 비유되지 않는다.

또 다른 통속적인 질문이 있다. '자아가 없고 진아眞我ātman도 없다면 누가 열반을 깨닫는 것일까?' 열반까지 가기 전에, 다음 질문을 우리 스스로에게 해보자. '자아가 없다면 누가 지금 생각하고 있는가?' 우리는 앞서 생각하는 것은 사고思考 그 자체일 뿐이고, 사고의 배후에 생각하는 것은 없음을 알았다. 이와 마찬가지로, 깨닫는 것은 지혜paññā반야般若, 깨달음 그 자체이다. 깨달음 배후에 다른 자아 같은 것은 없다. 둑카의 원인(집제集諦)에 대한 논의에서 우리는 생명체이건, 사물이건, 또는 시스템이건, 그 어떤 것이든지 발생하려는 성질이 있으면 그 자체에 그치고 소멸하는 성질과 원기原基가 있음을 알았다. 그래서 둑카와 계속되는 생사의 순환인 윤회에는 생겨나는 성질이 있으므로, 역시 자체에 소멸하려는 성질이 있을 수밖에 없다. 둑카는 갈애 때문에 생겨나고, 지혜paññā로 인해 그친다. 우리가 앞서 보았듯, 갈애와 지혜는 둘 다 '다섯 가지 무더기' 즉 오온에 들어있다.

그러므로 그것들이 생겨나는 원기뿐만 아니라 그치는 원기도 오온에 들어있다. 이것이 붓다가 설說한 이 유명한 격언의 진정한 의미이다. "이 육척의 지각이 있는 몸 자체 내에, 세상과, 세상의 일어남과, 세상의 소멸과, 세상을 소멸로 이끄는 길이 자명自明함을 나는 말했다."[앙굿따라 니까야] 여기서 '세상(loka, 세간世間)'이라는 단어가 둑카 대신에 쓰였다. 이는 '네 가지 거룩한 진리(사성제四聖諦)' 전부가 오온 중에, 즉 우리 자신에게 있다는 것을 의미한다. 이는 또한 둑카의 발생과 소멸을 일으키는 외적인 힘이 없다는 것을 뜻한다.

다음 장에서 다루어질 '네 번째 거룩한 진리'에 따라서 지혜(반야)를 익히고 연마할 때 생명의 심오한 비밀, 있는 그대로의 사물의 실상을 환히 볼 수 있게 된다. 비밀을 깨닫게 되었을 때 즉, 진리를 알게 되면, 더 이상 미혹이 없고, 지속 생존에 대한 갈애도 더 이상 없으므로, 미혹 속에서 윤회가 계속되도록 애쓰는 모든 힘이 고요해지고, 업을 짓는 것도 더 이상 할 수 없게 된다. 이것은 환자가 병의 원인이나 비밀을 자각하였을 때 치료되는 정신병과 같다.

거의 모든 종교에서 '최고선最高善summum bonum'은 죽은 뒤라야만 성취될 수 있다. 그러나 '열반'은 바로 이 생애에서 실현할 수 있으므로, 성취하기 위해 당신이 죽을 때까지 기다릴 필요가 없다.

'진리', 즉 열반을 체득한 이는 세상에서 가장 행복한 존재이다. 그는 모든 편견偏見과 강박 관념에서 자유롭고, 사람들을 괴롭히는 걱정과 근심에서 벗어났다. 그의 정신심리 건강은 완벽하다. 그는 과거를 후회하지 않으며 미래를 걱정하지도 않는다. 그는 현재에서 충만한 삶을 산다.[상윳따 니까야] 그래서 자기투영[81]이 아닌 가장 순수한 감각으로 사물을 기꺼이 통찰通察하고 즐긴다. 그는 즐겁고, 환희하며, 순수한 삶을 즐긴다. 그의 감관感官은 유쾌하고, 불안이 없으며, 침착하고, 평화롭다.[맛지마 니까야] 그는 이기적 욕구, 증오, 무지, 교만, 오만, 그리고 모든 그러한 오염에서 벗어났기 때문에, 청정하고, 온화하며, 박애, 자비, 친절, 동정심, 이해심과 너그러움이 가득

---

81) 〈역주〉 자기투영self-projection은 현재의 순간에서 벗어나 대안적인 시간적, 정신적 또는 공간적 상황으로 관점을 전환하는 능력이다.

하다. 자기에 대해서 자신을 위한다는 생각이 없어서, 타인에 대한 그의 봉사 정신은 지극히 순수하다. 그는 아무것도 얻으려 하지 않고, 아무것도, 심지어는 어떠한 정신적인 공덕功德도, 쌓아두지 않는다. 그는 '자아'에 대한 미혹과 거듭나려는 갈애에서 벗어났기 때문이다.

열반은 모든 양립성과 상대성을 띤 개념들을 초월했다. 그래서 선과 악, 옳음과 그름, 존재와 부존재 등의 우리 관념을 넘어서 있다. 심지어는 열반을 형용할 때 쓰이는 '행복(sukha, 락樂)'이란 단어조차 여기서는 완전히 다른 의미이다. 사리불이 한번은 이렇게 말하였다. "오! 벗이여, 열반은 행복이다! 열반은 행복이어라!" 그러자 우다이 Udayi 優陀夷가 물었다. "하지만 벗 사리불이여, 감각이 없다면 그것이 무슨 행복일 수 있겠는가?" 사리불의 대답은 고도로 철학적이어서 평범하게는 이해할 수 없는 것이었다. "감각이 없다는 것, 그 자체가 행복이다."

열반은 논리와 이성이 미치지 못하는 곳에 있다(atakkāvacara)82). 우리가 아무리 많이 '열반'이나 '궁극적 진리 또는 실상'에 대해 고도의 사색적인 토론에 몰두해봤자, 대개 헛된 지적 유희에 불과해, 그런 방법으로는 열반을 결코 이해하지 못할 것이다. 유치원에 다니는 아이는 상대성이론에 대해 논쟁을 벌여서는 안 된다. 대신, 인내심

---

82) 〈역주〉 'atakkāvacara'는 '추론으로 얻을 수 없음' 또는 '의심의 여지가 없음'으로 풀이되는데, 논리를 넘어서, 너무 심오하고 상식으로는 이해하기 어렵다는 의미이다.

있게, 열심히 공부를 해나간다면 어느날 그것을 이해하게 될 것이다. 열반은 '지혜로운 이가 자신 안에서 깨닫는 것(paccattaṃ veditabbo viññūhi)'83)이다. 이해되지 않는 거창한 말들로 우리 자신을 부담스럽게 하지 않고도, 만약 우리가 그 '길'을 참을성 있게 성실히 따라간다면, 정성을 다해 수련하고 우리 자신을 정화한다면, 그리고 필요한 정신적 발전을 이룬다면, 어느날 우리 자신 안에서 열반을 깨달을 것이다.

그러면 이제 열반에 이르도록 인도해 주는 '길'로 책장을 넘기자.

---

83) 〈역주〉'지혜로운 사람들에 의해 각자 이해되어져야 한다.'의 뜻이다.

사진 4. 석굴암 본존불 〈국립문화유산연구원 제공〉

제5장

네 번째 거룩한 진리

도제道諦 Magga
둑카의 소멸로 이끄는 길

'네 번째 거룩한 진리'는 '둑카의 소멸(중지中止)로 이끄는 길 (dukkhanirodhagāminipaṭipadā ariyasacca, 도성제도聖諦)'이다. 이것은 양극단을 피하기 때문에 '가운데 길(majjhimā-paṭipadā, 중도中道)'로 알려져 있다. 그 한 극단은 감각적 쾌락을 추구해서 행복을 찾는 것인데, 저급하고, 천하며, 무익하고, 평범한 사람들이 가는 길이다. 다른 극단은 독특한 형태의 금욕주의로서 자학적自虐 고행苦行을 통하여 행복을 찾는 것인데, 고통스러우며, 하찮고, 무익하다. 처음에 붓다는 자기에게 이 양극단을 시도해 보았으나, 그것이 소용없는 짓임을 깨달았고, 몸소 체험을 통하여 '식견識見을 주고, 평정, 통찰, 깨달음, 열반으로 인도하는' 중도를 발견하였다. 이 '중도'는, 여덟 가지의 범주 또는 갈래로 이루어져 있어서, 일반적으로 '거룩한 여덟 부분의 길 (ariya-aṭṭhaṅgika-magga, 팔정도八正道)'로 일컬어진다. 다음의 여덟 가지가 바로 '팔정도'다.

1. **바른 이해**(sammā diṭṭhi, 정견正見)
2. **바른 생각**(sammā sankappa, 정사유正思惟, 정사正思)
3. **바른 말**(sammā vācā, 정어正語)
4. **바른 행위**(sammā kammanta, 정업正業)
5. **바른 생계**(sammā ājiva, 정명正命)
6. **바른 노력**(sammā vāyāma, 정정진正精進, 정근正勤)
7. **바른 마음챙김**(sammā sati, 정념正念)84)
8. **바른 정신집중**(sammā samādhi, 정정正定)

실제로 붓다가 45년 동안 몸 바쳐 행한, 모든 가르침이 이 '길'을 여러 가지 방법으로 다루고 있다. 붓다는 여러 부류의 사람들에게, 그들의 근기根器85)와 이해하고 따라올 수 있는 능력에 따라, 다양한 방법과 각각 다른 말로 설법하였다. 그러나 불교 문헌 속에 흩어져 있는 그 수없이 많은 법문의 정수精髓는 '팔정도'에 있다.

팔정도를 목록에 나열된 번호 순서대로 하나하나 차례대로 따르고 행해야 한다고 생각해서는 안 된다. 그보다는 각 개인의 능력에

---

84) 〈역주〉 마음챙김은 현재 순간을 있는 그대로 수용적인 태도로 자각하는 정신 상태이다. 불교 명상의 핵심적인 가르침인 마음챙김은 빠알리어 'sati'의 번역어이다. 이는 자각, 주의, 기억하기 등의 의미를 내포한다. 'sati'는 과거를 기억하는 기능이라기보다는 현재에 대한 주의 집중과 알아차림, 깨어 있음 등의 의미를 가진다.

85) 〈역주〉 누구나 가지고 있는 종교적 자질이나 능력. 타고난 성질과 기량器量을 말하며, 중생은 그 근기에 따라 제각기 법을 받아들인다.

따라 할 수 있는 만큼, 많게든 적게든 동시에 익혀야 한다. 여덟 개의 바른길은 모두 서로서로 연결되어 있어서, 각기 다른 것들을 함양하는 데 서로 도움을 준다.

이 여덟 조항은 불교도의 수련과 수양의 근본인 '세 가지 배움(삼학三學)' 즉 (1) 윤리적 처신(sila, 계戒), (2) 정신 수양(samādhi, 정定), (3) 지혜(paññā, 혜慧)를 증진하고 완성하는 것을 목적으로 한다.[맛지마 니까야] 그래서 우리가 이 계戒·정定·혜慧의 삼학三學에 따라서 여덟 개의 정도正道를 그룹화해서 설명한다면, 팔정도를 알기 쉽게, 더 잘 이해하는 데 보다 도움이 될 것이다.

'윤리적 처신(계戒)'은, 붓다의 가르침에 기반한, 모든 살아 있는 것 즉 중생에 대한 보편적 사랑과 자비라는 광대한 개념에 의거하고 있다. 많은 학자가 불교에 관해 이야기하고 글을 쓸 때, 붓다가 가르친 이 위대한 이상理想을 잊어버리고, 메마른 철학적, 형이상학적 곁가지에만 빠져있는 것은 애석한 일이다. 붓다는, '중생의 이익을 위하여, 중생의 행복을 위하여, 세상을 위한 자비심에서(bahujanahitāya bahujanasukhāya lokānukampāya)' 가르침을 폈다.

불교에서는, 인간이 완전해지기 위해서 함께 길러 갖추어야 할 필수적인 두 가지 성품이 있는데, 자비karuṇā와 지혜paññā다. 여기서 자비는 사랑애愛, 인정자慈, 친절선善, 관용서恕 등 정서적 측면에서의 고상한 속성 즉 마음의 자질에 해당하며, 반면에 지혜는 이지적 측면 또는 지성적 속성을 나타낸다. 만약 누가 지적인 면은 소홀히 하면서 오로지 감정적인 측면만 함양한다면 그는 마음씨 좋은 바보가 될 것이다. 한편 감정적 측면을 소홀히 하고 지적 측면만 발달시키면, 다른 이에 대한 정이 없는 차가운 마음의 지성인이 된다. 그러므로 완전한 사람이 되려고 하면 둘 다 고르게 발달시켜야만 한다. 이것이 불제자의 생활방식이 추구하는 바인데, 나중에 보게 되겠지만, 지혜와 자비는 생활 속에서 불가분의 관계에 있다.

먼저, 사랑과 자비에 기초한 '윤리적 처신(sila, 계戒)'에는, 팔정도 목록의 3, 4, 5번인 바른 말(정어正語), 바른 행위(정업正業)와 바른 생계(정명正命)의 세 항목이 해당한다.

'바른 말(정어正語)'은 (1) 거짓말, (2) 험담, 중상모략 그리고 개인이나 집단 간에 증오심, 적대감, 분열과 불화를 초래할 만한 말, (3) 거칠고, 무례하고, 경박하고, 악의적이며 모욕적인 말, (4) 쓸데없고, 무익하며 어리석은 수다와 잡담을 삼간다는 의미이다. 이런 형태의 그릇되고 해로운 말을 자제하면, 자연히 진실을 말하게 되고, 친절하면서 자상한, 상냥하면서도 점잖은, 의미가 있으면서 쓸모 있는 말을 쓰게 될 것이다. 경솔하게 말해서는 안 되며, 알맞은 때와 장소에서 말해야 한다. 만약 유익한 말을 할 수 없다면 '고귀한 침묵'을 지켜야 한다.

'바른 행위(정업正業)'는 도덕적이고, 영예스러우며 평화로운 성과를 내도록 이끌기 위한 것이다. 살생, 도둑질투도偸盜, 정직하지 못한 거래, 부정한 성관계를 삼가야 하며, 남이 올바르게 평화롭고 명예로운 삶을 살게 도와주도록 권고한다.

'바른 생계(정명正命)'는, 병기와 살상용 무기, 술이나 독극물 등의 거래, 도살, 사기 등처럼 남에게 해를 주는 직업으로 생계를 꾸려나가는 것을 삼가고, 명예롭고, 떳떳하며, 남에게 피해를 주지 않는 직업으로 살아야 함을 의미한다. 병기와 살상용 무기의 거래를 사악하고 옳지 못한 생계 수단으로 규정하고 있는 것을 보면, 불교는 어떤 종류의 전쟁도 강력히 반대한다는 것을 여기서 명확히 알 수 있다.

팔정도 가운데 바른 말(정어正語), 바른 행위(정업正業)와 바른 생계(정명正命)의 세 항목이 '윤리적 처신'의 구성 요소가 된다. 불교의 윤리적, 도덕적 행위는, 개인과 사회 모두를 위해 행복하고 조화로운 삶을 조성하는 것이 목적임을 알아야 한다. 이 도덕적 행위는, 모든 고도의 정신적 성취를 위해 없어서는 안 될 토대로 여겨진다. 이 도덕적 기반 없이 정신적인 발전은 가능하지 않다.

다음은 삼학三學 가운데 '정신 수양(정定)'인데, 팔정도 목록의 6, 7, 8번인 바른 노력(정정진正精進, 정근正勤), 바른 마음챙김(정념正念)과 바른 정신집중(정정正定)의 세 항목이 속한다.

'바른 노력(정정진正精進, 정근正勤)'이란 (1) 사악하고 불건전한 정신 상태가 생기지 못하게 하고, (2) 이미 생겨 있는 사악하고 불건전한 정신 상태를 없애며, (3) 아직 생기지 않은 선량하고 건전한 정신 상태를 만들고, (4) 이미 생겨 있는 선량하고 건전한 정신 상태를 발전시켜서 완전해지도록 하려는 강력한 의지다.

'바른 마음챙김(정념正念)'은 (1) 몸(kāya, 신身)의 활동, (2) 감각이나 느낌(vedanā, 감수感受), (3) 마음(citta, 심心)의 활동, (4) 관념, 사상, 개념, 그리고 의견들(dhamma, 법法)에 대하여 부지런히 자각하고, 염두에 두며, 주의하는 것이다.

호흡에 정신을 집중하는 수행법(ānāpānasati, 수식관數息觀)은 유명한 수련법의 하나인데, 정신의 계발啓發을 위한 몸과 관계된 수련법이다. 명상의 형식으로, 몸에 대한 '정념正念'를 발달시키는 몇 개의 다른 방법이 있다.

감각과 느낌에 대해서는, 유쾌, 불쾌, 그도 저도 아닌 모든 형태의 감각과 느낌들이 자기 안에서 왜 나타나고 사라지는지, 명확히 알아차려야 한다.

마음의 활동에 대해서는, 자기의 마음이 탐욕적인지 아닌지, 증오에 차 있는지 아닌지, 미혹되어 있는지 아닌지, 산만한지 집중되어 있는지, 등등을 지각하여야 한다. 이런 방법으로, 어떻게 생기고 사라지는지 마음의 모든 움직임을 알아차려야 한다.

관념, 사상, 개념과 의견들에 대해서는, 이들이 어떻게 나타나고 사라지는지, 어떻게 발전되는지, 어떻게 억제되고 파괴되는지, 등등의 성질을 알아야 한다.

이 네 가지 형태의 마음챙김 또는 명상은 「염처경念處經Satipaṭṭhāna-sutta(마음챙김의 확립)」에 자세히 다루어져 있다.

정신 수양의 세 번째이자 마지막 항목은, 일반적으로 무아지경 또는 명상이라 부르는 네 단계의 선정禪定에 이르게 하는 '바른 정신 집중(정정正定)'이다. 선정의 첫 단계 경지에서는 감각적인 욕정, 악의, 게으름, 걱정, 불안, 회의적 의심 같은 다소 불건전한 생각과 강한 욕망이 버려지며, 특정한 정신적 활동과 함께 기쁨과 즐거움이 유지된다. 두 번째 경지에서 모든 지적 활동이 억제되며 평정과 일심집중一心集中86)이 생기며, 기쁘고 즐거운 느낌은 아직 여전하다. 세 번째 경지에서는 동적 감각인 기쁨은 사라지지만, 마음 가득한 평정

---

86) 〈역주〉 일심집중一心集中, 마음이 대상과 하나가 되는 상태, 즉 몰입을 말한다. =심일경성心一境性, 분별심을 그쳐 마음과 대상이 하나가 되는 선정의 경지. 마음(심心)을 하나의 대상(일경一境)에 집중하는 선정의 속성(성性)

과 더불어 즐거운 기분은 남아 있다. 선정의 네 번째 경지에서는, 즐거움과 괴로움, 기쁨과 슬픔을 포함한 모든 감각이 사라지고 순수한 평정과 깨달음만 남는다.

그렇게 마음은 바른 노력(정정진正精進, 정근正勤), 바른 마음챙김(정념正念)과 바른 정신집중(정정正定)으로 훈련하고, 수양하고, 계발한다.

나머지 두 항목, 즉 바른 생각(정사유正思惟, 정사正思)와 바른 이해(정견正見)는 삼학 중 지혜(혜慧)를 만든다.

'바른 생각(정사유正思惟, 정사正思)'은 욕망이나 집착을 내려놓은 사심 없는 생각, 모든 생명을 위한 사랑과 비폭력에 기반한 생각을 의미한다. 여기서 사심 없이 초연하고, 생명체에 대한 사랑과 비폭력을 담은 생각이, 지혜의 일면으로 분류된 것에 주목할 필요가 있다. 이는 진정한 지혜는 이러한 고귀한 성품들을 지니고 있으며, 모든 이기적인 욕망, 악의, 증오와 폭력적인 생각은, 개인적이건, 사회적이건 또는 정치적이건 간에 인간사의 모든 영역에서, 지혜가 부족해서 생겼다는 것을 명확히 보여준다.

'바른 이해(정견正見)'는 사물들을 있는 그대로(여실如實하게) 이해하는 것이며, 사물을 진정 있는 그대로(진상眞相을) 설명하는 것이 '네 가지 거룩한 진리' 즉 '사성제四聖諦'이다. 그러므로 바른 이해 즉 정견은 결국 사성제를 이해하는 것으로 귀착된다. 사성제의 이해는 '궁극적 실상'를 보는 최고의 지혜이다. 불교에는 두 종류의 이해가 있다. 우리가 일반적으로 이해라 부르는 것은 지식인데, 기억의 누적이며, 어떤 주어진 자료의 주제를 지적으로 파악하는 것이다. 이것을 '사정에 따른 앎(anubodha, 분별지分別智, 수각지隨覺智, 사건事見)'이라 부르는데, 견해가 깊지 않다. 진정 심오한 이해는 '꿰뚫음(paṭivedha, 무분별지無分別智, 관통지貫通智, 통달通達, 이견理見)'이라 부르며, 명칭이나 라벨에 의해서가 아니라 실질적 본성으로 사물을 본다. 이런 꿰뚫음은 마음이 모든 더러움에서 벗어나고, 명상을 통하여 충분히 계발되었을 때만 가능해진다.[청정도론]

'길' 즉 도제道諦에 대한 이 짧은 서술로 인해, 이 길이 각자가 따르고 실행하고 계발해야 할 생활 양식임을 알았을 것이다. 이것은 몸, 말, 마음의 자기 수양이며 자기 계발이고, 자기 정화이다. 이것은 신앙, 기도, 예배나 종교의식으로 해야 하는 것이 전혀 아니다. 그런 의미에서라면 도제道諦는 통상적 개념의 '종교적인'이라는 수식이 붙을 것이 아니다. 이것은 도덕적, 정신적 그리고 지적 완성을 통하여 '궁극적 실상'를 깨닫도록 하고, 완전한 자유와 행복 그리고 평화로 이끄는 '길'이다.

불교국가에서는 종교적인 절기에, 간단하지만 아름다운 관습과 의식이 있다. 그것들은 진정한 '길'과는 관계가 없다. 그러나 교리에 대한 이해가 아직 얕은 신자들에게, 약간의 종교적 정서와 요구를 충족시켜 주고, 점차 '길'을 따르도록 돕는다는 점에서 그 나름의 가치를 지닌다.

'네 가지 거룩한 진리' 즉 '사성제四聖諦'와 관련해서 우리에게 네 가지 할 일이 있다.

'첫 번째 거룩한 진리'는 '둑카(고성제苦聖諦)'로, 인생의 실상인데, 즉 괴로움, 슬픔과 기쁨, 불완전과 불만족, 무상無常과 무실無實(실체 없음)이다. 이와 관련해서 우리의 할 일은, 둑카를 사실 그대로 명확하고 완전하게 이해하는 것이다(pariññeyya, 이해하다).

'두 번째 거룩한 진리'는 '둑카의 원인(집성제集聖諦)'으로, 그것은 탐욕이며, '갈애'이며, 모든 다른 열망, 오염과 더러움이 수반되어 있다. 이 사실을 단순히 이해만 하는 것은 충분하지 않다. 여기서 우리가 할 일은 탐욕 즉 '갈애'를 버리고, 제거하고, 부수어서, 뿌리뽑는 것이다(pahātabba, 끊어내다).

'세 번째 거룩한 진리'는 '둑카의 소멸(멸성제滅聖諦)', 즉 '열반', '절대 진리', '궁극적 실상'이다. 여기서 우리가 할 일은 그것을 깨닫는 것이다(sacchikātabba, 실현하다).

'네 번째 거룩한 진리'는 '열반을 깨닫도록 이끄는 길(도성제道聖諦)'이다. '길'을 그저 알기만 하는 것은, 비록 완전하다고 하여도, 깨달음에 이르지 못할 것이다. 여기서 우리가 할 일은 '길'을 따라가서 팔정도를 지키며 수행하는 것이다(bhāvetabba, 닦다).[율장 대품]

제6장

자아라는
불멸하는
실체는 없다.

무아론無我論 Anatta

일반적으로 '영혼soul', '자기self', '자아ego' 또는 싼쓰끄리뜨어로 '아뜨만ātman진아眞我'이라는 표현은, 변화하는 현상계의 배후에 있는 변화하지 않는 실질인, 영원하고 변치 않는 절대적인 실체가 사람에게 있다는 것을 떠올리게 한다. 어떤 종교에 따르면, 개인마다 하느님이 창조한 개개의 영혼을 가지고 있으며, 결국 죽은 뒤에는 영구히 천국이나 지옥에서 지내는데, 영혼의 운명은 창조주의 심판에 의해 결정된다. 또 다른 어떤 종교에 의하면, 절대적 영혼 또는 진아ātman가 완전히 정화되어, 마침내 자신이 기원한 조물주나 범천梵天brahma[87])과 하나가 되기까지 여러 번의 생애를 거친다. 여기서 말하

---

87) 〈역주〉 범천梵天은 싼쓰끄리뜨어 브라흐마brahma의 음역이다. 힌두교 창조의 신으로, 비슈누vishnu, 씨바siva와 함께 힌두교 주신 가운데 하나다. 불교성립 이전의 인도의 바라문교에서 가장 존중되었던 신인데, 불교에서는 색계초선천色

는 인간의 영혼이나 자아는 생각을 생각하는 주체이고, 감각을 느끼는 주체이며, 모든 좋고 나쁜 행위에 대하여 보상과 처벌을 받는 존재이다. 이러한 관념을 자아관념아견我見이라 한다.

인류 사상사에서 유일하게 불교는 그러한 영혼, 자아 또는 진아의 존재를 부정하고 있다. 붓다의 가르침에 의하면 자아관념은 허상이며, 그릇된 믿음으로 진실과 부합하지 않는다. 그리고 그 자아개념은, '나'와 '나의 것' 같은 위험한 생각, 이기적 욕망, 열망, 집착, 증오, 악의, 자만심, 자부심, 이기주의 그리고 그 밖의 더럽혀지고 부정不淨한 사고 등의 문제를 만들어낸다. 이것은 개인적인 갈등에서부터 나라 간의 전쟁에 이르기까지 세상의 모든 불화의 근원이다. 간단히 말해서, 세상의 모든 악한 일의 원인은 이 잘못된 견해에서 유래했다고 볼 수 있다.

인간에게는 정신심리학적으로 두 가지 관념이 깊이 뿌리 박혀 있는데, 자기보호와 자기보존이다. 인간은 자기보호를 위하여 하느님을 창조하였다. 자기 자신의 보호와 안전과 안녕을 위하여, 마치 어린아이가 자기 부모에게 의존하듯이, 하느님에게 의존한다. 인간은 자기보존을 위하여, 영원히 존속하는 '불멸의 영혼' 또는 진아의 개념을 생각해 냈다. 인간은 무지, 나약함, 두려움과 탐욕 속에서, 자신을 위안하기 위해 이 두 가지가 필요하기에, 더 깊고 열광적으로 매달린다.

界初禪天의 제일 높은 곳에 거주하며, 제석천과 함께 호법수호신護法守護神이 되었다.

제6장 자아라는 불멸하는 실체는 없다 · 113

붓다의 가르침은, 이런 무지, 나약함, 두려움과 탐욕을 버텨내게 하는 것이 아니라, 이것들을 제거하고, 부수고, 그 근원을 꿰뚫어버려 깨우친 사람으로 만들고자 한다. 불교에 따르면, '하느님'과 '영혼'에 대한 우리의 개념은 거짓되고 허망한 것이다. 비록 신학 이론이 고도의 발전을 하였지만, 모두 한결같이 극히 교묘한 심리투사心理投射[88])이며, 난해한 형이상학적이고 철학적인 문체로 덧씌워진 것에 지나지 않는다. 그러나 이 관념은 사람들에게 아주 깊이 뿌리 박혀, 매우 밀접하고 소중하게 인식되고 있어서, 그것에 반대되는 어떠한 가르침도 들으려거나 이해하려 하지 않는다.

붓다는 이것을 아주 잘 알고 있었다. 사실, 그는 자기 가르침이 '흐름을 거스르는(paṭisotagāmī, 반조류적反潮流的)' 것이며, 인간의 이기적 욕망에 반反하는 것이라고 말하였다. 깨달음을 얻은 지 4주 후, 반얀나무[89]) 아래 앉아서 스스로 생각하였다. "나는 심오하고, 이해하기 어려우며 …, 오직 지혜로운 자만 이해할 수 있는 …, 이 '진리'를 깨달았다. 격정激情에 제압당한 채 무지한 대중에 둘러싸인 사람들은, 시류를 거스르는 숭고하고, 심오하며, 미묘하여 이해하기 어려운 이 '진리'를 알지 못할 것이다."

붓다는 이제 방금 깨달은 '진리'를 세상에 설명하려는 시도가 헛

---

88) 〈역주〉 projection, 심리투영心理投影 혹은 심리투사心理投射. 내부 갈등의 불안을 보호하기 위해, 생각이나 감정 또는 충동을 다른 사람에게 돌리는 무의식적 방어 기제.
89) 〈역주〉 banyan tree. 쌍떡잎식물인 상록교목으로 인도가 원산지이다. 가지에서 공기뿌리가 많이 나와 넓게 퍼진다.

된 것은 아닌지 하는 생각으로 잠시 망설였다. 그래서 그는 세상을 연못연지蓮池에 견주었다. 연못에는 어떤 연꽃은 물에 잠겨있고, 일부는 자라서 수면까지 올라온 것도 있으며, 몇몇 연꽃은 물 위로 솟아올라 물에 닿지 않는 것도 있다. 이 세상도 마찬가지로 사람마다 발전의 수준이 다르니, 어떤 이는 '진리'를 이해할 것이다. 그래서 붓다는 '진리'를 가르치기로 결심하였다.[율장 대품]

'불멸하는 자아 또는 영혼이란 없다(anatta, 무아론無我論).' 라는 교리는 '오온五蘊'에 대한 분석과 '연기緣起paṭiccasamuppāda(조건 따라 생겨남)'라는 교지敎旨의 자연적 결과 또는 필연적 귀결이다.

앞서 '첫 번째 거룩한 진리(dukkha, 고성제苦聖諦)'에 대한 논의에서, 우리가 중생 또는 개인이라고 부르는 개체는 '오온'으로 구성되어 있고, 이것들을 분석하여 검토하면 그 배후에 '나', '진아' 또는 '자아' 아니면 어떤 변화하지 않고 영속하는 실체가 없음을 알게 되었다. 이것은 분석적인 방법이다. 종합적인 방법인 연기론을 통해서도 같은 결과에 도달하는데, 세상에 절대적인 것이 아무것도 없다. 모든 것은 조건에 따르고, 상대적이며, 상호의존적이다. 이것이 불교의 상대주의이다.[90]

우리가 '무아론' 본연의 논점을 다루기 전에, '연기론'에 대해 간명한 개념을 갖출 필요가 있다. 이 교리의 원리는 네 줄로 된 간단한 공식으로 나타낼 수 있다.

---

90) 〈역주〉 상대주의相對主義는 절대적인 진리는 없으며 모든 가치는 상대적이기 때문에, 가치 판단 또는 진실의 기준이 경험 등 조건에 따라 달라진다고 여긴다.

이것이 있어서, 저것도 있다(Imasmim sati idam hoti).

이것이 생겨나서, 저것도 생겨난다(Imassuppādā idam uppajjati).

이것이 없으니, 저것도 없다(Imasmim asati idam na hoti).

이것이 그치니, 저것도 그친다(Imassa nirodhā idam nirujjhati).91)

[맛지마 니까야, 상윳따 니까야]

조건부적 성질, 상대성 그리고 상호의존의 원칙에 따라, 생명의 존재, 지속, 소멸 등 전체가, 열두 개의 지분支分으로 구성된, '연기'라는 상세한 인과관계적 법칙에 의해 설명된다.

1. 〈역주〉 사성제四聖諦의 이치를 모르는, 무시이래無始以來의 근본적 무지無知인 무명無明.
2. 무명으로 인하여, 의도적 행위 즉 업業karma 형성의 조건이 마련된다(Avijjāpaccayā saṅkhāra, 무명연행無明緣行).
3. 의도적 행위로 인하여 지각의식(식識)의 조건이 마련된다(saṅkhārapaccayā viññāṇam, 행연식行緣識).
4. 의식으로 인하여 정신적, 육체적 현상(명색名色)92)의 조건이 마

---

91) 이것을 현대적인 형태로 고치면, A가 있을 때, B가 있다; A가 일어나니, B가 일어난다; A가 없을 때, B가 없다; A가 그치니, B가 그친다. 〈역주〉『중아함경中阿含經』의 한역漢譯은 '此有故彼有차유고피유, 此生故彼生차생고피생, 此無故彼無차무고피무, 此滅故彼滅차멸고피멸'로 되어 있다.
92) 〈역주〉 명색名色, 불교의 십이인연 가운데 하나. 개체적個體的 존재로서의 정신과 물질. 불교에서 명은 개인 존재의 정신적인 면, 색은 물질적인 면을 의미한다. 오온五蘊을 가리키는데, 수受·상想·행行·식識은 명에 속한다.

련된다(viññāṇapaccayā nāmarūpam, 식연명색識緣名色).

5. 정신적, 육체적 현상으로 인하여 여섯 기능(육근六根, 안眼·이耳·비鼻·설舌·신身·의意의 다섯 감각기관과 마음)의 조건이 마련된다 (nāmarūpapaccayā saḷāyatanam, 명색연륙입名色緣六入).

6. 여섯 기능으로 인하여 감각적, 정신적 접촉의 조건이 마련된다 (saḷāyatanapaccayā phasso, 육입연촉六入緣觸).

7. 감각적, 정신적 접촉으로 인하여 감수感受의 조건이 마련된다 (phassapaccayā vedanā, 촉연수觸緣受).

8. 감수로 인하여 탐욕, 즉 '갈애渴愛'의 조건이 마련된다(vedanā-paccayā taṇhā, 수연애受緣愛).

9. 갈애로 인하여 집착의 조건이 마련된다(taṇhāpaccayā upādānam, 애연취愛緣取).

10. 집착으로 인하여 생성生成 과정의 조건이 마련된다(upādāna-paccayā bhavo, 취연유取緣有).

11. 생성 과정으로 인하여 출생의 조건이 마련된다(bhavapaccayā jāti, 유연생有緣生).

12. 출생으로 인하여 늙고, 죽고, 애통하고, 고통스럽고 등등의 조건이 마련된다(jātipaccayā jarāmaranam …, 생연로병사우비고뇌生緣老病死憂悲苦惱…).

이것이 삶이 생겨나고, 살아가고, 이어지는 이유이다. 우리가 이 공식의 순서를 역순으로 받아들인다면, 이 과정을 그치게 할 수 있다. 무명無明이 완전히 중단됨으로 인하여 의도적 행위 즉 업의 형성이 멈추고, 의도적 행위가 중단되어서 지각의식(식識)이 멈추며, …

출생이 중지되어서 늙고, 죽고, 슬프고 등등이 그친다.

 이 요소 즉 지분支分들은 한편으로는 조건에 의해 생겨나고(paṭiccasamuppanna, 연생적緣生的), 또 한편으로는 다른 요소가 생겨날 조건을 만든다(paṭiccasamuppāda, 연기적緣起的)는 것을 기억해야 한다.[청정도론] 이 요소들은 모두 상대적이고, 상호의존적이어서 서로 연결되어 있으며, 절대적이거나 독립적인 것은 아무것도 없다. 그러므로 우리가 이미 보았듯이, 불교는 최초의 원인을 인정하지 않는다. '조건에 따른 발생' 즉 연기법은 머리와 꼬리가 붙은 고리 모양으로 생각되어야지 직선적 사슬로 여겨서는 안 된다.93)

 '자유의지'94)에 대한 문제가 서구의 사상계와 철학계에서 중요한 위치를 차지해 왔다. 그러나 '조건에 따른 발생' 즉 연기법에 근거한다면, 불교 철학에서는 이 문제가 생기지 않고 또, 생길 수도 없다. 모든 존재는 상대적이고, 조건에 따르며, 상호의존적이라면, 어떻게 의지만 홀로 자유일 수 있겠는가? 의지는 모든 다른 사상들과 마찬가지로 조건에 따라 생긴다. 이른바 '자유' 그 자체도 조건에 따르고, 상대적이다. 이러한 조건에 따라 생기고, 상대적인 '자유의지'를 틀린 관념이라고 배척하지는 않는다. 모든 것이 상호의존적이고

---

93) 지면의 제약으로 인해 이 매우 중요한 교리가 여기에서 논의되지 못한다. 본 저자의 불교 철학에 대한 새 저작물에서 자세히 이 주제에 대한 날카롭고 비교적인 고찰을 볼 수 있을 것이다.
94) 〈역주〉 자유의지自由意志(free will)는 자기 행동과 결정을 스스로 조절, 통제하는 힘과 능력을 말한다. 인간이 자유의지를 가진 존재인가 하는 문제에 대해 아직도 논란이 있다. 자유의지 문제는 인과 관계에서 인간의 자유와 자연법칙의 비중을 얼마로 봐야 하는지에 있다.

상대적이어서, 육체적이든 정신적이든 전적으로 자유인 것은 있을 수 없다. 만약 '자유의지'라는 말이, 조건들로부터 자유로운 의지, 원인과 결과로부터 자유로운 의지를 시사한다면, 그런 것은 존재하지 않는다. 모든 생명, 모든 존재가 조건에 따르고 상대적이며, 인과因果의 법칙을 좇고 있는데, 의지나 의지에 대한 어떤 것이라도, 어떻게 원인과 결과에 무관하게 조건 없이 생겨날 수 있겠는가? 여기에서 다시 언급하지만, '자유의지'에 대한 관념은 근본적으로 하느님, 영혼, 정의, 보상과 처벌의 관념과 서로 연결되어 있다. 이른바 자유의지는 자유롭지 못할 뿐만 아니라, 이 '자유의지'라는 바로 이 관념도 조건으로부터 자유롭지 못하다.

모든 존재는 오온의 합으로 이루어져있다는 분석뿐만 아니라, '조건에 따른 발생' 즉 연기법에 근거하면, 진아, 나, 영혼, 자기, 또는 자아 등 뭐라고 불리든, 인체의 내외에 영원불멸하는 실체가 있다는 관념은 잘못된 믿음이며 심리투사일 뿐이다. 이것이 불교의 무아론이다.

혼동을 피하고자, 진리에는 통상적 또는 세속적인 의미의 진리(빨.sammuti-sacca, 싼.saṁvṛti-satya, 속제俗諦, 세속제世俗諦, 세제世諦)와 궁극적인 진리(빨.paramattha-sacca, 싼.paramārtha-satya, 진제眞諦, 승의제勝義諦)의 두 종류(진속이제眞俗二諦)가 있다는 것을 여기서 이야기해야겠다.95)[상윳

---

95) 〈역주〉 속제俗諦는 세상의 일반 사람들에게 알려진 도리를 뜻하고 진제眞諦는 불교를 깨우친 사람들이 알고 있는 사성제, 연기, 중도中道 등의 진리를 의미한다.

[따 니까야 주석서] 우리가 일상생활에서 '나', '너', '존재', '개인' 등의 표현을 쓸 때, 그런 자아나 존재란 것이 없다고 해서 거짓을 말한다고 할 수는 없으며, 세상에서 통상적으로 쓰이는 대로 말하는 것으로 진실이다. 그러나 실제로는 '나'니 '존재'니 하는 것이 없다는 것이 궁극적 진리이다. 「대승장엄경론大乘莊嚴經論Mahāyāna-sūtrālankāra」에서 이르길, "개아個我pudgala[96])는, 호칭(prajñapti, 가명假名)으로만 있는 것이지(즉, 통상적으로 쓰는 '존재가 있다.'라는 말처럼) 실제(실체dravya[97])는 없다고 해야 한다."

'불멸의 진아'를 부정하는 것은, 대승과 소승 모든 종파의 공통적인 특성이므로, 이 점에 대해 완전히 일치하는 불교 전통이 붓다의 원래 가르침에서 벗어났다고 추정할 근거가 없다.

그러므로, 최근 몇몇 학자들이 붓다의 가르침에 자아관념을 슬쩍 끼워 넣으려는 헛된 시도를 하는 것은 이상하게 생각되며, 불교의 정신에 완전히 위반된다. 이 학자들은 붓다와 그 가르침을 존중하고 찬양하고 숭배한다. 그들은 불교를 우러러본다. 그러나 자기들이 가장 명료하고 심오한 사상가라고 여기는 붓다가, 그들이 열렬히 원하는 진아나 자아의 존재를 부정했다고 생각할 수가 없었다. 그들은 부지

---

96) 〈역주〉 싼.pudgala, 빨.puggala는 중국어로는 보특가라補特伽羅로 음차音借하며, 인상人相, 인人, 개아個我 등으로 한역漢譯된다. 원저의 영어 본문에는 'person'과 병기되어 있는데 사람이라는 의미는 아니며 붓다가 인정하지 않는, 윤회하는 개개 존재의 인격실체 즉 윤회하는 주체라는 개념이다.

97) 〈역주〉 실實. '실체'라는 뜻의 인도의 철학용어. 인도철학에서 만물을 구성하는 근원요소를 가리킨다.

중에 이 영원한 존재에 대한 필요로 붓다의 지지를 구하는 것이다. 물론 그들이 원하는 것은 소문자 s의 사소한 개인적 자아, 'self'가 아니라 대문자 S로 쓰는 큰 자아, 'Self'이다.

차라리 자기는 진아나 자아의 존재를 믿는다고 솔직히 말하는 편이 나을 것이다. 아니면 붓다가 진아의 존재를 부정한 것은 완전히 틀렸다고도 말할 수 있다. 그러나 우리가 현존하는 원전에서 확인할 수 있는 한 붓다가 절대로 인정하지 않은 관념을, 불교에다 도입하려는 시도는 누구도 절대 해서는 안된다.

하느님과 영혼을 믿는 종교들은 진아나 자아의 두 관념을 비밀로 숨기지 않는다. 반대로, 그들은 끊임없이 그리고 반복적으로, 감명 깊은 어조로 그것들을 드러낸다. 만약 붓다가 모든 종교에서 그토록 중요시하는 이 두 관념을 수용했다면, 다른 것에 대해 논했을 때처럼, 공개적으로 분명히 밝혔을 것이며, 그의 사후 25세기가 지나서야 나타나도록 그것들을 숨겨놓지 않았을 것이다.

사람들은 붓다의 무아無我anatta의 가르침으로 인해 자신이 가지고 있다고 상상하는 자아가 부서질 것이라는 생각에 불안해진다. 붓다는 이에 무심하지 않았다.

언젠가 한 비구가 그에게 물었다. "스승님, 자신 안에서 영원한 어떤 것을 찾지 못할 때 괴로워하는 경우가 있지 않습니까?"

"그렇다, 비구여, 그런 일이 있다."라고 붓다가 대답했다. "어떤 사람은 '우주는 바로 그 진아이고, 나는 죽음 이후에도 영원불멸하고, 영속하고, 변하지 않으며, 나는 내세에 그렇게 존재할 것이다.'라는 견해를 가지고 있다. 그는 여래Tathāgata나 그의 제자가 모든 탁상공론적 견해(억견臆見)를 완전히 부수어버리기 위해, …, '갈애'를 소멸시키기 위해, 집착을 버리고, 적멸寂滅과 열반에 이르게 하기 위해 베푸는 설법을 듣고 감화된다. 그러면 그 사람은 '나는 소멸할 것이고, 나는 부수어질 것이며, 더 이상 존재하지 않을 것이다.'라고 생각한다. 그래서 그는 애통해하고 스스로 걱정하고 한탄하고, 울고 가슴을 치고 당황해한다. 그러므로, 오! 비구들이여, 자신 안에서 영원한 것을 찾지 못할 때 괴로워하는 경우가 있다."[맛지마 니까야]

다른 곳에서 붓다가 이르기를, "오! 비구들이여, 내가 없다는(무아無我), 또 나는 머물러 있지 못한다는, 이 생각은 배우지 못한 중생에게는 무서운 것이다." 하였다.[맛지마 니까야 주석서]

불교에서 '자아'를 찾고자 하는 사람들은 다음과 같이 주장한다. '붓다가 존재를 물질, 감각, 지각, 마음작용과 알아차림, 즉 색色·수受·상想·행行·식識으로 분석하고, 이들 가운데 어느 것도 자아는 아니라고 말한 것이 사실이다. 그러나 그는 이러한 오온 외에는 사람이나 다른 어느 곳에도 자아가 전혀 없다고 말하지는 않는다.'

두 가지 이유로 인해 이런 입장을 지지할 수 없다.

하나는 붓다의 가르침에 의하면 존재는 오로지 오온으로만 구성되었으며, 그밖에 다른 것은 없다. 어느 경전에서도 붓다가 어떤 존재에 이들 오온 외에 다른 것이 있다고 말했던 곳이 없다.

두 번째 이유는 붓다는 인간의 안팎, 또는 우주 어디든지 진아, 영혼, 자기, 또는 자아의 존재를 경전 여러 곳에서 단호히 부인했기 때문이다. 몇 가지 예를 들어보자.

「법구경法句經dhammapada」(98)에 붓다의 가르침에서 극히 중요하고 핵심적인 세 구절이 있다. 바로 20장 '도행품道行品(Magga, 길)'의 5, 6, 7번 시구詩句이다.(전체 277, 278, 279절).

처음 두 구절에 이르기를,

'모든 조건 따라 있는 것들은 한결같지 않고 변한다(sabbe saṅkhāra aniccā, 제행무상諸行無常).'

'모든 조건 따라 있는 것들은 둑카이다(sabbe saṅkhāra dukkhā, 일체개고一切皆苦).'

셋째 구절은 말한다.

'모든 법法dhamma은 자아가 없다(sabbe dhammā anattā, 제법무아諸法無我).'

여기서 주의 깊게 관찰해 보면, 첫 두 구절에서 '쌍카라saṅkhāra(조건 따라 있는 것)'라는 단어를 쓰지만 세 번째 구절에서 '담마dhammā(법法)'라는 단어를 사용하고 있다. 왜 세 번째 절에서는 앞의 두 절처럼 '쌍카라saṅkhāra', 즉 '조건 따라 있는 것들'이라는 말을 쓰지 않았으며, 왜 '담마dhammā'라는 용어를 사용했는가? 여기에 모든 문제의 요점이 있다.

'쌍카라saṅkhāra'99)라는 용어는 오온五蘊 즉 육체적이든 정신적이

---

98) 〈역주〉 인도의 법구法救Dharmatrata가 편찬한 불교의 경전으로 석가모니 사후 삼백 년 무렵에 여러 경로를 거쳐 기록된 붓다의 말씀을 묶어 만들었는데, 짧게 서술된 시들로 구성된 것이 특징이다. 불교도들에게는 수행자가 지녀야 할 덕목에 대한 경구로 불교에 입문할 수 있게 도와주며, 비불교도에게는 삶의 의미를 알려주는 격언이라고 할 수 있다. 판본에 따라 내용이 조금씩 차이가 있으나 한역漢譯 법구경은 서문과 39개의 품품으로 이루어져 있다.

99) '쌍카라saṅkhāra'는 오온五蘊의 목록에서 업業의 효과를 일으키는 '마음작용' 또는 '마음 활동' 즉 행온行蘊을 의미한다. 그러나 여기서 '쌍카라saṅkhāra'는 모든 오온五蘊을 포함하여 모든 조건 따라 있는 즉 복합적인 것을 의미한다. '쌍

든 조건화되고 상호의존적이며 상대적인 모든 사물과 상태를 나타낸다. 만약 세 번째 구절에 '모든 쌍카라saṅkhāra 즉 조건 따라 있는 것들은 자아가 없다.'라고 되어 있다면, 비록 조건화된 것들은 자아가 없지만, 조건화된 것들 외에, 오온 외에는 자아가 있을 수 있다고 생각할 것이다. 이런 오해를 막기 위해서 세 번째 구절에 '담마dhammā'가 사용되었다.

'담마dhammā'라는 용어의 의미는 '쌍카라saṅkhāra'보다 훨씬 더 광범위하다. 불교 용어에서 '담마dhammā' 즉 '법法'보다 더 넓은 의미의 용어는 없다. 그것은 조건 따라 있는(유위적有爲的) 사물과 상태뿐만 아니라 조건에 따르지 않는(무위적無爲的) 것, 절대적 진리, 열반까지도 포함한다. 우주 안이건 밖이건, 선이든 악이든, 조건화된 것이든 아니든, 상대적이건 절대적이건 이 용어에 포함되지 않는 것은 아무것도 없다. 그러므로 '모든 법은 자아가 없다.'라는 이 구절에 근거하면, 오온뿐만 아니라, 오온과 무관한 어디에도 자아와 진아가 없음이 아주 분명하다.

이는 상좌부의 가르침에 의하면 개인puggala이나 법dhamma에는 자아가 없다는 것을 의미한다. 대승불교의 원리도 인무아人無我pudgala-nairātmya뿐만 아니라 법무아法無我dharma-nairātmya를 강조하고 있으니 이 점에 대해 조금의 차이 없이 정확히 같은 견해를 유지한다.100)

카라saṅkhāra'라는 용어는 상황에 따라 다른 의미를 지닌다.
100) 〈역주〉 대승불교의 교의에 무아無我는 인무아人無我와 법무아法無我가 있다. 인간은 오온五蘊의 일시적인 결합에 지나지 않으며, 거기에 불변하는 실체로서의 자아가 없다는 것이 인무아人無我이다. 그리고 만물은 여러 인연의 일시

『맛지마 니까야』의 「아리타경阿梨咤經Alagaddūpama-sutta(뱀 비유 경) M22」에서 붓다가 제자들에게 설법하면서 물었다. "오! 비구들이여 받아들여서 슬픔, 한탄, 괴로움, 고통과 고난이 일어나지 않는다면 영혼실재론靈魂實在論attavāda을 받아들여라. 그러나 오! 비구들이여 받아들이면 슬픔, 한탄, 괴로움, 고통과 고난이 일어나지 않는다는 그런 영혼설을 그대는 보았는가?"

"세존이시여 당연히 보지 못했습니다."

"옳다. 오! 비구들이여 나 역시 받아들이면 슬픔, 한탄, 괴로움, 고통과 고난이 생기지 않는다는 그런 영혼실재론을 알지 못한다."[맛지마 니까야]

비구들에게 괴로움을 일으키지 않는 영혼설이 있으면 받아들이라고 당부했던 것으로 미루어 볼 때, 만약 붓다가 인정한 영혼이 실재한다는 어떤 설이 있었다면 여기서 분명히 그것을 설명했을 것이다. 그러나 붓다의 견해로는 그런 영혼실재론은 없다. 아무리 미묘하고 숭고하다 할지라도 어떤 영혼설이든지 거짓되고 허상이며, 온갖 문제들을 만들어내고 슬픔, 한탄, 괴로움, 고통과 고난과 근심을 줄줄이 일으킨다.

같은 경에서 설법을 이어가며 붓다는 말한다.

"오! 비구들이여, 자아는커녕 자아와 관계된 어떤 것도 전혀 찾아낼 수 없는데, '우주는 저 진아(영혼)다. 나는 죽고 나서도 영원불멸하

적인 조합에 지나지 않으며, 거기에 불변하는 실체로서의 자아가 없다는 것이 법무아法無我이다.

제6장 자아라는 불멸하는 실체는 없다 · 125

고, 영속하고, 변하지 않으며, 나는 내세에 그렇게 존재할 것이다.'라는 근거 없는 탁상공론적 견해는 완전히 바보스럽지 않으냐?"101)
[맛지마 니까야]

여기서 붓다는 진아, 영혼 또는 자아는 실제 어디서도 찾을 수 없으며, 그런 것이 있다고 믿는 것은 어리석다고 분명히 말하고 있다.

붓다의 가르침에서 자아를 찾는 사람들이 몇 가지 예를 인용하지만, 잘못 번역하고 잘못 해석한 것들이다. 그중 하나는 「법구경」 제12장 4절(전체 160절)의 유명한 구절인 'āttā hi attano nātho' 인데, '자아는 자아의 주인이다.' 로 번역된 후 큰 자아가 작은 자아의 주인이라는 의미로 해석하고 있다.

우선 이 번역은 잘못되었다. 여기서 'āttā'는 영혼이란 의미에서의 자아를 뜻하지 않는다. 일반적으로 빠알리어의 'āttā' 라는 단어는 위에서 보았듯이 영혼설을 구체적이고 철학적으로 언급하는 몇몇 경우를 제외하고는, 일반적으로 재귀再歸(himself, ourselves 따위 -self 형의 대명사)나, 부정不定(어떤 특정한 사람이나 사물을 가리키지 않고 막연한 대상을 가리킨다.) 대명사로 사용된다. 이 구절이 나오는 「법구경」 제12장에서와 다른 많은 곳에서처럼 'āttā' 는 일반적 용법으로 '나 자신(myself)',

---

101) 이 문구에 대해 S. 라다끄리쉬난Radhakrishnan(Indian Philosophy, 1940)은 "붓다가 반박한 것은 작은 자아가 영구히 지속된다고 주장하는 잘못된 견해이다." 라고 했다. 우리는 이 주장에 동의할 수 없다. 그와 반대로, 붓다는 사실 여기서 우주적 진아ātman 또는 영혼soul을 논박한다. 우리가 앞 구절에서 방금 보았듯이, 붓다는 크든 작든 어떤 자아도 받아들이지 않았다. 붓다의 견해로는 진아에 대한 모든 이론은 거짓된 심리투사였다.

'너 자신(yourself)', '그 자신(himself)', '어떤 이(one)', '어떤 이 자신(oneself)' 등등을 의미하는 재귀 또는 부정 대명사로 쓰인다.

다음으로, 'nātho'라는 단어는 '주인'이나 '주님lord'를 의미하는 것이 아니라 '피난처', '지원', '도움', '보호'를 의미한다.[102] 그러므로 'Attā hi attano nātho'의 진정한 의미는 '자기가 자기의 보호자다.' 또는 '자기가 자기를 돕는(또는 지원하는) 사람이다.'가 된다. 이 말은 어떤 형이상학적인 영혼이나 자아와는 아무 상관이 없으며, 당신이 다른 사람이 아닌 당신 자신에게 의지해야 한다는 간단한 의미이다.

붓다의 가르침에 자아의 개념을 끼워 넣으려는 시도를 보여주는 또 다른 예는 「대반열반경大般涅槃經Mahāparinibbāna-sutta」[디가 니까야]에서 맥락을 무시하고 따 온, 유명한 말인 'attadīpā viharatha attasaraṇā anaññasaraṇā'이다. 이 구절을 직역하면 '너희 자신을 섬(후원자)으로 삼고, 너희 자신을 보호자로 삼아라, 다른 사람을 너의 보호자로

---

[102] 「법구경」의 주석서에는 'nātho ti patitthā, nātho는 지원(피난처, 도움, 보호)을 의미한다.'라고 하고, 「법구경」의 고대 씽할라어로 된 안내서sannaya에는 'nātho'를, 'pihita vanneya, 의지처(피난처, 도움)이다.'라고 의역하고 있다. 만일 'nātho'의 부정형 찾아본다면 이 의미는 더욱 확고해진다. 'anātha'는 '주인 없이'나 '주님이 없는'을 의미하는 것이 아니라, '도움 없는', '의지할 데 없는', '보호받지 못한', '불쌍한'이라는 의미이다. Pali Text Society 간행 빠알리어 사전에서도 'nātha'라는 단어를 '보호자', '피난처', '도움'으로 설명하지만 '주인'이나 '주님'은 아니다. 붓다의 동의어로 이해되는 'lokanātha'를 사전에 '세상의 구세주(Saviour of the world)'로 번역한 것은 통상적인 기독교 표현을 사용한 것인데, 이는 붓다가 구세주가 아니기 때문에 아주 잘못되었다. 붓다의 이 별칭은 실제로 '세상의 보호자'를 의미한다.

삼지 말라.'는 의미다. 불교에서 자아를 목격하길 바라는 사람들은 'attidipā'와 'attasaraṇa'라는 단어를 '자아를 등불로 삼고', '자아를 보호자로 삼고'라고 해석한다.103)

우리는 붓다가 아난다Ānanda에게 충고하게 된 배경과 그 문맥을 고려하지 않고서는 이 말의 완전한 의미와 중요성을 이해할 수 없다.

한때 붓다는 벨루바Beluva(죽림竹林)라는 마을에 머물고 있었다. 죽음(paribnirvāṇa, 반열반般涅槃)을 3개월 앞두고 있던 때였는데, 여든 살의 나이였고 매우 위중하여 죽음의 문턱에 있었다(māranantika, 빈사瀕死). 하지만 붓다는 자기에게 가깝고 소중한 제자들에게 안 좋은 소식을 알리지 않고 죽는 것이 옳지 않다고 생각했다. 그래서 용기와 의지로 모든 고통을 견뎌낸 끝에 병이 호전되었으나 건강은 여전히 좋지 않았다. 회복된 뒤 하루는 거처 밖 그늘에 앉아 있었다. 붓다의 가장 헌신적인 시자侍者인 아난다는 사랑하는 스승님에게 다가앉아서 말했다. "스승님, 저는 세존의 건강을 보살펴 왔고, 편찮으셔서 돌보아 왔습니다. 그러나 세존의 병환은 가망이 없어졌고, 저의 능력으로는 더 이상 회복시켜 드릴 수 없습니다. 그렇지만 작은 위안이 하나 있습니다. 저는 세존께서 승가僧伽에 대한 지침을 남기시기 전에는 돌

---

103) 여기서 'dīpa'는 등불을 뜻하지 않고 분명히 '섬'을 뜻한다. 『디가 니까야』의 주석서에서는, 이 'dīpa'라는 단어에 주석을 '정말로 망망대해에 있는 섬처럼 너 자신을 섬으로, 후원자(쉴 곳)로 만들고 살아라(Mahasamuddagatam dipam viya attanam dipam patit/ham katvd viharatha).'라고 붙이고 있다. 존재의 지속을 뜻하는 윤회輪廻samsara는 일반적으로 바다samsara-sagara에 비유된다. 그리고 안전을 위해 큰 바다에서 필요한 것은 단단한 땅인 섬이지 등불이 아니다.

아가시지 않으리라고 생각했습니다."

그래서 붓다는 자비심과 인정으로 가득 차서, 헌신적이고 사랑하는 시자에게 온화하게 말하였다. "아난다야 승가가 나에게 무엇을 기대하느냐? 나는 공개할 것과 비밀로 할 것을 구분하지 않고 법(진리)을 가르쳐왔다.104) 진리를 설하며 여래는 '스승의 움켜쥔 주먹(ācariya-muṭṭhi, 사권師拳)' 같은 감추어둔 것이 없다. 물론 아난다야 승가를 이끌려고 하며, 승가가 자신에게 달려있다고 생각하는 누군가가 있다면, 그 사람이 지침을 내리게 해라. 하지만 여래는 그럴 생각이 없다. 그런데 그가 어찌하여 승가를 지도해야 하는가? 나는 이제 늙었단다, 아난다야 내 나이 여든이다. 낡은 수레는 수리해야 계속 다닐 수 있듯이, 여래의 몸도 고쳐져야만 지탱할 수 있을 텐데. 그러니 아난다야, 너 자신을 너의 섬(후원자)으로 삼고, 다른 누구도 아닌 너 자신을 너의 보호자로 삼아라. 법dhamma을 너의 섬(후원자)으로 만들고, 법을 너의 보호자로 만들고, 다른 어떤 것도 너의 보호자로 삼지 말거라."[디가 니까야]

붓다가 아난다에게 전하려 했던 것은 아주 명백하다. 아난다는 슬프고 우울했다. 그는 위대한 스승이 죽은 뒤에 제자들 모두 외롭고 의지할 데 없으며, 보호자도 지도자도 없을 것을 걱정했다. 그래서 붓다는 제자들이 자기 자신들에게, 그리고 자기가 가르친 법에 의지해야 하고 다른 사람이나 다른 어떤 것에 의지해서는 안 된다고 말해서 아난다에게 위안과 용기와 자신감을 주었다. 여기 이야기는 형

---

104) 〈역주〉 비밀리에 전한 법(비전秘傳)이 없다는 뜻이다.

이상학적 진아나 자아의 문제와 논점이 완전히 다르다.

더 나아가, 붓다는 아난다에게 어떻게 하면 자기가 자기 자신의 섬이나 보호자가 될 수 있는지, 어떻게 하면 법法을 자신의 섬이나 보호자로 삼을 수 있는지에 대해 설명했다. 이것은 몸, 감각, 마음과 마음 대상(4 satipaṭṭhānas, 사념처四念處)에 대한 마음챙김 또는 자각自覺의 수련을 통하여 이루어진다고 가르쳤다.[디가 니까야] 여기서도 진아나 자아에 대한 말은 전혀 없다.

붓다의 가르침에서 진아를 찾아내려 애쓰는 사람들이 이용하는, 자주 인용되는 또 다른 참고문헌이 있다. 한때 붓다는 바라나씨Varanasi(Benares)에서 우루벨라Uruvelā로 가는 길목 숲속의 한 나무 아래에 앉아 있었다. 그날, 친구 사이인 젊은 왕자 서른 명이 아내들을 데리고 그 숲으로 소풍을 왔다. 아직 총각이었던 한 왕자는 아내 대신 매춘부를 동반해서 왔다. 다른 사람들이 즐겁게 노는 동안, 매춘부는 값나가는 물건을 훔쳐서 사라져 버렸다. 그들은 그 숲에서 그 매춘부를 찾다가 나무 밑에 앉아 있는 붓다를 보고는 한 여자를 보지 못했느냐고 물었다. 붓다가 무슨 일이냐고 묻자, 그들이 자초지종을 설명했다. 그러자 붓다는 그들에게 물었다. "젊은이들이여 어떻게 생각하시오? 여자를 찾는 것과 그대 자신을 찾는 것 중 무엇이 그대들에게 더 나은가요?"[율장 대품]

여기서도 이것은 단순하고 자연스러운 질문이며, 형이상학적인 진아나 자아의 개념을 이 사건에 억지스럽게 끼워 넣는 것은 옳지 않다. 그들은 자기 자신을 찾는 것이 더 낫다고 대답하였다. 그러자 붓다는 앉으라 권하고 법法을 설명해 주었다. 현존하는 자료로는, 붓다가 그들에게 해준 설법의 원전 기록에 진아에 대한 언급이 한 마디도 없다.

밧차곳따Vacchagotta라는 방랑수행자가 진아가 있는지 없는지를 물었을 때 보여준 붓다의 침묵(무기無記)을 소재로 많은 글들이 쓰여졌다. 그 이야기는 다음과 같다.

밧차곳따가 붓다에게 와서 물었다.

"고따마Gotama 존자여, 진아가 있습니까?"

붓다는 아무 말도 하지 않았다.

"그러면 고따마 존자여, 진아가 없습니까?"

여전히 붓다는 답이 없었다.

밧차곳따는 일어나서 가버렸다.

그 방랑수행자가 떠난 뒤에 아난다는 왜 밧차곳따의 질문에 답하지 않았는지 붓다에게 물었다. 붓다는 자기 입장을 설명하였다.

"아난다야, 방랑수행자 밧차곳따가 '자아가 있습니까?' 하고 물었을 때 내가 '자아는 있다.'라고 대답했다면 아난다야, 영원주의자 이론(sassata-vāda, 상주론常住論)을 신봉하는 사문과 바라문의 편을 드는 것이다."

"그리고 아난다야, 그 방랑수행자가 '자아가 없습니까?' 하고 물었을 때 내가 '자아는 없다.'라고 대답했다면 영혼 절멸론자 이론(uccheda-vāda, 단멸론斷滅論)을 신봉하는 사문과 바라문의 편을 드는 것이다."105)

---

105) 다른 기회에 붓다는 동일인인 밧차곳따에게, 사물들의 본성을 보았기 때문에, 여래에겐 학설이 없다고 말해 주었다. 여기서도 붓다는 어떤 이론가들에게건 찬동을 표하려 하지 않는다. 〈역주〉 붓다 당시 인도 사회는 사상적으로 매우

"또 아난다야, 밧차곳따가 '자아가 있습니까?' 하고 물었을 때 내가 '자아는 있다.'라고 대답했다면 모든 법法은 자아가 없다는 내 지식과 일치하느냐?"106)

"분명히 아닙니다, 스승님."

"그리고 또 아난다야, 그 방랑수행자가 '자아가 없습니까?' 하고 물었을 때 내가 '자아는 없다.'라고 대답했다면 이미 혼란에 빠진 밧차곳따를 더 혼란스럽게 했을 것이다.107) '전에는 실로 나에게 진아(자아)가 있었는데 지금은 진아(자아)를 가지고 있지 않구나.' 하고 그는 생각했을 것이기 때문이다."[상윳따 니까야]

왜 붓다가 침묵하였는지 이제 아주 분명해져야 한다. 그런데 우리가 전체적인 배경과 붓다가 질문과 질문자를 다루는 방식을 고려한다면, 훨씬 더 명확해질 것이지만, 붓다의 무기無記를 논해온 사람

혼란스러워 크게 상주론常住論과 단멸론斷滅論으로 나뉘어 서로 대립하고 있었다. 모든 것이 한결같지 않고 늘 변하여 무상無常하기 때문에 실재實在하지 않는다는 생각에서 사람이 죽으면 몸과 마음이 모두 없어져 버린다는 소견을 단견(斷見, 단멸론)이라 한다. 반면 모든 것은 변하지 않고 영원하여 이 몸도 죽어서 다시 태어나 항상 지금과 같이 계속된다는 소견을 상견(常見, 상주론)이라 하는데, 진아ātman의 윤회를 인정하는 브라만 부류가 신봉했다.

106) 'sabbe dhamma anattā(모든 법法은 자아가 없다, 제법무아諸法無我, 앞서 토론했던 법구경 20장 7번 시구)' 구절을 '모든 것은 무상無常하다.'라고 한 우드워드Woodward의 번역은 완전히 잘못되었는데 아마도 착오였던 것 같다. 그러나 이것은 매우 심각한 실수다. 어쩌면 이것이 붓다의 침묵(무기無記)에 대해 불필요한 이야기가 그토록 많은 이유 중 하나일 것이다. 이 문맥에서 가장 중요한 단어인 'anatta(자아가 없는)'가 '무상한'으로 번역되었다. 빠알리어 문헌의 영어 번역에 이런 종류의 크고 작은 오류가 나타나는데, 부주의나 착오로 인한 것이거나, 원 언어가 능숙하지 못하기 때문이다. 원인이 무엇이든 간에,

들은 이를 완전히 무시하고 있다.

붓다는 누군가가 그에게 어떤 질문을 하더라도 아무런 고려 없이 답을 내는 컴퓨터 기계가 아니었다. 그는 자비와 지혜가 넘치는 실용적인 선생님이었다. 그는 자신의 지식과 지성을 보여주기 위해 질문에 대답한 것이 아니라 질문하는 사람이 깨달음의 길로 가도록 돕기 위해 대답했다. 그는 항상 상대방의 발전 수준, 경향, 정신 기질(근기根器), 성격, 특정 질문을 이해하는 능력을 염두에 두고 사람들과 말하였다.108)

붓다에 의하면 질문을 다루는 데는 네 가지 방법이 있다. (1) 어떤 질문은 바로 대답해 주어야 한다. (2) 다른 것은 그것을 분석하는 방법으로 대답하여야 한다. (3) 그러나 다른 것은 반문해서 대답해야 한다. (4) 그리고 마지막으로 제쳐두어야 할 질문이 있다.[앙굿따라 니까야]

이 분야의 위대한 선구자들의 업적에 경의를 표하면서도, 이러한 오류들로 인해 원전을 볼 수 없는 사람들이 불교에 대해 잘못된 개념을 많이 가지게 되었다는 점을 여기서 언급할 필요가 있다. 그러므로 빠알리어원전협회(Pali Text Society)의 총무인 I.B.호너Horner양이 개정된 새 번역본 출간을 계획하고 있어서 다행스럽다.

107) 사실은 다른 시기에, 분명히 이 이전에, 붓다가 어떤 깊고 미묘한 문제 - 아라한이 죽은 뒤에는 무슨 일이 일어나는가에 대한 질문 - 를 설명해 주었을 때 밧차곳따는 말했다. "고따마Gotama 존자尊者여, 여기서 저는 무명無明에 빠져 버렸습니다. 저는 혼란스럽습니다. 제가 고따마 존자와 이야기를 시작할 때 가졌던 무엇인지 모르는 희미한 믿음마저도 지금은 달아나 버렸습니다." 그래서 붓다는 또다시 그를 혼란에 빠뜨리고 싶지 않았다.

108) 붓다의 이 판단력을 근상하지력(根上下智力, indriyaparopariyattiñāṇa, 중생의 능력이나 소질의 우열을 아는 붓다의 능력으로 십력의 하나)이라고 부른다.[맛지마 니까야, 분별론]

질문을 제쳐두는 데는 몇 가지 방법이 있을 수 있다. 하나는 붓다가 우주가 영원한지 아닌지 등의 유명한 질문을 받았을 때 바로 이 밧차곳따에게 한 번 이상 말해 준 것처럼, 특정 질문에 대한 답이나 설명이 이루어지지 않는다고 말하는 것이다. 같은 식으로 그는 말룬꺄뿟따와 다른 사람들에게 대답했었다. 그러나 붓다는 진아(자아)가 있느냐 없느냐 하는 문제에 대해서는 같은 식으로 대답할 수 없었는데, 왜냐하면 그는 항상 거기에 대해 논의하고 설명해 왔기 때문이다. 그는 '자아가 있다.' 하고 말할 수 없었는데, 그것은 '모든 법에는 자아가 없다.' 라는 그의 지식에 상반되기 때문이다. 그렇다고 그는 '자아가 없다.' 라고 말하고 싶지도 않았다. 붓다 자신이 일찍이 인정했듯이, 그것은 이미 비슷한 질문으로 혼란스러워하고 있던 불쌍한 밧차곳따를 공연히 혼란스럽고, 당황하게 할 것이기 때문이었다. 그는 아직 무아無我의 관념을 이해할 수 있는 경지에 있지 않았다. 그러므로, 침묵으로 이 질문을 제쳐두는 것이 이 특별한 경우에는 가장 현명한 일이었다.

우리는 또한 붓다가 밧차곳따를 오래전부터 아주 잘 알고 있었다는 점을 잊어서는 안 된다. 이 호기심에 찬 방랑자가 그를 만나러 온 것은 이번이 처음이 아니었다. 지혜롭고 자비로운 스승은 혼란스러워하는 이 구도자에게 신경을 많이 써서 세심히 배려해 주었다. 빠알리어 문헌에는 바로 이 방랑자 밧차곳따에 대한 언급이 많이 있는데, 그는 붓다와 그의 제자들을 꽤 자주 만나러 돌아다니며 같은 종류의 질문을 반복해서 던져서, 이러한 문제들로 분명히 매우 성가셨고 거의 괴로운 지경이었다. 붓다의 침묵은 어떤 유창한 대답이나 토론보다 밧차곳따에게 훨씬 더 큰 영향을 미친 것 같다.[109]

어떤 사람은 '자아'를 일반적으로 '마음' 또는 '의식'의 뜻으로 받아들인다. 그러나 붓다는 사람이 마음, 생각 또는 의식보다는 육체적인 몸을 자아로 받아들이는 것이 더 낫다고 말한다. 왜냐하면 마음(citta, 심心, 집기集起), 생각(mano, 의意, 사량思量) 또는 의식(viññāṇa, 식識, 요별了別)은 몸(kāya)보다 더 빠르게 밤낮으로 끊임없이 변화하므로, 몸이 더 견고해 보이기 때문이다.110)[상윳따 니까야]

상응하는 실체가 없는 자아에 대한 관념을 만들어내는 것은 '나는 있다.'라는 막연한 느낌이다. 이 진리를 아는 것은 열반을 깨닫는 것인데 그리 쉬운 일이 아니다. 『상윳따 니까야』(『잡아함경雜阿含經』「차마경差摩經」)에는 케마까Khemaka(차마差摩)라는 비구와 한 무리의 상좌上座 비구들 사이의 이 점에 대한 깨우침을 주는 대화가 나와 있다.

이 비구들은 케마까 비구에게 오온에서 자기 자신이나 자신에 관계된 어떤 것이 보이는지 어떤지 물었다. 케마까 비구는 "보이지 않

---

109) 왜냐하면, 얼마 후에 밧차곳따가 다시 붓다를 만나러 왔지만, 이번에는 늘 하던 질문을 하지 않고, "제가 고따마 존자와 이야기를 나눈 지 오래되었습니다. 고따마 존자께서 저에게 좋은 것과 나쁜 것(kusalākusalaṃ, 선불선법善不善法)에 대해 간략하게 설법해 주시면 좋겠습니다."라고 말했다는 것을 우리는 알기 때문이다. 붓다는 그에게 선과 악을 간단하고도 자세하게 설명해 주겠다고 말했고 그렇게 했다. 결국 밧차곳따는 붓다의 제자가 되었고, 그의 가르침을 따라 아라한의 지위를 얻었고, 진리 즉 열반을 깨달았으며, 진아ātman에 대한 의문과 다른 문제들이 더 이상 그를 괴롭히지 않았다.[맛지마 니까야]

110) 어떤 사람들은 대승불교의 '아뢰야식(阿賴耶識, ālayavijñāna, 장식藏識)' 즉 '저장의식(tathāgatagarbba, 여래장如來藏)'을 자아와 같은 것으로 생각한다. 그러나 「능가경楞伽經Lankāvatāra sūtra」은 그것이 진아ātman가 아니라고 단호하게 말한다.

는다."라고 대답했다. 그러자 상좌 비구들은 만약 그렇다면, 케마까 비구가 모든 번뇌에서 벗어난 아라한이 분명하다고 말했다. 그러나 케마까 비구는 비록 오온에서 자기 자신이나 자신에 관계된 그 어떤 것을 찾지는 못하지만, "나는 모든 번뇌에서 자유로운 아라한이 아닙니다. 오! 벗들이여, 집착하려는 오온(오취온五取蘊)에 대해서 '나다.'라는 느낌이 있지만, '이것이 나다.'라고 분명히 보이지는 않습니다."라고 고백하였다. 그런 다음 케마까 비구는 그가 '나다.'라고 부르는 것은 물질(색色)도, 감각(수受)도, 지각(상想)도, 마음작용(행行)도, 식識도, 또 그것들이 없는 그 어떤 것도 아니라고 설명한다. 그는 오온에 대하여 비록 '이것이 나다.'라는 것을 분명히 볼 수는 없었지만, '나다.'라는 느낌이 있었다.111)

그는 그것이 꽃의 향기와 같다고 말한다. 그것은 꽃잎의 향기도, 색깔의 향기도, 꽃가루의 향기도 아니며 단지 꽃의 향기일 뿐이다.

더 나아가 케마까 비구는 깨달음의 초기 단계에 도달한 사람조차도 여전히 '나다.'라는 느낌이 여전히 남아 있으나, 나중에 그의 수행이 더 발전하면 상자 속에 보관된 갓 세탁한 천의 화학 냄새가 시간이 지나면 사라지는 것처럼 '나다.'라는 느낌이 완전히 사라진다고 설명한다.

이 토론은 너무나 유익하여 토론이 끝날 무렵 그들은 모두 깨우쳤다. 원전原典에 의하면 케마까 비구 자신을 포함해 모두가 결국 '나다.'의 느낌을 없애고 모든 번뇌에서 벗어나 아라한이 되었다.

---

111) 이것은 대부분의 사람들이 오늘날까지도 자아에 대해 말하는 것이다.

붓다의 가르침에 따르면, '나는 자아가 없다.'(단멸론斷滅論)를 신봉하는 것은 '나는 자아가 있다.'(상주론常住論)를 믿는 것만큼이나 틀린 생각이다. 왜냐하면 그 둘 다 족쇄이고 또 '나다.'라는 거짓된 관념에서 나왔기 때문이다. 무아無我의 문제에 관한 올바른 태도는, 어떤 주장이나 견해도 따르지 말고, 심리투사 없이 사물들을 있는 그대로 객관적으로 보려 하는 것이다. 그리고 우리가 '나' 또는 '존재'라고 부르는 것을 단지 육체적, 정신적 무더기(온蘊)들의 결합체로 보는 것이다. 이 무더기들은 원인과 결과의 법칙에 따라 순간적인 변화의 흐름 속에서 상호의존하며 함께 작용하고 있다. 또 존재하는 모든 것 가운데 영구적이고 끊임없이 계속되며, 변하지 않고 영원한 것은 없다는 것을 아는 것이다.

여기서 자연스럽게 의문이 생긴다. '만약 진아나 자아가 없다면, 누가 업보業報(행위karma의 결과로써 받는 것)를 받는가?' 이 질문에 붓다 자신보다 더 잘 대답할 수 있는 사람은 없다. 한 비구가 이 질문을 했을 때 붓다가 말하였다. "오! 비구들이여, 나는 너희들에게 모든 것이 어디서건 조건에 따름(연기緣起)임을 보라고 가르쳐 왔다."[맛지마 니까야]

'무아無我', '영혼 없음', 또는 '자아 없음'에 대한 붓다의 가르침을 부정적이거나 소멸론적인 것으로 여겨서는 안 된다. 열반처럼, 그것은 진리이고 실상이다. 그리고 실상은 부정적일 수 없다. 부정적인 것은 존재하지 않는 가공架空의 자아에 대한 잘못된 믿음이다. 무아에 대한 가르침은 거짓 믿음의 어둠을 몰아내고 지혜의 빛을 밝힌다. 아쌍가Asaṅga무착無着가 매우 적절하게 표현한 '자아는 없다(nairātmyāstitā, 무아성無我性)라고 하는 사실이 있다.'는 부정적이 아니

다.[대승아비달마집론]

사진 5. 석굴암 본존불 〈국립문화유산연구원 제공〉

제7장

명상瞑想

즉

정신 수양

붓다는 말했다. "오! 비구들이여, 두 가지 종류의 병이 있다. 그 두 가지란 무엇인가? 육체의 병과 정신의 병이다. 한두 해 동안, … 심지어는 백년 아니 그보다 더 오랫동안 병 없이 육체의 건강을 누리는 사람도 있는 것 같다. 그러나 오! 비구들이여, 정신적 염착染着(번뇌에 오염되어 집착함)에서 벗어난 사람, 즉 아라한을 제외하고는 단 한 순간이라도 병들지 않은 정신 상태로 삶을 누리는 사람이 이 세상에는 드물구나."[앙굿따라 니까야]

붓다의 가르침, 특히 '명상'을 통한 수련은 평정과 평온을 유지하는 완벽한 정신 건강 상태를 목표로 한다. 불교 신자 여부에 상관없이 모든 사람이 붓다의 가르침 중 어떤 부분도 전혀 '명상'으로 생각하지 못하고 있는 것은 불행한 일이다. '명상'이라는 말을 듣는 순간, 사회와 떨어진 깊은 산속 같은 데서 어떤 동굴이나 암자에 있는 불상처럼 특별한 자세를 취하고, 무슨 신비한 생각에 잠기거나 무아지경에 빠져있는 상태를 상상하며 일상 활동으로부터의 도피를 떠올린다. 진정한 불교의 '명상'은 전혀 이런 식의 도피를 의미하지 않는다. '명상'에 대한 붓다의 가르침은 너무 잘못 이해되었거나 거의 이해되지 못했기 때문에, 후대에 이르러 '명상'의 방식은 거의 형식적인 일종의 일상적 의례나 의식으로 퇴보하고 변질되었다.112)

대부분의 사람은 남들이 가지고 있지 않은 '제3의 눈'과 같은 영적이거나 신비한 능력을 얻기 위해 명상이나 요가에 관심을 둔다. 얼마 전 인도에서는 온전한 시력을 지녔으면서도 귀로 보는 능력을 개발하려 애쓰는 한 불교 비구니가 있었다. 이런 생각은 '영적 도착倒錯'에 불과하며, 어김없이 능력에 대한 탐욕 즉 '갈애'의 문제이다.

명상이라는 말은 '수양修養' 또는 '발전' 즉 정신적 수양 또는 정신적 발전을 의미하는 원래의 단어 바바나bhāvanā를 대체하기에 매우 불충분한 단어다. 불교에서 바바나bhāvanā라는 용어는 제대로 말해서 정확한 의미는 정신 수양이다. 바바나(명상)는 음욕, 증오, 악의, 게으름, 걱정과 불안, 의혹과 같은 깨끗하지 못하고 동요하는 마음을 씻어내고, 주의 집중력, 자각, 지성, 의지력, 활력, 분석력, 자신감, 기쁨, 평정심과 같은 자질을 배양하여, 마침내 사물의 본질을 있는 그대로 보고 '궁극의 진리' 즉 열반涅槃nirvāṇa을 깨닫는 가장 높은 지혜를 성취하도록 이끄는 것을 목표로 한다.

명상에는 두 가지 양식이 있다. 하나는 경전이나 문헌에 기술된

---

112) 'The Yogavacara's Manual(TW. Rhys Davids 편집, 런던, 1896년)'은 아마도 18세기경에 실론에서 쓰인 명상에 관한 책자인데, 당시의 명상이 불경 암송하고, 촛불 붙이고 등등의 의례 행위로 어떻게 변질되었는지를 보여준다.

다양한 방법으로 정신집중(samatha113) 또는 samādhi)과 심일경성心一境性(빨.cittekaggatā, 싼.cittaikāgratā)을 계발하여, 무소유처지無所有處地 또는 비상비비상처지非想非非想處地114)와 같은 가장 높은 영묘靈妙한 경지에 이르게 한다. 붓다에 의하면, 이 모든 신비한 경지들은 마음이 창조하고, 마음이 생성하고, 조건 따라 생긴 것(saṅkhata, 유위有爲)이다. 이들은 실상實相, 진리, 열반과는 아무 상관이 없다. 이런 방식의 명상은 붓다 이전에도 있었다. 따라서 이러한 형식이 순전히 불교적인 것은 아니지만 불교 명상 분야에서 배제하지는 않는다. 하지만 이런 명상이 열반을 깨닫는 데 핵심적이지는 않다. 붓다 자신은 깨달음을 얻

---

113) 〈역주〉 사마타奢摩他samatha(지止)는 고요함, 적멸, 삼매를 목표로 하는 불교의 명상법이다. 한역漢譯에서는 이것을 멈추다는 의미의 지止로 번역했다. 잡념을 버리고 마음을 하나의 대상에 집중시키는 것이다. 반면 비빳싸나(빨.vipassanā, 싼.vipaśyanā, 관觀)는 관조, 관찰을 하는 명상법이다.

114) 〈역주〉 3계9지三界九地. 불교의 세계관으로 중생(유정有情, 싼.pudgala, 싼.sattva, 감정이 있는 모든 생물)들이 생사 윤회하는 미망의 세계를 3단계로 나누어 욕계欲界, 색계色界, 무색계無色界로 설명하며, 이를 삼계라 한다. 삼계를 수행의 관점에 따라 9지九地로 나누는데, 욕계 전체를 통틀어 1가지 장소(지地)와, 색계와 무색계를 각각 4지로 나누어 모두 합친 것이다. 지(地, 싼.bhūmi)는 유정有情의 경지, 마음 상태라고 할 수 있다. 욕계(싼.kāma-dhātu, 빨.kāma-loka)는 식욕, 색욕 등의 오욕이 치성한 세계로서 탐욕이 많아 정신이 흐리고 거칠며, 순전히 물질에 속박되어 가장 어리석게 살아가는 중생들로 구성되어 있다. 욕계는 지옥地獄, 아귀餓鬼, 축생畜生, 아수라阿修羅, 인간의 세계와, 천天의 세계인 사왕천四王天, 도리천忉利天, 야마천夜摩天, 도솔천兜率天, 화락천化樂天, 타화자재천他化自在天 등 육욕천六欲天으로 구성되며, 이를 욕계육도欲界六道라 한다. 이 가운데 지옥은 가장 짙은 탐욕으로 생겨난 세계이고 타화자재천은 탐욕이 극히 미세한 중생이 사는 세계이다. 색계(싼.rūpa-dhātu, 빨.rūpa-loka)는 물질적인 것(색色)은 있어도 감관의 욕망을 떠난 청정

기 전에 여러 스승 밑에서 이러한 요가 수행을 하였고 최고의 영묘한 경지에 도달하였다. 그러나 완전한 해탈과 '궁극적 실상'에 대한 통찰력을 주지 못했기 때문에, 붓다는 거기에 만족할 수 없었다. 붓다는 이러한 신비로운 경지를 '현세에서 행복한 삶(diṭṭhadhammasukhavihāra)' 또는 '평화로운 삶(satatavihāra)'일 뿐, 그 이상은 아니라고 여겼다.[맛지마 니까야 M8 주나문견경周那問見經(지워 없앰 경)]

그래서 그는 비빳싸나(빨.vipassanā, 싼.vipaśyanā, 싼.vidarśanā, 관觀)로 알려진 다른 양식의 명상을 알아냈다.115) 즉 사물의 본성을 통찰하는 것으로 마음의 완전한 해탈과 궁극적인 진리인 열반을 성취하도록

淸淨의 세계로, 욕심은 떠났지만 아직 마음에 맞지 않는 것에 대하여 거부감을 일으키는 미세한 진심瞋心만이 남아 있는 중생들이 사는 비교적 맑은 세계이다. 수행에 따라 4선四禪으로 나눈다. 무색계(싼.ārūpya-dhātu, 빨.arūpa-loka)는 물질적인 것도 없어진 순수한 정신만의 세계인데, 아직도 존재에 대한 욕망이 남아 있다. 물질의 영향을 받지는 않지만, 아직 '나(아我)'라는 생각을 버리지 못한 세계이다. 중생이 사는 세계 가운데 가장 깨끗한 세계로서 미세한 자아의식으로 인한 어리석음만 떨쳐버리면 불지佛地에 이르게 된다. 수행에 따라 공무변처지空無邊處地, 식무변처지識無邊處地, 무소유처지無所有處地, 비상비비상처지非想非非想處地로 나눈다. 공무변처지는 무한한 허공(공무변空無邊)을 체득하는 경지이고, 식무변처지(유상有想)는 마음(식識)이 무한함(무변無邊)을 체득하는 경지이고, 무소유처지(무상無想)는 마음이 존재하지 않음(무소유無所有)을 체득하는 경지이고, 비상비비상처지는 유상有想을 버리는 비상非想의 선정과 무상無想을 버리는 비비상非非想의 선정을 함께 닦아 비상과 비비상을 함께 체득하는 경지이다.

115) 〈역주〉 비빳싸나vipassanā(관觀)란 어느 한 대상에 마음을 집중하여 고요한 상태(samatha, 지止)를 얻은 후에, 끊임없이 변화하며 생성, 소멸하는 대상을 있는 그대로 관찰하는 수행을 말한다. 지止는 정定에 관觀은 혜慧에 해당한다.

이끈다. 이것이 본질적인 불교의 명상이고 불교의 정신 수양법이다. 마음챙김, 자각, 경계, 관찰을 기반으로 한 분석 방법이다.

겨우 몇 페이지로 그토록 방대한 주제를 제대로 다루기란 불가능하다. 그렇지만 여기서는 진정한 불교의 명상, 정신 수양 또는 정신 계발에 대해 실지로 응용할 수 있는 방법을 위주로 매우 간략하고 개괄적인 개념을 설명하려고 한다.

정신 계발 즉 명상에 대해 붓다가 해준 가장 중요한 설법은 '마음챙김의 확립' 즉 「염처경念處經Satipaṭṭhāna-sutta」116)(『디가 니까야』 제22번경 또는 『맛지마 니까야』 제10번경)이라고 불린다. 이 설법은 전통적으로 매우 숭상되어서 불교사원뿐만 아니라 불교 가정에서 가족들이 둘러앉아 깊은 신앙심으로 듣고 정기적으로 암송하고 있다. 비구들은 임종을 앞둔 사람의 병상 곁에서 그의 마지막 생각과 심정을 정화하려고 종종 이 염처경을 독송한다.

이 설법에서 제시하는 명상의 방식은 생활과 단절하거나 생활을 회피하는 것이 아니다. 오히려 명상은 우리의 생활, 우리의 일상 활동, 우리의 슬픔과 기쁨, 우리의 말과 생각, 우리의 도덕적, 지성적 활동 모두와 연결되어 있다.

설법은 네 단락으로 되어 있다. 첫 단락은 우리의 몸(kāya, 신身)을

---

116) 〈역주〉 싸띠sati는 현재에 대한 주의 집중과 알아차림 등의 의미를 내포한다. 반면 빳타나paṭṭhāna는 확고하여 흔들리지 않는 확립을 의미한다. 즉 싸띠빳타나satipaṭṭhāna는 '관찰 대상에 대한 확고한 알아차림의 확립'을 의미한다. 염처念處.

다루고, 두 번째는 우리의 느낌과 감각(vedanā, 수受), 세 번째는 마음(citta, 심心), 네 번째는 여러 가지 도덕 및 지성과 관련된 주제(dhamma, 법法)를 다룬다.

어떤 형식의 명상이든지 핵심 요소는 마음챙김 또는 자각sati과 주의 또는 관찰anupassanā117)이라는 것을 명심해야 한다.

몸과 관련된 명상의 가장 잘 알려지고 대중적이며 실지로 응용할 수 있는 예 중 하나가 '들숨과 날숨의 마음챙김 또는 알아차림(ānāpānasati, 수식관數息觀, 隨息觀)'이다. 경전에 특별하고 한정된 자세를 규정해 놓은 것은 이 명상이 유일하다. 염처경에 나와 있는 다른 형식의 명상에서는 좋을 대로 앉거나, 서거나, 걷거나, 누울 수 있다. 그러나 수식관 수련을 위해서는 경전에 의하면, 앉아서 '다리를 교차시키고(결가부좌結跏趺坐), 몸을 똑바로 세우고, 마음챙김의 초롱초롱한 정신상태'를 취해야 한다. 그러나 가부좌가 모든 나라 사람에게 쉽거나 가능한 것은 아닌데, 특히 서구인들에게는 어렵다. 따라서 가부좌를 틀고 앉기 어려운 사람들은 의자에 앉아서 몸을 똑바로 세우고 깨어 있는 마음챙김 상태를 취해도 괜찮다. 이 수련을 위해서는 허리를 펴고 똑바로 앉는 것이 필수적이지만 뻣뻣해서는 안 되며, 손은 무릎 위에 편안하게 올려놓는다. 그렇게 앉아서 편한 대로 눈을 감거나 코끝을 응시한다.

---

117) 〈역주〉 '아누빳싸나anupassanā'는 '~을 따라서', '~와 결합하여' 등의 의미가 있는 'anu'와 '보다'라는 뜻의 'passati'가 결합된 'anupassati'로부터 나온 명사형으로 '지속적 관찰', '따라서 관찰하기'로 번역된다. 수관隨觀.

당신은 온종일 밤낮으로 숨을 들이쉬고 내쉬지만, 당신은 결코 호흡에 신경 쓰지 않고, 단 한 순간도 호흡에 마음을 집중하지 않고 지낼 것이다. 지금 당신은 바로 그것을 해보려고 한다. 어떤 힘을 들이거나 긴장감 없이 평소처럼 숨을 들이쉬고 내쉬어라. 이제 마음을 들숨과 날숨에 집중하고 당신의 마음이 당신이 숨을 들이쉬고 내쉬는 것을 지켜보고 관찰하게 하여, 당신의 마음이 당신의 들숨과 날숨을 알아차리고 주의 깊게 지키게 하라. 때로는 심호흡하는 때가 있겠지만 전혀 상관할 필요가 없다. 보통 때처럼 자연스럽게 숨 쉬어라. 다만 깊은숨을 쉴 때는, 그것이 깊은숨이라는 것을 알아차려야 한다. 다른 숨도 마찬가지다. 다시 말해, 당신의 마음은 호흡에 완전히 집중되어 그 움직임과 변화를 알아차려야 한다. 주변, 환경 등 다른 모든 것을 잊어버려라. 눈을 들어 어떤 것을 쳐다보려 하지도 말라. 5분 또는 10분 동안 이 수행을 해보라.

처음에는 호흡에 집중하기 위해 마음을 가져오기가 매우 어렵다. 당신 마음이 어찌나 잘 달아나는지 깜짝 놀라게 된다. 마음은 머물러 있지 않는다. 이러면 당신은 여러 가지를 생각하기 시작할 것이다. 밖에서 나는 소리가 들리고, 마음은 혼란스럽고 산만해진다. 당신은 당황하고 실망하게 될지도 모른다. 그러나 아침과 저녁으로 하루에 두 번씩 한 번에 약 5분에서 10분 동안 이 수련을 계속하면 점점 호흡에 마음을 집중하기 시작할 것이다. 일정 기간이 지나면, 마음이 호흡에 완전히 집중되어서 가까이서 나는 소리조차 들리지 않고 외부 세계가 당신에게 존재하지 않는 바로 그 짧은 순간을 경험하게 될 것이다. 이 작은 순간은 당신에게 기쁨, 행복, 평정심으로 가득 찬 엄청난 경험이어서 계속 유지하고 싶어 할 테지만 아직은 그릴 수 없다. 그럼에도 규칙적으로 계속 수련하면, 자꾸자꾸 반복해서 점점 더 오랫동안 이러한 경험을 하게 될 것이다. 그것은 호흡에 대해 마음챙김 하는 동안 자신을 완전히 잃어버리는 순간이다. 당신이 자신을 의식하는 한, 당신은 결코 어떤 것에도 집중할 수 없다.

가장 간단하고 쉬운 수행법 중 하나인 호흡에 대한 마음챙김 수련(수식관數息觀)은 매우 높은 신비로운 경지, 즉 선정禪定dhyāna에 이르게 하는 집중력을 계발한다. 게다가, 열반의 깨달음을 포함하여, 모든 깊이 있는 이해, 꿰뚫음과 사물의 본질에 대한 통찰력을 위하여 집중력은 필수적이다.

이 모든 것 외에도 이 수식관 수련은 즉각적인 효과를 보여준다. 신체 건강이 좋아지고, 긴장 이완과 숙면에 도움 되며, 일상 업무의 능률도 높인다. 또 당신을 고요하고 안정되게 만든다. 긴장되거나 흥분되는 순간에도 몇 분 동안만 이것을 시행하면 즉시 조용해지고 평화로워지는 것을 직접 체험할 수 있다. 당신은 충분히 쉬고 깨어난 것같이 느낀다.

또 다른 매우 중요하고 실질적이며 유용한 양식의 명상, 즉 정신 계발은, 사적, 공적 또는 전문적 여부를 가리지 않고 일상생활을 하는 동안에 몸으로 하든 말로 하든, 무엇이건 당신이 하는 일을 알아차리고 의식하는 것이다. 걷든, 서든, 앉든, 눕든, 또는 잠을 자든 간에, 팔다리를 펴거나 구부리든 간에, 주위를 둘러보든 아니면 옷을 입거나, 말을 하든 침묵을 지키든, 먹든 마시든 간에, 심지어 생리적 현상을 해결하든지 하는 이런 동작이나 또 다른 동작을 할 때, 움직이는 그 순간에 동작을 완전히 자각하고 염두에 두어야 한다. 다시 말해, 당신은 현재의 순간, 현재의 행위 속에서 살아야 한다. 그렇다고 해서 과거나 미래에 대해 전혀 생각하지 말아야 한다는 뜻은 아닙니다. 반대로, 시간적으로, 공간적으로 현재의 순간과 현재의 행위에 연관 지어서 과거와 미래를 생각해야 한다.

사람들은 일반적으로 자기 행위에, 지금 이 순간에 살지 않는다. 그들은 과거나 미래에 살고 있다. 비록 지금 여기서 뭔가를 하는 것처럼 보일지라도, 가상적인 문제와 걱정으로, 대개는 과거의 기억 속이나 미래에 대한 탐욕과 고민으로, 사람들은 생각 속에서는 다른 어딘가에서 살고 있다. 그래서 자기들이 사는 그 순간에 살지 못하고, 그 삶을 즐기지도 못한다. 그러므로 그들은 현재의 순간과 당면한 일에 대해 불행해하고 불만스러워하며, 자연히 그들이 지금 하는 것처럼 보이는 일에 완전히 몰입할 수 없다.

사진 6. 금동미륵보살반가사유상. 입가에 감도는 미소와 엄지발가락의 가벼운 발등굽힘은 명상의 법열法悅을 표현한 것으로 생각되고 있다. 〈국립문화유산연구원 제공〉

가끔 식당에서 밥을 먹으면서 책을 읽는 사람을 보는데, 매우 흔한 광경이다. 그는 밥 먹을 시간조차 없는 매우 바쁜 사람이라는 인상을 준다. 그가 밥을 먹는지, 책을 보는지 궁금증을 자아낸다. 어떤 이는 그가 두 가지를 한꺼번에 한다고 말할 수도 있다. 사실, 그는 어느 쪽도 제대로 하지 못하며, 어느 것도 즐기지 못한다. 그는 긴장되어 있고, 마음은 뒤숭숭하며, 그는 그 순간에 자신이 하는 일을 즐기지 못하고, 현재의 순간에 삶을 살지 않으며, 무심결에 어리석게도 이 세상에서 도피하려고 한다. 하지만 그렇다고 해서 점심이나 저녁을 먹으면서 친구와 이야기하지 말라는 의미는 아니다.

아무리 노력해도 세상살이에서 벗어날 수는 없다. 도심에서든 동굴에서든 당신이 살아 있는 한, 삶에 직면하고 살아야만 한다. 진짜 삶은 지금 이 순간이지, 스러져 사라진 과거의 기억이나 아직 오지도 않은 미래의 꿈이 아니다. 지금 이 순간을 사는 사람이 진짜 삶을 살고 있는 것이며, 그 사람이 가장 행복하다.

하루 한 끼만 먹으면서 소박하고 조용한 삶을 살았던 붓다의 제자들이 왜 그토록 환하고 밝게 보이는지 물었을 때, 붓다는 이렇게 대답했다. "그들은 과거를 뉘우치지도 않고, 미래를 골똘히 생각하지도 않습니다. 그들은 현재에 살고 있습니다. 그래서 환하게 밝습니다. 어리석은 자들은 미래를 걱정하고 과거를 후회하며 지내다가 베어진 푸른 갈대처럼 볕에 말라져 버립니다."[상윳따 니까야]

마음챙김 또는 알아차림은 '나는 이것을 하고 있다.' 또는 '나는 저것을 하고 있다.'라고 생각하고 의식해야 한다는 의미가 아니다. 아니, 오히려 그 반대다. '나는 이것을 하고 있다.'라고 생각하는 순간 자아의식이 생겨서, 행위에 살지 못하고 '나는' 이라는 생각 속에 살게 되며, 결과적으로 당신 일도 망치게 된다. 당신은 당신 자신을 완전히 잊어야 하고, 당신이 하는 일에 자기 자신을 잃어버려야 한다. 연설하는 사람이 자아의식을 갖게 되어 '나는 청중에게 말하고 있다.'라고 생각하는 순간, 말은 흐트러지고 생각의 흐름은 깨진다. 그러나 자기 연설 속에, 자기 연제 속에 자기 자신을 잊어버리면 최상의 상태가 되어 연설을 잘하고 명료하게 설명한다. 예술이든, 시든, 지적인 것이든, 영적인 것이든 간에 모든 위대한 작품은 창작자가 자신의 행위에 완전히 몰입해서 자신을 완전히 잊어버리고 자의식에서 떠나있는 순간에 탄생한다.

붓다가 가르친 우리의 행위에 대한 이러한 마음챙김 또는 알아차림은 현재의 순간에 살고, 현재의 행위에 사는 것이다. 이것은 또한 주로 이 가르침에 기반을 둔 선禪zen의 방법이기도 하다. 여기 이런 방식의 명상에서는, 마음챙김을 계발하기 위해 어떤 특별한 행위를 해야 하는 것이 아니라 모든 자신이 하는 일을 알아차리고 의식해야 한다. 이 특별한 명상에 귀중한 시간 일 초도 낭비하지 않아도 된다. 당신은 평소 일상생활의 모든 활동에 대해 항상 밤낮으로 마음챙김과 알아차림을 연마해야 한다. 위에서 논한 이들 두 형식의 명상은 우리의 몸에 관계된 것이다.

다음은 행복하건 불행하건 이도 저도 아니건 간에 우리의 모든 감각이나 느낌과 관련된 정신 계발, 즉 명상 수련법이 있다. 예를 하나만 들어보자. 당신이 불행하고 슬픈 감정을 느끼면 당신 마음은 어둡고, 흐릿하고, 맑지 않고, 우울하다. 어떤 경우에는 왜 그런 불행한 느낌이 드는지조차 명확하게 알지 못한다. 우선, 불행한 느낌이 있더라도 불행해하지 않는 법, 걱정이 있더라도 걱정하지 않는 법을 배워야 한다. 불행, 걱정 또는 슬픔의 감각이나 느낌이 왜 드는지 명확히 알아보려는 시도만 해보라. 그러한 감각이 어떻게 일어나는지, 어떻게 사라지는지, 즉 그 원인과 소멸을 알아내려고 애를 쓰라. 과학자가 어떤 대상을 관찰하듯이 주관적 의견 없이 마치 외부에서 관찰하는 것처럼 조사하도록 노력하라. 여기서도 주관적인 '나의 느낌'이나 '나의 감각'으로 말고 객관적인 '하나의 느낌'이나 '하나의 감각'으로만 보아야 한다. 당신은 다시 '나'라는 거짓된 관념을 잊어야만 한다. 당신이 어떤 감각이 어떻게 일어나고 사라지는지 그 본질을 볼 때, 당신 마음은 그 감각에 대해 점점 냉정해지고, 초연해지고 자유로워진다. 이것은 모든 감각이나 느낌에 대해 똑같다.

이제 우리의 마음과 관련된 명상의 양식에 대해 논의해 보자. 자신의 마음이 격정적이거나 무심할 때마다, 증오, 악의, 질투에 사로잡히거나 사랑과 연민으로 가득 찰 때마다, 미혹되거나 명확히 바로 이해할 때마다, 등등의 상황에서 당신은 그 사실을 완전히 자각해야 한다. 자신의 마음을 살펴보는 것이 두렵거나 부끄러운 경우가 아주 자주 있다는 것을 우리는 안다. 그래서 우리는 그것을 피하려 하지만, 거울에 비친 자기 얼굴을 들여다보듯이 담대하고 솔직하게 자신의 마음을 살펴보아야 한다.[맛지마 니까야]

여기에 비판하거나 판정을 내리거나, 옳고 그름이나 선과 악을 구별하는 태도는 필요 없다. 단순히 관찰하고, 살피고, 조사하는 자세로 임해야 한다. 당신의 역할은 재판관이 아니라 과학자이다. 당신이 자신의 마음을 관찰하고 그 참된 본질을 분명하게 알 때, 그런 감정이나 정서와 정신 상태에 대해 냉정해진다. 그리하여 당신은 초연해지고 자유로워져서 당신은 사물을 있는 그대로 볼 수 있게 된다.

한 가지 예를 들어보자. 당신이 정말로 화가 났고, 분노, 악의, 증오에 사로잡혔다고 가정하자. 화난 사람이 자신이 화가 나 있다는 것을 실제로 알아채지 못하고 신경 쓰지 않는다는 것은 특이하고 역설적인 일이다. 화난 자신의 마음 상태를 자각하고 신경 쓰는 순간, 자신의 분노를 보는 순간, 마치 그러지 않았던 것처럼 주춤하며 부끄러워져서 누그러지기 시작한다. 당신은 분노의 본질, 그것이 어떻게 생겨나고, 어떻게 사라지는지를 알아내야 한다. 여기서 다시 한번 기억해야 할 것은 '나는 화가 났다.'라고 생각하거나 '나의 분노'라고 생각해서는 안 된다는 것이다. 당신은 화난 마음의 상태를 알아차리고 염두에 두기만 하면 된다. 당신은 화난 마음을 객관적으로 관찰하고 조사하고 있을 뿐이다. 모든 정서, 감정 및 정신 상태에 대해 이런 태도를 보여야 한다.

다음은 윤리적, 영적, 지성적인 주제에 대한 명상의 양식이다. 이런 주제에 대한 우리의 모든 공부 즉 독서, 토론, 대화 및 숙고가 이 명상에 포함된다. 이 책을 읽고, 이 책에서 논의된 주제들에 대해 깊이 생각하는 것도 명상의 한 형태이다. 우리는 앞서 케마까 비구와 일단의 승려들 사이의 대화가 열반의 깨달음으로 이끄는 명상의 한 형태였다는 것을 보았다.

그런 식으로 이 형태의 명상법에 따라서 수행을 방해하는 다음의 다섯 가지 번뇌 또는 장애 즉 '오개五蓋(nivāraṇa, 오장애五障礙)'에 대해 공부하고, 생각하고, 숙고해볼 수 있다.

1. 감각적 탐욕(kāmacchanda, 탐욕貪慾, 음욕淫慾)
2. 악의, 증오, 분노(vyāpāda, 진에瞋恚)

3. 나태와 무기력(thina-middha, 혼면惛眠, 혼침수면惛沈睡眠)

4. 동요와 불안(uddhacca-kukkucca, 도회掉悔, 도거악작掉擧惡作)

5. 회의적 의심(vicikicchā, 의疑, 의법疑法)

　이 다섯 가지는 무엇이든 명확히 이해하는 데 장애가 되며, 사실상 모든 형태의 진보나 발전에 대한 장애물로 간주된다. 오개五蓋에 사로잡혔는데도 없앨 방도를 모르면, 옳은지 그른지, 좋은지 나쁜지 판별할 수 없다.

　또한 깨달음의 일곱 가지 요소 즉 '칠각지七覺支bojjhaṅga' 118)에 대해 명상할 수도 있다. 일곱 요소는 다음과 같다.

1. 마음챙김(sati, 염각지念覺支). 즉, 위에서 논한 바와 같이 육체적, 정신적으로 모든 활동과 움직임을 알아차리고 염두에 두도록 하는 것.

2. 교리의 여러 가지 문제에 대한 탐구와 연구(dhamma-vicaya, 택법각지擇法覺支). 여기에는 모든 우리의 종교, 윤리, 철학에 대한 공부, 독서, 연구, 토론, 대화와 심지어 그러한 교리와 관계된 주제를 다루는 강의에 참석하는 것도 포함된다.

3. 근기根氣(viriya, 정진각지精進覺支). 끝까지 굳은 결심으로 노력하도

---

118) 〈역주〉 칠각지에서 각지는 빠알리어로 '봇장가bojjhaṅga'라고 한다. 깨달음(각覺)을 뜻하는 'bodhi'와 가지(지支) 부분을 뜻하는 'aṅga'가 결합된 단어이므로, 각지는 깨달음을 성취하게 하는 수행의 요소이다.

록 하는 것.

4. 기쁨(pīti, 희각지喜覺支). 염세적이거나 어둡고 우울한 마음가짐과는 정반대의 성질.
5. 몸과 마음의 이완(passaddhi, 경안각지輕安覺支)119). 육체적, 정신적으로 긴장해서는 안 된다.
6. 정신집중(samādhi, 정각지定覺支). 위에서 논한 바와 같다.
7. 마음의 평정平靜(upekkhā, 사각지捨覺支). 동요 없이 고요하고 평온한 마음으로 모든 인생의 부침浮沈 속에서 삶에 직면할 수 있도록 하는 것.

이러한 품성을 계발하기 위해 가장 필수적인 것은 간절한 바람, 의지 또는 의향이다. 각 품성의 발전에 도움이 되는 다른 많은 물질적, 정신적 조건들이 여러 경전에 쓰여있다.

또한 '존재란 무엇인가?' 또는 '나라고 불리는 것은 무엇인가?'라는 의문을 탐구하는 오온五蘊 같은 주제나 위에서 논의한 사성제四聖諦에 대해 명상할 수도 있다. 이러한 주제에 대해 공부하고 탐구하는 것은 '궁극적인 진리'를 깨닫도록 이끄는 명상의 네 번째 형태이

---

119) ⟨역주⟩ 자주 이치에 맞게 정신활동을 일으켜, 밤이나 낮에 처소에 앉아 있을 때 몸과 마음에 불안이 없고, 고뇌가 없고, 억지가 없고, 부적응이 없고, 병이 없고, 왜곡이 없고, 오히려 몸과 마음이 편안하고 경쾌하며 극히 청명하고 올곧게 된 상태이다. 좋은 음식, 알맞은 시기, 알맞은 자세, 중립적 노력, 격렬한 사람은 기피, 조용하고 편안한 사람과의 사귐과 이러한 것들에 대한 확신이 몸과 마음의 이완을 만든다.[청정도론]

다.

우리가 여기서 논의한 것들 외에도 명상의 다른 주제들이 많이 있다. 전통적인 40가지의 명상 주제가 있는데, 그중 네 가지 거룩한 마음가짐 즉 '사무량심四無量心(brahma-vihāra, 사범주四梵住)' [120]에 대해 특별히 언급해야겠다

(1) 자애한 마음(자慈mettā). '마치 엄마가 외동아이 사랑하듯' 모든 생명체, 즉 중생에게 어떠한 차별도 없이 무한의 보편적인 사랑과 선의를 베푸는 것.
(2) 연민(karuṇā, 비悲). 곤경과 재앙으로 고통받고 있는 모든 생명체, 중생에 대한 측은한 마음.
(3) 더불어 기뻐함(muditā, 희喜, 수희隨喜). 남의 성공, 안녕 및 행복을 인정하며 함께 공감하는 기쁨.
(4) 평정심(upekkhā, 사捨). 인생의 모든 우여곡절, 부침浮沈 속에 유지하는 평온한 마음.

---

[120] 〈역주〉 상좌부불교에서는 자비희사慈悲喜捨 네 가지 마음을 사범주四梵住 brahma-vihāra라고 부르는데, 대승불교에서는 사무량심四無量心이라고 한다. '범주梵住'는 도리천의 왕인 제석帝釋과 함께 불법佛法을 수호한다고 하는 색계 초선천初禪天의 왕인 범천梵天의 거주처를 의미하거나 색계의 초선천을 일컫는데, 수행자가 네 가지 마음을 계발하여 색계 선정의 경지를 얻었음을 의미한다. 반면 무량심無量心 appamaññā이라고 한 것은 네 가지 거룩한 마음이 한량없음을 의미한다. 즉, 무량심이란 중생을 한량없이 어여삐 여기는 불보살의 거룩한 마음을 의미한다.

사진 7. 전실에서 본 석굴암 내부 〈국립문화유산연구원 제공〉

제8장

붓다의 가르침과 오늘날의 세계

불교는 무미건조한 이 세상의 평범한 남녀가 실천할 수 없는 너무나 고상하고 거룩한 체계이기 때문에 진정한 불교 신자가 되려면 속세를 떠나 절이나 어느 한적한 곳에 은거해야 한다고 믿는 사람들이 있다.

이것은 안타깝게도 붓다의 가르침을 제대로 이해하지 못해 생긴 잘못된 생각이다. 불교에 대해 전체적으로 이해하지 못한 사람이 부분적이고 편파적인 견해만으로 쓴 글을 듣거나 무심코 읽음으로써 성급하고 잘못된 결론을 내리게 되어 생긴 문제다. 붓다의 가르침은 사찰의 승려뿐만 아니라 가족과 함께 집에서 생활하는 평범한 남녀를 위한 것이기도 하다. 팔정도八正道는 어떠한 구분 없이 모두를 위해 제시한 불제자의 삶의 길이다.

세상 사람 대다수는 승려가 되거나, 동굴이나 숲속에 은거할 수 없다. 그러므로 불교가 아무리 고귀하고 순수하다 할지라도, 현세에 살고 있는 대중들이 일상생활 속에서 받아들여 따를 수 없다면 불교는 무용지물이다. 그러나 만약 당신이 불교의 정신을, 문자로만 아니라, 올바르게 이해한다면 분명히 일반인의 삶을 살면서 붓다의 가르침을 따르고 수행할 수 있다.

사회로부터 격리된 외딴곳에서 생활한다면 불교를 믿고 따르기가 더 쉽고 편리할 것으로 보는 사람들이 있다. 하지만 그러한 종류의 은거隱居가 육체적으로나 정신적으로나 자신의 인생 전체를 단조롭고 암울하게 만들어서 그들의 종교적, 지성적 삶의 발전에 별 도움이 되지 않으리라고 보는 견해도 있다.

참된 출가는 육체적으로 속세로부터 도피하는 것을 의미하지 않는다. 붓다의 수제자인 사리불은 어떤 사람은 숲속에서 금욕적인 수행을 전념하며 살더라도 불순한 생각과 '번뇌'로 가득 차 있을 수 있으며, 또 어떤 사람은 마을이나 도심에 살면서 금욕적인 계율을 지키지 않을지라도, 그의 마음은 순수하고 '번뇌'가 없을 수 있다고 이야기하면서, 이 두 사람 중에서 마을이나 도심에서 순수한 삶을 사는 사람이 숲속에 사는 사람보다 확실히 훨씬 뛰어나고 위대하다고 말했다.[맛지마 니까야]

붓다의 가르침을 따르기 위해서는 일상을 떠나야 한다는 일반적인 믿음은 그릇된 생각이다. 실제로는 이러한 믿음은 불교를 닦지 않은 데 대한 무의식적 변명에 지나지 않는다. 평범하고 일반적인 가족의 구성원으로 살아가는 남녀들이 붓다의 가르침을 성공적으로 생활화하고 열반을 깨달은 이야기가 불교 경전에 여러 번 나온다. 앞서 무아론無我論 장에 나왔던 방랑수행자 밧차곳따가 한번은 붓다에게 가정생활을 꾸려나가면서 붓다의 가르침을 훌륭하게 따르고 높은 종교적 경지에 도달한 평신자와 여성이 있는지 단도직입적으로 물었다. 붓다는 한두 사람 아니 일이백이나 오백 명 정도가 아니라 훨씬 더 많은 평신자와 여성들이 가정생활을 영위하면서 그의 가르침을 성공적으로 따르고 높은 정신적 경지에 도달했다고 단정적으로 말하였다.[맛지마 니까야]

어떤 사람들은 소음과 소란이 없는 조용한 곳에서 은거 생활하는 것이 기분 좋을 수 있다. 그러나 가족이나 동료들과 섞여 살면서 그들을 돕고 섬기며 불교를 수행하는 것은 확실히 더 칭찬받을 만하고 용기 있는 일이다. 자신의 마음과 성품을 향상하고, 또 도덕, 종교와 지성에 대한 예비적 수련을 통해 나중에 세상에 나와서 다른 사람들을 도울 수 있을 만큼 충분한 능력을 갖추기 위해 잠시 은거 생활하는 것이 어떤 경우는 유익할 수도 있다. 그러나 가족이나 동료는 고려하지 않고 자신의 행복과 '구원'만을 생각하며 평생을 혼자 산다면, 이는 타인에 대한 사랑, 연민과 섬김을 기본으로 하는 붓다의 가르침을 따르는 것이 분명 아니다.

어떤 사람은 이제 이렇게 물을 수 있다. 평범한 평신자의 삶을 살면서도 불교를 따를 수 있다면, 왜 붓다는 승려의 교단敎團인 승가僧伽를 설립했는가? 승단僧團은 자신의 종교적, 지적 발전뿐만이 아니라 남을 섬기는 데 자신의 생애를 기꺼이 헌신하고자 하는 이들에게 기회를 준다. 가족이 있는 일반 불자에게 다른 사람들을 위한 봉사에 평생을 바치도록 기대할 수는 없는 반면, 가족에 대한 부양 의무나 속세와의 어떤 다른 인연이 없는 승려는 붓다의 가르침대로 '많은 사람의 선익善益을 위해, 많은 사람의 행복을 위해' 자신의 전 생애를 바쳐야 하는 위치에 있다. 거쳐온 역사 속에서 불교사원이 종교적 중심뿐만 아니라 학술과 문화의 중심이 된 이유가 이것이다.

「선생경善生經Sigāla-sutta」(『디가 니까야』제31번경)은 붓다가 재가 불자의 삶, 가족과 사회적 관계를 얼마나 대단하게 존중하는지 보여준다.

씨갈라Sigāla(선생善生)이라는 젊은이가 선친의 유언에 따라 하늘의 여섯 방위 즉 동쪽, 남쪽, 서쪽, 북쪽 그리고 바닥(천저天底)과 천정天頂에 참배를 드리곤 하였다. 붓다는 그 젊은이에게 자기 가르침의 '거룩한 자의 계율(ariyassa vinaye, 성률聖律)'에서는 여섯 방향이 다르다고 말했다. 붓다의 그 계율에 따르면 여섯 방향은 동쪽은 부모, 남쪽은 스승, 서쪽은 아내와 자녀들, 북쪽은 친구, 친척과 이웃, 바닥은 하인, 일꾼과 고용한 사람이고 천정은 성직자이다.

"이 여섯 방향을 숭배해야 한다."라고 붓다가 말했다. 여기서 '숭배namasseyya'라는 단어를 쓴 것은 매우 의미 있는데, 성스러운 것과 공경과 존경을 받을 만한 것에 경의를 표해 숭배하기 때문이다. 불교에서는 위에 언급한 이 여섯 가지 가족과 사회 집단을 신성하며 존경하고 숭배할 만한 가치가 있는 것으로 여긴다. 그러면 그들을 어떻게 '숭배'하는가? 붓다는 그들에 대한 의무를 다함으로써만 그들을 '숭배'할 수 있다고 말한다. 이러한 의무는 그가 씨갈라에게 한 설법에 설명되어 있다.

첫째, 부모는 자녀에게 신성하다. "부모님은 범천梵天brahmā으로 불린다(brahmāti mātāpitaro)."라고 붓다는 말한다. 범천이라는 용어는 인도 사상에서 가장 높고 성스러운 개념을 의미하는데, 붓다는 그 안에 부모를 넣는다. 그래서 요즈음도 훌륭한 불교 가정에서는 자녀들이 부모에게 매일 아침저녁으로 말 그대로 숭배의 '예배'를 드린다. 자녀들은 '거룩한 자의 계율'에 따라 부모에 대한 정해진 의무를 다해야만 한다. 자녀들은 부모님이 늙으면 봉양해야 하며, 부모님을 위해 해야 할 일은 무엇이든 해야 하고, 가문의 명예를 지키고 전통을 이어가야 하며, 부모님이 벌어놓은 재산을 지켜야 하고 부모님이 돌아가셨을 때 장례를 치러야 한다. 반면에 부모에게는 자녀들에 대한 정해진 의무가 있다. 부모들은 자녀들이 나쁜 길에 빠지지 않도록 제지하고, 선하고 도움 되는 활동에 참여시키며, 훌륭한 교육을 해주어야 하고, 좋은 집안과 혼인시켜야 하며 그리고 적절한 때에 재산을 물려주어야 한다.

둘째, 스승과 제자의 관계. 제자는 마땅히 스승을 존경하고 스승에게 복종해야 하며, 무엇이든 필요로 하면 바치고 섬겨야 하며, 열심히 공부해야 한다. 반면에 스승은 제자를 적절하게 훈련시키고 틀을 잡아주어야 하며, 잘 가르쳐야 하고, 그에게 도움 되는 것을 소개해 주며 그리고 교육이 끝났을 때 생계 보장이나 일자리를 마련해 주려고 노력해야 한다.

셋째, 남편과 아내의 관계. 부부간의 사랑은 거의 종교적이거나 신성한 것으로 여겨진다. 이것을 '거룩한 가정생활(sadāra-brahmacariya, 거가청정범행居家淸淨梵行)'이라고 부른다. 여기에도 쓰인 'brahma'라는 용어의 의미에 주목해야 하는데, 부부간의 관계에 최고의 존경이 주어지고 있다. 아내와 남편은 서로 신뢰하고 존경하며 서로에게 헌신해야 하며 서로에 대한 정해진 의무가 있다. 남편은 항상 아내를 존중해서 결코 대하는 데 소홀함이 없어야 하며, 아내를 사랑하고 아내에게 신의를 지켜야 하며, 아내의 위상을 확실히 하고 마음 편할 수 있도록 굳게 배려하며 그리고 옷과 보석을 선물해서 아내를 기쁘게 해주어야 한다. 붓다가 남편이 아내에게 응당 해야 할 선물 같은 것까지 잊지 않고 말했다는 사실은 평범한 인간의 감정에 대해 붓다의 인정미가 얼마나 잘 이해하고 동정하고 있었는지 보여준다. 반면에 아내는 가사를 감독하고 보살펴야 하며, 손님, 방문객, 친구, 친척과 고용하고 있는 사람들을 환대해야 하고, 남편을 사랑하고 남편에게 충실해야 하며, 남편의 수입을 아껴서 지켜내고, 모든 활동에서 슬기롭고 활기차야 한다.

네 번째, 친구, 친척, 이웃들 간의 관계. 서로 후하게 대접하고 너그러워야 하며, 상냥하고 기분 좋게 말해야 하고, 서로의 행복과 번영을 위하여 노력해야 하며, 서로 평등한 관계를 맺어야 하고, 서로 다투지 말아야 하며, 필요한 때 서로 도와야 하고 어려움에 처해 있을 때 서로 저버리지 말아야 한다.

다섯째, 주인과 하인 간의 관계. 주인 또는 고용주는 하인이나 피고용자에 대한 몇 가지 의무를 진다. 일은 소질과 능력에 따라 배분해야 하며, 적절한 임금을 주어야 하고, 의료 혜택을 제공해야 하며, 특별 수당이나 상여금을 주어야 한다. 한편 하인이나 피고용자는 부지런해야 하고 게을러서는 안 되며, 정직하고 순종적이며 주인을 속이지 않아야 하고, 자기 업무에 성실해야 한다.

여섯째, 출가한 성직자와 평신자 간의 관계. 평신자들은 사랑과 존경으로 승려의 물질적으로 필요한 부분을 보살펴야 하며, 성직자는 자비로운 마음으로 평신자들에게 지식과 배움을 나누어 주고, 그들이 악을 멀리하고 선한 길로 가도록 이끌어주어야 한다.

이렇게 그 가족 관계와 사회적 관계를 유지하는 재가 불자의 삶이 '거룩한 자의 계율'에 포함되어 있고, 붓다가 구상한 불교 신자의 생활방식의 틀 안에 있다는 것을 알 수 있다.

그래서 가장 오래된 빠알리어 경전의 하나인 『상윳따 니까야』에는 신神deva들의 왕인 제석천帝釋天(빨.Sakka, 싼.Śakra)121)이 덕 있는 성스러운 삶을 사는 승려들뿐만 아니라, 칭송할 만한 공덕을 쌓고 고결하며 올바르게 가족들을 부양하는 재가 제자(우바새優婆塞upāsaka)들도 숭배를 드리겠노라고 선언한다.

승가의 일원인 비구가 되려면 긴 계율 훈련과 교육 과정을 거쳐야 하지만, 불교 신자가 되고자 할 때 반드시 거쳐야 하는 입문 의식 또는 세례식은 없다. 누구든지 붓다의 가르침을 이해하고, 붓다의 가르침이 옳은 길이라고 확신하고, 그것을 따르려고 노력한다면, 그 사람은 불제자라 할 수 있다. 그러나 불교국가의 오랫동안 이어져 내려오는 전통에 의하면 일반적으로 '삼보三寶'라고 불리는 붓다(불佛), 가르침(법法, dhamma)과 승려의 교단(승가僧伽, saṅgha)을 의지처로 삼고, 재가 불자의 최소한의 도덕적 의무인 다섯 가지 계율(pañca-sila, 오계五戒)을 지킬 것을 약속하면 불제자로 간주한다. 오계는 다음과 같으며, 법회 같은 행사에서 승려의 선창에 따라 신자들은 고대 불경에 나와 있는 대로 이 구절들을 암송한다.

(1) 살아 있는 생명을 죽이지 말 것(불살생不殺生)
(2) 도둑질하지 말 것(불투도不偸盜)

---

121) 〈역주〉 불교에서 고대 인도 힌두교의 신 인드라Indra를 불교에서 수용한 것으로 불법을 지키는 수호신이다. 석제환인釋提桓因, 제석천帝釋天이라 한다. 제석천은 도리천忉利天의 주인이며, 수미산 정상에 있는 선견성善見城에서 산다. 사천왕과 함께 주위의 32 천왕을 통솔하여 불법을 수호하며, 불법에 귀의한 사람들을 보호한다.

(3) 간음하지 말 것(불사음不邪淫)

(4) 거짓말을 하지 말 것(불망어不妄語)

(5) 취하게 하는 음료를 마시지 말 것(불음주不飮酒)

불교 신자가 행하여만 하는 형식상의 의례나 의식은 없다. 불교는 삶의 방식이어서 필수적인 것은 팔정도八正道를 따르는 것뿐이다. 물론 모든 불교국가에서는 특별한 종교 행사에 간단하고 아름다운 의식을 거행한다. 절에는 불상이 있는 대웅전 같은 전각, 탑, 부도浮屠나 사리탑 그리고 보리수가 있는데, 여기에 불교도들이 예배를 드리고, 꽃을 바치고, 촛불을 켜고, 향을 피운다. 이를 유일신 종교의 기도에 비기어서는 안 된다. 이것은 '길'을 보여준 '스승'을 추념하여 경의를 표하는 방식일 따름이다. 이러한 전통적 의식이 비록 꼭 필요한 것은 아니지만, 지식적으로나 종교적으로 아직 초보 단계인 사람들의 종교적 정서와 심리적 요구를 충족시키고, 그들이 점차 그 '길'을 따라가도록 돕는 데 가치가 있다.

불교가 고상한 이상과 높은 도덕적, 철학적 사상에만 관심이 있고 사람들의 사회적, 경제적 번영을 무시한다고 생각하는 사람들은 잘못 알고 있다. 붓다는 인간의 행복에 관심이 있었다. 도덕적, 종교적 원칙에 기초한 순수한 삶을 살아가지 않고는 그에게 행복은 가능하지 않았다. 그러나 그는 좋지 못한 물질적, 사회적 조건 속에서 그러한 삶을 살아 나가는 것이 힘들다는 것을 알고 있었다.

불교는 물질적 번영을 목적 그 자체로 여기지 않는다. 그것은 더 높고 더 거룩한 목적을 위한 수단일 뿐이다. 그렇지만 그것은 인간의 행복을 위한 더 높은 목적을 달성하는 데 없어서는 안 될 필수 불가결한 수단이다. 그러므로 불교는 종교적 성취에 나쁜 영향을 주지 않는 최소한의 물질적 조건이 필요하다는 것을 알고 있으며, 심지어 어떤 외딴 장소에서 명상하는 승려도 마찬가지다.122)[맛지마 니까야 주석서]

붓다는 삶을 사회적, 경제적 배경의 맥락에서 떼어놓지 않았다. 그는 모든 사회적, 경제적 그리고 정치적 측면에서 삶을 전체적으로 보았다. 윤리적, 종교적, 철학적 문제에 대한 그의 가르침은 꽤 잘 알려져 있다. 그러나 특히 서구에서는 사회적, 경제적, 정치적 문제에 대한 그의 가르침에 대해 알려진 바가 거의 없다. 이러한 것들을 다루고 있는 수많은 설법이 고대 불교 경전 곳곳에 흩어져있다. 몇 가지 예만 살펴보자.

『디가 니까야』 제26번 경인 「전륜성왕수행경轉輪聖王修行經(Cakka-vatti sihanāda-sutta, 바퀴굴림경)」은 가난(dāliddiya, 빈궁貧窮)이 도둑질, 거짓말, 폭력, 증오, 잔학행위 등의 범죄와 부도덕의 원인임을 분명히 밝히고 있다. 고대의 왕들은 오늘날의 정부들과 마찬가지로 형벌을 통해 범죄를 억제하려고 노력했다. 같은 『디가 니까야』 제5번 경인 「구라단두경究羅檀頭經(Kūtadanta-sutta, 꾸따단따경)」은 이것이 얼마나 헛된 것인지를 설명하며, 이 방법으로는 결코 성공할 수 없다고 말한다. 대신 붓다는 범죄를 근절하기 위해서는 사람들의 경제적 여건이 개선되어야 한다고 시사한다. 농부와 경작자에게 농사를 짓기 위한 곡물

---

122) 불교 승려는 승가의 일원으로서 사유재산을 가질 수 없지만 공유saṅghika 재산은 허용된다.

종자와 필요한 시설들을 공급해야 하며, 상인과 사업에 종사하는 사람들을 위해 자본금을 대주어야 하고, 일꾼들에게 적절한 임금이 지급되어야 한다. 이처럼 사람들에게 충분한 수입을 올릴 수 있는 기회가 주어질 때, 백성들은 만족하게 되고 두려움이나 걱정이 없어질 것이며 그 결과 그 나라는 평화로워지고 범죄에서 벗어나게 될 것이다.[디가 니까야]

이 때문에 붓다는 재가불자들에게 경제 형편이 나아지도록 하는 것이 얼마나 중요한지를 말했다. 그렇다고 붓다가 근본적인 가르침에 어긋나는 탐욕과 집착으로 부를 축적하는 것을 용인했다는 뜻은 아니며, 생계 수단으로 어떠한 방법도 괜찮다고 생각했다는 의미도 아니다. 우리가 앞에서 보았듯이 붓다가 몹시 나쁜 생계 행위로 비난하는 무기의 생산과 판매와 같은 부도덕한 돈벌이도 있다.

한번은 디가자누Dighajānu라는 사람이 붓다를 찾아와 말했다. "존자시여, 우리는 처자식과 더불어 가정생활을 꾸려 가는 평범한 재가불자입니다. 세존께서는 이 세상과 내세에서 우리의 행복에 도움이 될 몇 가지 교리를 가르쳐 주십시오."

붓다는 현세에서 인간의 행복에 도움이 되는 네 가지가 있다고 말한다. 첫째, 어떤 직업에 종사하든 숙련되고, 효율적이며, 성실하고, 활기차야 하며, 자기의 소임을 잘 알아야 한다(utthāna-sampadā, 끈질긴 노력). 둘째, 이마에 땀 흘리며 정당하게 번 자신의 수입을 지켜야 한다(ārakkha-sampadā, 조심하고 경계하기). 이것은 도둑 등으로부터 재산을 보호하는 것을 말한다. 이 모든 개념은 시대적 배경을 고려해야 한다. 셋째, 충실하며 박학하고 덕이 있으며 관대하고 지적이며, 벗이 악을 멀리하고 바른길을 가도록 도와줄, 좋은 친구들(kalyāṇamittatā,

좋은 교우관계)을 가져야 한다. 넷째, 자신의 수입에 알맞게 너무 많지도 너무 적지도 않게 합리적으로 지출해야 한다. 즉 탐욕스럽게 재물을 쌓아서는 안 되며, 사치스러워서도 안 된다. 다시 말해 분수에 맞게 살아야 한다(samajivikatā, 균형 잡힌 살림살이).

그런 다음 붓다는 내세에서 재가 불자의 행복에 도움이 되는 네 가지 덕목을 자세히 설명한다. (1) 믿음(saddhā, 信信). 도덕적, 종교적 그리고 지적 가치에 대해 신념과 확신을 가져야 한다. (2) 덕행과 도덕성(sila, 계戒). 생명을 죽이고 해치는 일, 도둑질과 속임수, 간음, 거짓말과 음주를 삼가야 한다. (3) 베풀기(cāga, 施施). 재산에 대한 집착과 갈망을 버리고 자선과 아량을 실천해야 한다. (4) 지혜(paññā, 혜慧). 괴로움의 완전한 소멸과 열반의 구현을 이끄는 지혜를 계발해야 한다.[앙굿따라 니까야]

가끔 붓다가 돈을 저축하고 쓰는 것에 대해 세세하게 설명하기도 했는데, 예를 들어 씨갈라Sigāla라는 젊은이에게 수입의 4분의 1은 일상 지출에 쓰고, 절반은 사업에 투자하고, 4분의 1은 비상금으로 따로 떼 놓아야 한다고 말한 적도 있었다.[디가 니까야]

한번은 붓다가 사위성舍衛城Sāvatthī에 유명한 기원정사祇園精舍(Jetavana사원)를 세워준 가장 헌신적인 재가 제자 중 한 명인 대자산가 급고독給孤獨Anāthapindika 장자長者123)에게 평범한 가정생활을 영위하는

---

123) 〈역주〉 원래 이름은 쑤닷따Sudatta(수달다須達多)인데 부모가 없는 아이들이나 자식이 없는 늙은이들을 불쌍히 여겨 여러모로 돌보아 주었기 때문에 '고독한 이에게 베푼다.'라는 뜻의 '급고독給孤獨Anāthapindika' 장자長者로 불리

재가 불자에게는 네 종류의 행복이 있다고 말했다. 첫 번째 행복은 정당하고 올바른 수단으로 획득한 경제적 안정이나 충분한 부를 누리는 것이다(atthi-sukha, 재물이 있는 행복). 두 번째는 그 재산을 자신과 가족, 친구, 친척, 그리고 공덕을 쌓는 일에 아낌없이 쓰는 것이다(bhoga-sukha, 있는 재물을 쓰며 느끼는 행복). 세 번째는 빚이 없는 것이다(anana-sukha, 빚이 없는 행복). 네 번째 행복은 생각이나 말이나 행동으로 악을 저지르지 않고 흠잡을 데 없고 순수한 삶을 사는 것이다(anavajja-sukha, 허물이 없는 행복). 여기서 이 중 세 가지가 경제적 항목이라는 것과 최종적으로 붓다가 경제적, 물질적 행복이, 허물없고 선한 삶에서 비롯되는 신성한 행복의 '십육분의 일만큼의 값어치도 없다는 것'을 이 부호富豪에게 상기시켰다는 것을 특별히 언급해야겠다.[앙굿따라 니까야]

위에 제시된 몇 가지 예에서 보듯이 붓다는 경제적 번영을 인간의 행복에 필요한 조건으로 여겼다. 그러나 단지 물질적이기만 한 번영이어서 정신적, 윤리적 근본이 없다면, 붓다는 그 발전을 진실하고 참된 것으로 인정하지 않았다는 것을 알 수 있다. 불교는 물질적 발전을 장려하는 한편, 행복하며 평화롭고 만족스러운 사회를 위한

었다. 장자란 길드의 우두머리로 무역 등을 경영하여 거대한 부를 축적한 사람들을 말한다. 꼬쌀라Kosala 왕국의 수도인 사위성舍衛城Sāvatthī의 기타祇陀 Jeta태자의 숲에 붓다가 머물 수 있도록 총재산의 5분의 3을 들여 사찰을 건립했는데, 바로 불교 역사상 유명한 기원정사祇園精舍(Jetavana사원)다. 급고독 장자가 기타태자의 숲에 세웠다고 해 '기수급고독원祇樹給孤獨園'으로도 불리며 붓다가 근 30여 년을 머물며 많은 설법을 남겼다.

도덕적, 정신적 품성의 계발을 항상 크게 강조하고 있다.

붓다는 정치, 전쟁, 평화에 대해서도 마찬가지로 분명했다. 불교가 보편적인 근본 사상으로써 비폭력과 평화를 옹호하고 설파하며, 어떠한 종류의 폭력이나 살상 행위도 용인하지 않는다는 것은 너무나 잘 알려진 사실인데 여기서 반복한다. 불교에 의하면 '정당한 전쟁'이라고 부를만한 것은 하나도 없으며, 단지 증오, 잔인함, 폭력, 학살을 정당화하고 변명하기 위해 만들어지고 유포된 잘못된 용어일 뿐이다. 무엇이 정당하고 부당한지 결정하는 이는 누구인가? 강한 자와 승리한 자는 '정당'하고, 약한 자와 패배한 자는 '부당'하다. 우리의 전쟁은 언제나 '정당'하고, 너희의 전쟁은 언제나 '부당'하다. 불교는 이러한 자세를 용납하지 않는다.

붓다는 비폭력과 평화를 가르쳤을 뿐만 아니라, 심지어 전쟁터에 가서 직접 중재하여 전쟁을 막기도 했는데, 석가족釋迦族Sākya과 꼴리야Koliya족 간에 로히니Rohini 강의 물 사용 문제로 일촉즉발의 위기에 처했던 분쟁을 해결했다. 그리고 한번은 아사세阿闍世Ajātasattu 왕이 발지跋耆Vajjis 왕국을 공격하려고 했을 때 칠불퇴법七不退法124)을 거론하며 몇 마디의 말로써 전쟁을 막았다.

---

124) 〈역주〉「대반열반경大般涅槃經Mahāparinibbāna-Sutta」에 나오는 발지跋耆 Vajjis 왕국이 쇠퇴하지 않고 번영할 이유로 설명한 칠불퇴법七不退法은 다음과 같다. 1. 정기적으로 모이고, 자주 모여서 옳은 일을 도모한다. 2. 화합하여 모이고, 화합하여 해산하고, 화합하여 나랏일을 본다. 3. 공인하지 않은 것은 새로 정하지 않고, 공인한 것은 깨뜨리지 않으며, 공인되어 내려온 오래된 법들을 준수한다. 4. 연장자들을 존경하고 존중하고 숭상하고 예배하며, 그들의 말

오늘날과 마찬가지로 붓다 당시에도 나라를 부당하게 다스리는 통치자들이 있었다. 백성들은 억압과 착취, 고문과 박해를 받았고, 과도한 세금이 부과되고 잔인한 형벌이 가해졌다. 붓다는 이러한 비인간적인 행위에 깊은 충격을 받았다. 그래서 붓다가 바람직한 정부라는 문제에 주의를 기울였다고 붓다고샤의 「법구경 주석서(Dhamma-padatthakathā)」에 기록하고 있다. 붓다의 관점은 그 시대의 사회적, 경제적, 정치적 배경에 비추어 높이 평가되어야 한다. 그는 한 나라 정부의 지도자들, 즉 왕, 장관들, 행정 관리들이 부패하고 불공정해지면 온 나라가 얼마나 부패하고, 타락하고, 불행해지는지 가르쳐 주었다. 한 나라가 행복해지려면 정의로운 정부가 있어야 한다. 이러한 올바른 정부 형태가 어떻게 하면 구현될 수 있는지를 「본생경本生經Jātaka」에서 '왕의 열 가지 본분(dasa-rājādhamma, 십왕법十王法)'이라는 가르침으로 붓다는 설명하고 있다.

물론 고대의 '왕王rāja'이란 용어는 오늘날에는 '정부'라는 어휘로 바뀌어야 한다. 그러므로 '왕의 열 가지 본분'은 오늘날 국가수반, 장관, 정치 지도자, 입법부 및 행정 관료 등 정부를 구성하는 모든 사람에게 적용된다.

'왕의 열 가지 본분' 중 첫 번째, 보시布施dāna 즉 너그럽고 관대하

을 경청한다. 5. 남의 집안의 아내나 남의 집안의 딸들을 강제로 끌고 와서 살지 않는다. 6. 탑묘들을 존경하고 존중하고 숭상하고 예배하며, 전에 이미 바쳤고 이미 시행했던 봉납을 철회하지 않는다. 7. 아라한들을 법답게 살피고 감싸고 보호해서 아직 오지 않은 아라한들은 그들의 영토에 오게 하며, 이미 그들의 영토에 온 아라한들은 편안하게 살도록 한다.

며 베풀어야 한다. 통치자는 부와 재산에 대해 갈망하거나 집착해서는 안 되며, 백성의 복지를 위해 내어주어야 한다.

두 번째, 지계持戒sila 즉 높은 윤리적 품성. 생명을 파괴하거나, 속이거나 훔치거나, 남을 착취하거나, 간음하거나, 거짓말하거나, 취하게 하는 술 따위를 마셔서는 결코 안 된다. 달리 말해서 최소한 평신자의 '다섯 가지 계율'을 지켜야 한다.

세 번째, 희생犧牲pariccāga 즉 백성의 복리를 위해 모든 것을 희생한다. 백성의 이익을 위해 모든 개인적 안락, 명예, 명성, 심지어 자신의 목숨까지 포기할 각오가 되어 있어야 한다.

네 번째, 정직ajjava 즉 솔직하고 진실한 것이다. 의무를 수행하면서 두려움이 없고 편애하는 마음이 없어야 하며, 의도가 진솔해야 하고 대중을 기만해서는 안 된다.

다섯 번째, 온화溫和maddava 즉 친절하고 부드러워야 한다. 다정한 기질을 가져야 한다.

여섯 번째, 절약節約tapa 즉 검소한 생활 습관. 소박하게 살아가야 하며 사치스러운 생활에 빠져서는 안 된다. 자제력을 가져야 한다.

일곱 번째, 무진에無瞋恚akkodha 즉 증오, 악의, 적대감을 버리기. 누구에게도 원한을 품어서는 안 된다.

여덟 번째, 무해無害avihiṃsā 즉 비폭력. 아무에게도 해를 입히지 말아야 할 뿐만 아니라, 전쟁과 폭력 및 생명 파괴를 수반하는 모든 것을 피하고 방지함으로써 평화를 증진하려는 노력을 기울여야 한다.

아홉 번째, 인내忍耐khanti 즉 참고 용서하고 이해하며 아량을 베푸는 것이다. 역경, 어려움과 모욕에도 냉정을 잃지 않고 견딜 수 있어야 한다.

열 번째, 화합avirodha 즉 비대립, 무적의無敵意, 백성의 뜻을 거스르지 않는 것. 국민의 뜻에 반대해서는 안 되며, 국민의 복지에 도움이 되는 어떠한 행위도 가로막아서는 안 된다. 다시 말해서, 통치자는 백성과 사이좋게 보조를 맞추며 다스려야 한다.125)

한 나라가 그러한 성품을 타고난 사람들에 의해 다스려진다면, 그 나라가 행복할 것임은 말할 필요도 없다. 그러나 이것은 이상향만은 아니어서, 이러한 생각을 기반으로 왕국을 다스린 인도의 아쏘까Asoka 같은 왕들이 과거에 있었다.

오늘날 세상은 끊임없는 공포, 불신과 긴장 속에 살고 있다. 과학은 상상을 초월하는 파괴 능력을 갖춘 무기를 만들어내고 있다. 이 새로운 죽음의 도구를 휘둘러대면서 다른 나라보다 더 많은 파괴와 불행을 세상에 초래할 수 있다고 뻔뻔스럽게 과시하며 강대국들은 서로를 위협하고 도전하고 있다.

그들은 이 광기의 길을 따라 너무 멀리 가버려서, 이제 그들이 그 방향으로 한 발짝만 더 나아간다면, 인류의 완전한 멸망과 함께 상호 소멸밖에 없는 극한점에 이르렀다.

인간은 자신이 만든 상황에 두려워하며 탈출구를 찾고 싶어 하고 몇몇 해결책을 모색하고 있다. 그러나 붓다가 제시한 메시지 외에는

---

125) 여기서 인도 외교 정책의 5원칙 또는 pancha-sila는 기원전 3세기 인도의 위대한 불교 황제인 아쏘까Asoka가 그의 정부 행정에 적용한 불교의 원칙을 따르고 있다는 점을 주목하는 것도 재미있는 일이다. pancha-sila(다섯 가지 계율 또는 덕행)라는 표현은 그 자체가 불교 용어다.

대책이 없다. 즉 비폭력과 평화, 사랑과 자비, 관용과 이해, 진리와 지혜, 모든 생명에 대한 존중과 배려, 이기심과 증오와 폭력으로부터의 해방.

붓다는 말했다. "증오는 증오에 의해서는 결코 가라앉힐 수 없으며, 친절로 가라앉힐 수 있다. 이것은 영원한 진리다."[법구경 5]

"사람은 친절로 노여움을, 착함으로 간악함을, 박애로 이기심을, 진실함으로 거짓됨을 이겨야 한다."[법구경 223]

이웃을 정복하고 복종시키려는 탐욕과 갈애가 있는 한, 인간에게는 어떠한 평화나 행복도 있을 수 없다. 붓다가 말했듯이 "이긴 자는 증오를 낳고, 패배한 자는 비탄에 빠져있다. 승리와 패배를 모두 포기하는 사람은 행복하고 평화롭다."[법구경 201] 평화와 행복을 가져다주는 유일한 정복은 자신을 정복하는 것이다. "한 사람이 전투에서 수백만을 정복할 수 있지만, 자기 자신 하나를 정복하는 자가 가장 위대한 정복자이다."[법구경 103]

당신은 이 모든 것이 매우 아름답고 고귀하며 숭고하지만, 비현실적이라고 말할 것이다. 그러면 서로 미워하는 것이 현실적인가? 서로 죽이는 것은? 정글의 야생 동물처럼 영원한 두려움과 불신 속에서 사는 것은? 이것이 더 현실적이고 편안한가?

증오가 증오에 의해 가라앉은 적이 있는가? 사악함이 사악함에 의해 정복된 적이 있었던가? 그러나 적어도 개인적인 경우에서는, 증오가 사랑과 친절로 달래지고, 선행으로 악행을 이겨낸 예가 있다. 당신은 이것이 사실일 수 있고 개인적 사례에서는 실행할 수 있지만 국가 및 국제 문제에서는 결코 도움 되지 않는다고 말할 것이다. 사람들은 '국가적', '국제적' 또는 '나라'와 같은 용어의 사용과 정치적 선전 활동에 의해 최면에 걸리고, 심리적으로 혼란되고 눈멀고 속는다. 국가는 개인들의 거대한 집합체가 아니면 무엇인가? 국가나 나라가 행동하지 않는다. 행동하는 것은 개인이다. 개인이 생각하고 행동하는 것이 곧 국가나 나라가 생각하고 행동하는 것이다. 개인에게 적용되는 것은 국가나 나라에도 적용될 수 있다. 개인 차원에서 증오심이 사랑과 친절로 달래질 수 있다면, 분명히 국가적, 국제적 규모에서도 실현될 수 있다. 한 개인도 증오에 친절로 대하려면 도덕적 힘에 엄청난 정신력과 대담함, 믿음과 확신이 있어야 한다. 국제 문제에 관해서는 더욱더 그러해야 하지 않겠는가? '현실적이지 않다.'라는 표현이 '쉽지 않다.'라는 뜻이라면 옳은 말이다. 분명 쉽지 않다. 그래도 시도해야 한다. 그것을 시도하는 것이 위험하다고 말할 수도 있지만, 그것이 핵전쟁을 시도하는 것보다 더 위험할 수는 없다는 점은 확실하다.

이 비폭력과 평화와 사랑의 가르침을 광대한 제국의 행정에 대내외적으로 적용할 용기와 자신감과 통찰력을 가진, 역사에 잘 알려진 위대한 통치자가 적어도 한 명은 있었다는 사실을 떠올리는 것은 위안과 영감을 준다. 그는 기원전 3세기 인도의 위대한 불교 황제 아쏘까Asoka로 '신들의 사랑을 받는 자'라고 불렸다.

처음에 그는 아버지(Bindusāra)와 할아버지(Chandragupta)의 정책을 따라 인도 반도를 완전히 정복하려고 했다. 그는 깔링가Kalinga를 침략해서 정복하고 합병했다. 이 전쟁에서 수십만 명이 죽고, 다치고, 고통받고, 포로로 잡혔다. 그러나 나중에 그가 불제자가 되었을 때, 부처님의 가르침에 의해 완전히 바뀌고 변화되었다. 바위에 새겨진 그의 유명한 칙령 중 하나(Rock Edict XIII)는 오늘날에도 원본을 읽어볼 수 있는데, 깔링가의 정복을 언급하며 황제는 '뉘우침'을 공개적으로 표했으며 그 대학살을 떠올리는 것이 얼마나 극한 고통인지 말했다. 그는 어떤 경우든 정복 전쟁을 위해서는 다시는 칼을 뽑지 않겠으며, 모든 생명체가 비폭력, 자제, 평온과 온화함을 실현하기를 바랄 뿐이라고 공표했다. 물론 이것은 '신들의 사랑을 받는 자' 인 아쏘까왕에 의한 최고의 정복, 즉 신심信心에 의한 정복(dhamma-vijaya, 법法에 의한 정복)으로 여겨진다. 그는 스스로 전쟁을 포기했을 뿐만 아니라, '나의 아들과 손자들이 새로운 정복을, 성취할 가치가 있는 것으로 생각하지 않기를 … 그들로 하여금 신심信心에 의한 정복만을 생각하게 하라. 그것이 이 세상과 저 세상에 유익하다.' 라고 그의 바람을 표현했다.

이것은 인류 역사에서, 권력의 정점에 있는 승리한 정복자가 여전히 영토 정복을 계속할 힘을 가지고 있으면서도 전쟁과 폭력을 포기하고 평화와 비폭력으로 돌아선 유일한 예다.

여기에 오늘날 세계를 위한 교훈이 있다. 한 제국의 통치자는 공개적으로 전쟁과 폭력에 등을 돌리고 평화와 비폭력의 메시지를 받아들였다. 어느 이웃 왕이 아쏘까왕의 신심信心을 이용하여 군사적으로 공격했다거나, 그의 생애 동안 그의 제국 내에서 반란이나 모반이 있었다는 것을 나타내는 역사적 증거는 없다. 오히려 온 나라가 평화로웠으며, 심지어 그의 제국 밖의 나라들까지도 그의 온화한 지도력을 받아들였던 것 같다.

군사력의 균형이나 핵 억지력의 위협을 통해 평화를 유지하자고 말하는 것은 어리석은 일이다. 무력은 두려움만 낳을 뿐, 평화를 가져오지는 못한다. 두려움을 통해서는 진정한 평화가 지속될 수 없다. 두려움을 통해서는 증오, 악의, 적대감만이 생겨날 수 있으며, 얼마 동안은 아마 억눌러지겠지만, 폭발할 준비를 하고 있다가 언제라도 폭력적으로 변하고 만다. 진실하고 진정한 평화는 공포와 불신과 위험이 없는 우애metta와 친선의 분위기 속에서만 성공할 수 있다.

파멸적인 힘겨루기를 공식적으로 포기한 사회. 정복과 패배에서 벗어나 평온과 평화가 만연한 사회. 무고한 사람을 박해하면 맹렬하게 비난받는 사회. 군사적 경제적 전쟁으로 수백만 명을 정복하는 사람보다 자기 자신을 정복하는 사람이 더 존경받는 사회. 증오는 친절로, 악은 선으로 정복되는 사회. 적대감, 질투, 악의와 탐욕이 사람의 마음을 물들이지 않는 사회. 측은지심惻隱之心이 행동의 원동력인 사회. 가장 하찮은 생명체를 포함하여 모두를 공정과 배려와 사랑으로 대하는 사회. 물질적으로 만족스러운 세상에서 평화스럽고, 화합하며 살아가는 사회. 불교는, 이러한 사회를 만들기 위해 애쓰고 있으며, 가장 숭고하고 거룩한 목표인 궁극적 진리, 열반의 실현을 지향하고 있다.

사진 8. 석굴암 본존불 〈국립문화유산연구원 제공〉

가려 뽑은
경전

이 짧은 설명이, 추려내어 여기에 번역해 놓은 빠알리어 원전原典의 표현법을 현대 독자가 이해하고 감상하는 데 도움이 될 것이다.

붓다의 반열반般涅槃(싼.paribnirvāṇa, 빨.parinibbāna, 죽음) 3개월 후, 붓다를 가까이에서 모셨던 제자들의 회의가 열렸고, 이 회의에서 붓다의 모든 가르침과 설법 그리고 제자들이 지켜야 할 규율에 대해 기억나는 대로 낭송하여, 확실한 것만 인정하는 절차를 거쳐 다섯 모음집으로 분류하였다. 이것이 삼장三藏(tipiṭaka, 3종 정전正典)을 구성하는 니까야nikāya이다. 다가올 세대들을 위해, 이 모음집은 여러 장로長老와 그 제자들에게 구전口傳으로 계승되도록 맡겨졌다.

온전하고 정확한 구두 전달을 영속시키기 위해서 정기적이고 체계적인 암송이 필요했는데, 이 암송이 한 개인의 행위가 아니라 집단의 행위였다는 점에 특히 유의해야 한다. 이 집단 암송 방식은 경전을 변경, 수정 또는 가필加筆없이 온전하게 유지하기 위한 목적이었다. 집단 중 한 사람이 어떤 문구를 잊어버리면 다른 구성원이 그것을 기억했을 것이다. 또 어떤 사람이 단어나 구절을 수정하거나 추가하거나 빠뜨리면 다른 이가 바로잡아 주었을 것이다. 이런 식으로 해서 아무것도 변경, 수정, 추가 또는 생략될 수 없기를 바랐다. 이러한 종류의 완전한 구전의 전통을 통해 전해지는 경전은, 그 반포頒布한 사람이 사망하고 여러 해가 지난 후에, 가르침에 대해 한 개인이 단독으로 전한 어떤 기록보다, 더 신뢰할 수 있고 정확한 것으로 간주되었다. 붓다의 가르침은, 붓다의 서거 4세기 후인 기원전 1세기에 실론에서 열린 회의에서 처음으로 기록되었다. 그전까지는 삼장三藏 전체가 완전한 구전의 전통으로 대대로 전해져 내려왔다.

원전은, 부드럽고 선율적이며 매끄럽게 흐르는 언어인 빠알리어로 되어 있다. 경전 내용의 잦은 반복은 종류별로 나누어져서, 구전 전통이 이어지는 데 필요한 암기에 도움이 될 뿐만 아니라 시적 아름다움과 매력을 부여한다. 경전은 시적인 리듬을 사용하고 시의 모든 우아함을 가지고 있다. 열대 숲이나 수도원의 고요한 분위기에서 빠알리어 원문으로 이 경전을 암송하는 것은 여전히 아름답고 조화로우며 평온한 느낌을 만든다. 낭랑한 빠알리어 구절, 그 웅장함, 잘 알려진 반복적 운율은 그 의미를 모르는 사람에게도 알 수 없는 언어로 엄숙한 성가를 부르는 듯한 효과를 낸다. 전통적인 선율의 이러한 낭송은 매우 평화로워서, 숲속의 신들이 때로는 매료되고 끌리게 되었다는 설화의 동기가 되기도 했다.

다음에 나오는 원전에서 가려 뽑은 경전에서는, 독자들에게 이 문체의 개념을 보여주기 위해 몇 곳에서만 반복되는 구절을 완전히 나타내었고, 나머지에서는 말줄임표로 표시하였다. 붓다 말씀의 의미와 어조나 현대 영어 용법을 모두 거스르지 않으면서, 원전의 빠알리어를 가능한 한 근사치의 영어로 번역하려고 나는 노력하였다.

사진 9. 석굴암 나한상 〈국립문화유산연구원 제공〉

진리의 수레바퀴를 움직이게 하다.
초전법륜경 初轉法輪經, Dhammacakkappavattana sutta
붓다의 첫 설법

나는 이렇게 들었노라. 한때 세존께서는 바라나씨Varanasi(Benares) 근처의 이씨빠따나Isipatana(깨달은 이의 휴양지)에 있는 사슴동산(녹야원鹿野苑)에 계셨다. 거기서 다섯 비구에게 설법하셨다.

"비구들이여, 출가한 사람이 해서는 안 되는 두 가지 극단적인 행위가 있다. 두 가지는 무엇인가? 감각적 쾌락에 빠져서 몰두하는 것인데, 그것은 저급하고 천한 짓이며, 좀 못난 사람들의 방식으로서 가치 없고 무익하다. 그리고 고통스럽고, 무가치하며, 무익한 자기 고행에 전념하는 것이다."

"이 두 가지 극단을 피하면서 여래는 '중도中道'를 실현해 왔다. 그것은 보는 힘과 지식을 주며, 평온, 통찰, 깨달음과 열반으로 이끈다. 그러면 중도란 … 무엇인가? 그것은 간단히 줄여서 '거룩한 여덟 부분의 길', 팔정도八正道로 곧 바른 이해(정견正見), 바른 생각(정사유正思惟, 정사正思), 바른 말(정어正語), 바른 행위(정업正業), 바른 생계(정명正命), 바른 노력(정정진正精進, 정근正勤), 바른 마음챙김(정념正念), 바른 정신집중(정정正定)이다. 이것이 여래가 실현한 중도이며, 그것은 보는 힘과 지식을 주며, 평온, 통찰, 깨달음과 열반으로 이끈다."

"'둑카dukkha(괴로움)에 대한 거룩한 진리'는 이렇다. 태어남은 괴로움이고, 늙음도 괴로움이고, 병듦도 괴로움이고 죽음도 괴로움이며, 슬픔과 애통, 아픔, 비탄과 절망은 괴로움이다. 싫어하는 것과 만나는 것은 괴로움이고, 좋아하는 것과 헤어지는 것도 괴로움이며, 원하는 것을 얻지 못하는 것도 괴로움이다. 간단히 말해서 집착하려는 다섯 무더기(오온五蘊)가 괴로움(둑카)이다."

"'둑카의 원인에 대한 거룩한 진리'는 이렇다. 그것은 갈애渴愛(갈망)로, 다시 존재하고 다시 태어나게 하는 것이며, 강렬한 탐욕과 결부되어 있다. 그것은 여기저기서 새로운 즐거움을 찾으니, 곧 감각적 쾌락에 대한 갈애, 존재하고 태어나려는 갈애, 존재하지 않으려는(자기 소멸) 갈애이다."

"'둑카의 소멸에 대한 거룩한 진리'는 이렇다. 그것은 참으로 갈애를 완전히 그치는 것이며, 갈애를 포기하는 것이고, 단념하는 것이며, 갈애에서 해방되는 것이고, 떠나는 것이다."

"'둑카의 소멸로 인도하는 길에 대한 거룩한 진리'는 이렇다. 그것은 간단히 줄여서 '거룩한 여덟 부분의 길(팔정도八正道)'로 곧 바른 이해, 바른 생각, 바른 말, 바른 행위, 바른 생계, 바른 노력, 바른 마음챙김, 바른 정신집중이다."

"'이것이 둑카(괴로움)에 대한 거룩한 진리다.' 이러한 이전에 듣지 못한 법들에 관해 보는 힘과 지식, 지혜와 학문과 빛이 내 안에 생겨났다. '거룩한 진리인 이 둑카는 완전히 이해되어야 한다.' 이러한 이전에 듣지 못한 법들에 관해 보는 힘과 지식, 지혜와 학문과 빛이 내 안에 생겨났다. '거룩한 진리인 이 둑카는 완전히 이해되었다.' 이러한 이전에 듣지 못한 법들에 관해 보는 힘과 지식, 지혜와 학문과 빛이 내 안에 생겨났다."

"'이것이 둑카의 원인에 대한 거룩한 진리다.' 이러한 이전에 듣지 못한 법들에 관해 보는 힘과 …, '거룩한 진리인 이 둑카의 원인은 끊어내야 한다.' 이러한 이전에 듣지 못한 법들에 관해 보는 힘과 …, '거룩한 진리인 이 둑카의 원인을 끊어냈다.' 이러한 이전에 듣지 못한 법들에 관해 보는 힘과 ….'"

"'이것이 둑카의 소멸에 대한 거룩한 진리다.' 이러한 이전에 듣지 못한 법들에 관해 보는 힘과 …, '거룩한 진리인 이 둑카의 소멸을 이루어야 한다.' 이러한 이전에 듣지 못한 법들에 관해 보는 힘과 …, '거룩한 진리인 이 둑카의 소멸을 이루었다.' 이러한 이전에 듣지 못한 법들에 관해 보는 힘과 ….'"

"'이것이 둑카의 소멸로 인도하는 길에 대한 거룩한 진리다.' 이러한 이전에 듣지 못한 법들에 관해 보는 힘과 …, '거룩한 진리인 둑카의 소멸로 인도하는 이 길을 따라야(수련해야) 한다.' 이러한 이전에 듣지 못한 법들에 관해 보는 힘과 …, '거룩한 진리인 둑카의 소멸로 인도하는 이 길을 따랐다(수련했다).' 이러한 이전에 듣지 못한 법들에 관해 보는 힘과 지식, 지혜와 학문과 빛이 내 안에 생겨났다.'"

"네 가지 거룩한 진리(사성제四聖諦)에 관한 이 세 가지 측면, 이 열두 가지 방면에서, 진정한 지식에 대한 나의 보는 힘이 완전히 확실해질 때까지는126), 나는 세상의 신들, 악귀(마라魔羅, mara)들과 범천梵天들에게, 세상의 사문沙門들과 바라문婆羅門들에게, 그리고 세상의

---

126) 앞의 네 단락에서 볼 수 있듯이, 네 가지 거룩한 진리 각각과 관련하여 지식에는 세 가지 측면이 있다. 1. 그것이 진리라는 앎(saccā-ñāṇa), 2. 이 진리와 관련

귀족들과 평민들에게, 세상에서 최상의 완전한 깨달음을 얻었다고 주장하지 않았다. 그러나 네 가지 거룩한 진리(사성제四聖諦)에 관한 이 세 가지 측면, 이 열두 가지 방면에서, 진정한 지식에 대한 나의 보는 힘이 완전히 확실해졌을 때, 나는 세상의 신들, 악귀들과 범천들에게, 세상의 사문들과 바라문들에게, 그리고 세상의 귀족들과 평민들에게, 세상에서 최상의 완전한 깨달음을 실현했다고 말했다. 그리고 진정한 지식에 대해 보는 힘이 이와 같이 나에게 생겼다. '내 마음의 해탈은 의심의 여지가 없다. 이것이 마지막 태어남이다. 이제 더 이상 다시 태어남은 없다.'"

이렇게 세존께서 말씀하셨다. 다섯 비구는 고마워했고, 부처님의 말씀에 크게 기뻐했다.

『상윳따 니까야』 56.11

하여 어떤 기능이나 행위가 수행되어야 한다는 앎(kicca-ñāṇa), 그리고 3. 이 진리와 관련된 그 기능이나 행위가 수행되었다는 앎(kata-ñāṇa). 이 세 가지 측면이 네 가지 거룩한 진리 각각에 적용될 때 12가지 방면이 생긴다.

불의 설법
Ādittapariyāya sutta

나는 이렇게 들었노라. 한때 세존께서는 가야Gayā의 가야씨싸 Gayāsīsa에서 일천 명의 비구들과 함께 계셨다. 그곳에서 비구들에게 말씀하시었다.

"비구들이여, 모든 것이 불타고 있다. 그러면 불타고 있는 모든 것은 무엇인가?"

"비구들이여, 눈이 불타고, 눈에 보이는 형체가 불타고, 시각의 알아차림(안식眼識)이 불타고, 시각의 느낌이 불타고, 또한 시각의 느낌 때문에 생긴 감수感受도 즐겁거나, 고통스럽거나, 어느 쪽도 아니건 간에 역시 불탄다. 무엇에 의해 불타고 있는가? 탐욕의 불로, 증오의 불로, 망상의 불로 타오른다. 나는 출생, 늙음, 죽음, 슬픔, 애통, 고통, 비탄, 절망으로 불타고 있다고 말한다."

"귀가 불타고, 소리가 불타고, 청각의 알아차림(이식耳識)이 불타고, 청각의 느낌이 불타고, 또한 청각의 느낌 때문에 생긴 감수感受도 즐겁거나, 고통스럽거나, 어느 쪽도 아니건 간에 역시 불탄다. 무엇에 의해 불타고 있는가? 탐욕의 불로 ….'"

"코가 불타고, 냄새가 불타고, 후각의 알아차림(비식鼻識)이 불타고, 후각의 느낌이 불타고, 또한 후각의 느낌 때문에 생긴 감수感受도 즐겁거나, 고통스럽거나, 어느 쪽도 아니건 간에 역시 불탄다. 무엇에 의해 불타고 있는가? 탐욕의 불로 ….”

"혀가 불타고, 맛이 불타고, 미각의 알아차림(설식舌識)이 불타고, 미각의 느낌이 불타고, 또한 미각의 느낌 때문에 생긴 감수感受도 즐겁거나, 고통스럽거나, 어느 쪽도 아니건 간에 역시 불탄다. 무엇에 의해 불타고 있는가? 탐욕의 불로 ….”

"몸이 불타고, 만질 수 있는 것들이 불타고, 촉각의 알아차림(신식身識)이 불타고, 촉각의 느낌이 불타고, 또한 촉각의 느낌 때문에 생긴 감수感受도 즐겁거나, 고통스럽거나, 어느 쪽도 아니건 간에 역시 불탄다. 무엇에 의해 불타고 있는가? 탐욕의 불로 ….”

"마음이 불타고, 관념 등 마음 대상이 불타고, 마음의 알아차림(의식意識)이 불타고, 마음의 느낌이 불타고, 또한 마음의 느낌 때문에 생긴 감수感受도 즐겁거나, 고통스럽거나, 어느 쪽도 아니건 간에 역시 불탄다. 무엇에 의해 불타고 있는가? 탐욕의 불로, 증오의 불로, 망상의 불로 타오른다. 나는 출생, 늙음, 죽음, 슬픔, 애통, 고통, 비탄, 절망으로 불타고 있다고 말한다.”

"비구들이여, 이와 같이 보는 학식이 있는 거룩한 제자는, 눈에 대해 흔들림이 없어지고, 눈에 보이는 형체에 대해 흔들림이 없어지고, 시각의 알아차림에 대해 흔들림이 없어지고, 시각의 느낌에 대해 흔들림이 없어지고, 또한 즐겁거나, 고통스럽거나, 어느 쪽도 아니건 간에 시각의 느낌 때문에 생긴 감수感受에 대해서도 흔들림이 없어진다. 귀에 대해 흔들림이 없어지고, 소리에 대해 흔들림이 없어지고, …. 코에 대해 흔들림이 없어지고, 냄새에 대해 …. 혀에 대해 흔들림이 없어지고, 맛에 대해 …. 몸에 대해 흔들림이 없어지고, 만질 수 있는 것에 대해 …. 마음에 대해 흔들림이 없어지고, 관념 등 마음 대상에 대해 흔들림이 없어지고, 마음의 알아차림에 대해 흔들림이 없어지고, 마음의 느낌에 대해 흔들림이 없어지고, 또한 즐겁거나, 고통스럽거나, 어느 쪽도 아니건 간에 마음의 느낌 때문에 생긴 감수感受에 대해서도 흔들림이 없어진다."

"흔들림이 없어지면 집착을 여의게 된다. 집착을 여의면 해탈한다. 해탈하면 자신이 해탈하였음을 알게 된다. '태어남은 끝났고, 거룩한 삶을 살아왔으며, 해야 할 일을 다 하였고, 이번 생에서 해야 할 일은 더 이상 남아 있지 않다.'라고 그는 알게 된다."

이렇게 세존께서 말씀하셨다. 비구들은 고마워했고, 부처님의 말씀에 크게 기뻐했다.

이 설법을 듣는 동안, 그 천 명의 비구들의 마음은 집착을 여의고 더러움과 번뇌에서 벗어났다.

『상윳따 니까야』 35.28

만인에 대한 사랑

자비경慈悲經, Metta sutta

 선善한 일에 능숙한 이와 적정寂靜(열반)의 경지를 얻고자 하는 이는 이렇게 행동해야 한다.
 유능하고, 정직하고, 완전히 정직하고, 상냥하고, 온화하고, 겸손해야 한다.
 만족할 줄 알고, 많은 것을 구하지 않고, 분주하지 않고, 간소하게 살고, 감관은 자제되어 있고, 사려 깊고, 무례하지 않아야 하며, 식솔들에게 탐욕스럽게 집착해서는 안 된다.
 다른 지혜로운 사람들이 비난할 만한 어떠한 사소한 잘못도 저질러서는 안 된다.(그래서 자기 생각을 이렇게 수양해야 한다.)
 모든 중생이 행복하고 근심 없기를, 그들의 마음이 만족하기를.
 살아 있는 존재라면, 연약하든 강하든, 키가 크든 통통하든 중간이든 짧든, 작든 커다랗든, 눈에 보이는 것이든 눈으로 볼 수 없는 것이든, 멀리서 살든 가까이 살든, 태어났든 아직 태어나지 않았든, 모든 중생이 예외없이 행복한 마음이기를!
 어느 곳에서든 무엇이든 남을 속이거나 업신여기지 말라. 분노나 악의로 남에게 해를 끼치길 바라지 말라.
 어머니가 자신의 목숨을 걸고서라도 하나뿐인 자식을 지키듯이, 그렇게 모든 중생에 대한 한량없는 사랑의 마음을 길러야 한다.

한없는 사랑의 마음이, 위로, 아래로 건너편으로 온 세상에 어떤 방해도 없이, 어떤 증오도, 어떤 적대감도 없이 널리 퍼지게 하라.

서 있든, 걷든, 앉아 있든, 누워 있든, 깨어 있는 한 이 마음챙김을 유지해야 한다. 이것을 이 생애에서의 '숭고한 경지'라고 말한다.

그릇된 견해에 빠지지 않고, 고결하며 그리고 통찰력을 갖춘 사람은 감각적 욕망에 대한 집착을 버린다. 진실로 그러한 사람은 다시는 자궁子宮 속으로 돌아가지 않는다.

『쑷따니빠따』 1.8

축복
축복경(행복경, 길상경), Mangala sutta

나는 이렇게 들었노라.

한때 세존께서는 싸밧티 근처 제따 숲의 급고독장자給孤獨長者(아나타삔디까Anathapindika)의 사찰(기원정사祇園精舍)에 계셨다. 그때 한밤중에 어떤 신이 제따 숲 전체를 비추는 휘황찬란한 광채를 내며 세존 앞에 나타나서 가까이 다가와 공손히 예배하고 한쪽에 섰다. 그렇게 선 채 운율을 띤 말로 세존께 여쭈었다.

"행복을 열망하는 많은 신과 인간은 축복에 대해 깊이 생각해 왔습니다. 간절히 기원하오니, 으뜸가는 축복을 말씀해 주십시오!"

"어리석은 자들을 가까이하지 말고, 지혜로운 이와 어울리며, 존경받을 만한 사람들을 존경하는 것, 이것이 으뜸가는 축복입니다.

알맞은 곳에 살고, 일찍이 공덕을 쌓았으며, 스스로 바른 처신을 하도록 노력하는 것, 이것이 으뜸가는 축복입니다.

기술을 많이 익히고, 학문을 깊이 있게 연마하며, 상냥한 말씀씨를 갖는 것, 이것이 으뜸가는 축복입니다.

부모님을 섬기고, 아내와 자녀를 소중히 여기며, 평온한 업무에 종사하는 것, 이것이 으뜸가는 축복입니다.

관대하게 베풀고, 행실을 바르게 하며, 친족을 돕고, 비난받지 않게 행동하는 것, 이것이 으뜸가는 축복입니다.

악행을 그치고 멀리하며, 술을 절제하고, 덕행을 위해 애쓰는 것, 이것이 으뜸가는 축복입니다.

존경, 겸손, 만족, 감사, 그리고 때에 맞추어 진리의 가르침을 듣는 것, 이것이 으뜸가는 축복입니다.

인내, 공순恭順, 성스러운 사람인 사문沙門을 만나는 것, 그리고 적절한 때에 법담法談을 나누는 것, 이것이 으뜸가는 축복입니다.

자제自制, 경건한 삶, 거룩한 진리에 대한 깨달음, 열반의 실현, 이것이 으뜸가는 축복입니다.

마음이, 슬픔과 오점汚點 없이 단단하며, 속세의 부침浮沈에도 흔들리지 않는다면, 이것이 으뜸가는 축복입니다.

이와 같이 행동하는 사람들은 어디서든 실패하지 않고, 어디에서나 행복을 얻으니 이것이 으뜸가는 축복입니다."

『쑷따니빠따』 2.4

모든 걱정과 근심을 없애 버림
모든 번뇌의 경(일체루경一切漏經), Sabbāsava sutta

나는 이렇게 들었노라. 한때 세존께서는 싸밧티 근처 제따 숲의 급고독장자給孤獨長者(아나타삔디까Anathapindika)의 사찰(기원정사祇園精舍)에 계셨다. 거기서 부처님께서 비구들을 불러서 "비구들이여"라고 말씀하시자, 비구들은 "공경하는 스승이시여"라고 대답하였다. 세존께서는 다음과 같이 말씀하셨다.

"비구들이여, 나는 그대들에게 모든 걱정과 근심을 방지하는 방법을 자세히 풀이하겠노라. 잘 듣고 성찰하도록 하여라. 내가 너희에게 말하리라." "예, 공경하는 스승이시여." 비구들은 세존께 대답하였다.

세존께서는 다음과 같이 말씀하셨다.

"비구들이여, 나는 걱정과 근심을 없애는 것은, 알고 보는 자는 가능하지만, 알지 못하고 보지 못하는 자는 가능하지 않다고 말한다. 걱정과 근심을 없앨 수 있기 위해 무엇을 알고 보아야 하는가? 지혜로운 숙고熟考(깊이 생각함)와 어리석은 숙고이다. 어리석게 깊이 생각하는 사람에게는 아직 생기지 않았던 걱정과 근심이 생겨나며, 게다가 이미 생겨난 걱정과 근심은 더 늘어난다. 그러나 지혜롭게 깊이 생각하는 사람에게는 아직 생기지 않았던 걱정과 근심은 생겨나지 않으며, 게다가 이미 생겨난 걱정과 근심은 사라진다.

비구들이여, (1) 통찰로 없애야 할 걱정과 근심이 있다. (2) 삼가기로 없애야 할 걱정과 근심이 있다. (3) 활용으로 없애야 할 걱정과 근심이 있다. (4) 감내堪耐(어려움을 참고 버티어 이겨 냄)로 없애야 할 걱정과 근심이 있다. (5) 회피로 없애야 할 걱정과 근심이 있다. (6) 흩어 없어지게 함으로써 없애야 할 걱정과 근심이 있다. (7) 수양修養으로 없애야 할 걱정과 근심이 있다.

(1) 비구들이여, 통찰로 없애야 할 걱정과 근심은 무엇인가?
거룩한 이들을 알지 못하고 거룩한 이들의 가르침에 정통하지 않으며 거룩한 이들의 가르침 아래 교육받지 못한, 훌륭한 사람들을 알지 못하고 훌륭한 사람들의 가르침에 정통하지 않으며 훌륭한 사람들의 가르침 아래 교육받지 못한, 배우지 못한 평범한 사람은 어떤 것을 깊이 생각해야 하고 어떤 것을 깊이 생각하지 말아야 하는지 모른다. 깊이 생각해야 할 것과 깊이 생각하지 말아야 할 것을 알지 못하기 때문에, 깊이 생각하지 말아야 할 것을 깊이 생각하고, 깊이 생각해야 할 것을 깊이 생각하지 않는다.

자 비구들이여, 깊이 생각하지 말아야 할 것들이지만 배우지 못한 평범한 사람은 깊이 생각하는 것들은 무엇인가? 만일 어떤 것들을 깊이 생각하는 사람에게, 아직 생기지 않은 감각적 쾌락이라는 번뇌가 생겨나고, 게다가 그에게 이미 생겨난 감각적 쾌락이라는 번뇌가 늘어난다면, 아직 생기지 않은 존재와 태어남에 대한 탐욕이라는 번뇌가 …, 아직 생기지 않은 무명無明이라는 번뇌가 생겨나고, 게다가 그에게 이미 생겨난 무명이라는 번뇌가 늘어난다면, 그러면 이런 것들은 깊이 생각하지 말아야 할 것들이지만, 그는 그것을 깊이 생각한다.

비구들이여, 깊이 생각해야 할 것들이지만 배우지 못한 평범한 사람은 깊이 생각하지 않는 것들은 무엇인가? 만일 어떤 것들을 깊이 생각하는 사람에게, 아직 생기지 않은 감각적 쾌락이라는 번뇌가 생겨나지 않고, 게다가 그에게 이미 생겨난 감각적 쾌락이라는 번뇌가 사라진다면, 아직 생기지 않은 존재와 태어남에 대한 탐욕이라는 번뇌가 …, 아직 생기지 않은 무명이라는 번뇌가 생겨나지 않고, 게다가 그에게 이미 생겨난 무명이라는 번뇌가 사라진다면, 이런 것들은 깊이 생각해야 할 것들이지만, 그는 그것을 깊이 생각하지 않는다.

깊이 생각하지 말아야 할 것들을 깊이 생각함으로써, 깊이 생각해야 할 것들을 깊이 생각하지 않음으로써, 아직 일어나지 않은 번뇌가 생겨나고, 이미 생겨난 번뇌가 늘어난다. 그리고 미련하게도 쓸데없이 이런 식으로 깊이 생각한다.

1. 나는 과거세에 존재했을까?
2. 나는 과거세에 존재하지 않았을까?
3. 나는 과거세에 무엇이었을까?
4. 나는 과거세에 어떻게 지냈을까?
5. 나는 과거세에 무엇이었다가 무엇으로 변했을까?
6. 나는 미래세에 존재할까?
7. 나는 미래세에 존재하지 않을까?
8. 나는 미래세에 무엇이 될까?
9. 나는 미래세에 어떻게 지낼까?
10. 나는 미래세에 무엇이었다가 무엇으로 변할까?

또는 지금 현세의 자기 자신에 대해 의심한다.
11. 나는 있는가?
12. 나는 없는가?
13. 나는 무엇인가?
14. 나는 어떻게 있는가?
15. 이 존재는 어디서 왔는가?
16. 이 존재는 어디로 가는가?

이런 식으로 어리석게 깊이 생각하면, 여섯 가지 틀린 견해 가운데 하나가 생겨난다.
1. 나는 자아를 가지고 있다: 이 견해가 참되고 진실인 것처럼 생겨난다.
2. 나는 자아가 없다: 이 견해가 참되고 진실인 것처럼 생겨난다.
3. 나는 자아에 의해 자아를 인식한다: 이 견해가 참되고 진실인 것처럼 생겨난다.
4. 나는 자아에 의해 무아(자아의 부재)를 인식한다: 이 견해가 참되고 진실인 것처럼 생겨난다.
5. 나는 무아에 의해 자아를 인식한다: 이 견해가 참되고 진실인 것처럼 생겨난다.
6. 또는 말하고 느끼며, 지금 여기저기서 선하거나 악한 행위의 과보를 경험하는 이 나의 자아는, 영구적이고 안정적이며 영원하고 변하지 않으며 언제까지나 그대로 남아 있다: 이런 잘못된 견해가 그에게 생겨난다.

비구들이여, 이것을 견해에 얽혀 말려듦, 견해의 정글, 견해의 광야, 견해에서의 난투, 견해의 격동(발버둥), 견해의 족쇄라고 한다. 비구들이여, 견해의 족쇄에 묶여 있는 배우지 못한 평범한 사람은 태어남, 늙음과 죽음, 슬픔, 애통, 고통, 비탄, 절망에서 벗어나지 못한다. 나는 괴로움 즉 둑카dukkha에서 벗어나지 못한다고 말한다.

그리고 비구들이여, 거룩한 이들을 알아보고 거룩한 이들의 가르침에 정통하며 거룩한 이들의 가르침 아래 교육받은, 훌륭한 사람들을 알아보고 훌륭한 사람들의 가르침에 정통하며 훌륭한 사람들의 가르침 아래 교육받은, 배운 바 있는 고매한 제자는 어떤 것을 깊이 생각해야 하고 어떤 것을 깊이 생각하지 말아야 하는지 안다. 깊이 생각해야 할 것과 깊이 생각하지 말아야 할 것을 알기 때문에, 깊이 생각하지 말아야 할 것은 깊이 생각하지 않고, 깊이 생각해야 할 것은 깊이 생각한다.

자 비구들이여, 깊이 생각하지 말아야 할 것들이어서, 배운 바 있는 고매한 제자는 깊이 생각하지 않는 것들은 무엇인가? 만일 어떤 것들을 깊이 생각하는 사람에게, 아직 생기지 않은 감각적 쾌락이라는 번뇌가 생겨나고, 게다가 그에게 이미 생겨난 감각적 쾌락이라는 번뇌가 늘어난다면, 아직 생기지 않은 존재와 태어남에 대한 탐욕이라는 번뇌가 …, 아직 생기지 않은 무명이라는 번뇌가 생겨나고, 게다가 그에게 이미 생겨난 무명이라는 번뇌가 늘어난다면, 그러면 이런 것들은 깊이 생각하지 말아야 할 것들이고, 그는 그것을 깊이 생각하지 않는다.

비구들이여, 깊이 생각해야 할 것들이어서, 배운 바 있는 고매한 제자가 깊이 생각하는 것들은 무엇인가? 만일 어떤 것들을 깊이 생각하는 사람에게, 아직 생기지 않은 감각적 쾌락이라는 번뇌가 생겨나지 않고, 게다가 그에게 이미 생겨난 감각적 쾌락이라는 번뇌가 사라진다면, 아직 생기지 않은 존재와 태어남에 대한 탐욕이라는 번뇌가 …, 아직 생기지 않은 무명이라는 번뇌가 생겨나지 않고, 게다가 그에게 이미 생겨난 무명이라는 번뇌가 사라진다면, 이런 것들은 깊이 생각해야 할 것들이고, 그는 그것을 깊이 생각한다.

깊이 생각하지 말아야 할 것들을 깊이 생각하지 않음으로써, 깊이 생각해야 할 것들을 깊이 생각함으로써, 아직 일어나지 않은 번뇌가 생겨나지 않고, 게다가 이미 생겨난 번뇌가 사라진다. 그리고 그는 '이것이 둑카 즉 괴로움이다.'라고 지혜롭게 깊이 생각한다. 그는 '이것이 둑카의 기원 즉 원인이다.'라고 지혜롭게 깊이 생각한다. 그는 '이것이 둑카의 소멸이다.'라고 지혜롭게 깊이 생각한다. 그는 '이것이 둑카의 소멸로 이끄는 길이다.'라고 지혜롭게 깊이 생각한다. 그가 이런 식으로 지혜롭게 깊이 생각하면 세 가지 족쇄, 즉 잘못된 자아관념, 회의적인 의심, 종교적 계율과 의례에 대한 집착이 그에게서 떨어져 나간다. 비구들이여, 이를 일러 통찰로 없애야 할 근심 즉 번뇌나 족쇄라고 한다.

(2) 비구들이여, 삼가기로 없애야 할 걱정과 근심은 무엇인가?

비구들이여, 지혜롭게 깊이 생각하는 비구는 눈을 삼가며, 즉 조심하여 단속하며 산다. 그런데 눈을 삼가지 않고 사는 이에게는 근심, 괴로움과 고통이 뭐라도 있지만, 이렇게 눈을 삼가며 사는 이에게는 그러한 근심, 괴로움과 고통이 없다.

지혜롭게 깊이 생각하는 그는 귀를 삼가며 살고 …, 코를 삼가며 …, 혀를 …, 몸을 …, 마음을 삼가며 산다. 그런데 마음을 삼가지 않고 살면 근심, 괴로움과 고통이 뭐라도 있지만, 이렇게 마음을 삼가며 사는 이에게는 그러한 근심, 괴로움과 고통이 없다. 비구들이여, 이를 일러 삼가기로 없애야 할 걱정과 근심이라고 한다.

(3) 비구들이여, 활용으로 없애야 할 걱정과 근심은 무엇인가?

비구들이여, 지혜롭게 깊이 생각하는 비구는 단지 추위를 막고, 더위를 피하고, 말파리, 모기, 바람, 뙤약볕과 기어다니는 생물들을 막고 그리고 자신을 단정하게 가리기 위해 자신의 가사袈裟를 활용한다. 지혜롭게 깊이 생각하는 그는 음식을 활용하니, 맛을 즐기기 위해서도 아니고 폭식하거나 취하기 위해서도 아니며, 아름다움을 위해서도 아니고 치장을 위해서도 아니며, 단지 이 몸을 지탱하고 유지하여, 건강을 해치거나 쇠약해지지 않고 거룩한 수행의 삶을 돕기 위함이다. 이와 같이 음식을 활용하여, 나는 이미 있는 괴로움과 배고픔의 느낌을 없애고, 배부름 따위의 새로운 느낌이 일어나게 하지 않을 것이며, 내 삶은 떳떳하고 죄 없이 편리함 속에 머문다고 생각한다. 지혜롭게 깊이 생각하는 그는 거처를 활용하니, 단지 추위를 막고, 더위를 피하고, 말파리, 모기, 바람, 뙤약볕과 기어다니는 생물들을 막고, 우기와 같은 절기의 위험을 없애고 그리고 은둔隱遁을 즐기기 위함이다. 지혜롭게 깊이 생각하는 그는 약품과 의학적 물품을 활용하니, 단지 생기는 통증과 질병을 없애고 건강을 유지하기 위해서이다. 비구들이여, 이런 것들 가운데 어느 것이라도 활용하지 않으면 근심, 괴로움과 고통이 뭐라도 있지만, 이렇게 활용하는 이에게는 그러한 근심, 괴로움과 고통이 없다. 비구들이여, 이를 일러 활용으로 없애야 할 걱정과 근심이라고 한다.

(4) 비구들이여, 감내堪耐로 없애야 할 걱정과 근심은 무엇인가?

비구들이여, 지혜롭게 깊이 생각하는 비구는, 추위와 더위, 배고픔과 목마름을 견디며, 말파리, 모기, 바람, 뙤약볕과 기어다니는 생물들, 욕설과 상처가 되는 말을 참아내며, 고통스럽고 날카롭고 예리하고 가혹하고 불쾌하고 거슬리며 견딜 수 없는 몸의 느낌을 감내하는 데 익숙해지게 된다. 비구들이여, 이런 것들 가운데 어느 것이라도 감내하지 않으면 근심, 괴로움과 고통이 뭐라도 있지만, 이렇게 이런 것들을 감내하는 이에게는 그러한 근심, 괴로움과 고통이 없다. 비구들이여, 이를 일러 감내로 없애야 할 걱정과 근심이라고 한다.

(5) 비구들이여, 회피로 없애야 할 걱정과 근심은 무엇인가?

비구들이여, 지혜롭게 깊이 생각하는 비구는, 사나운 코끼리, 사나운 말, 사나운 황소, 사나운 개를 피하고, 뱀, 나무의 그루터기, 가시가 많은 울타리, 구덩이, 벼랑, 오물 웅덩이나 더러운 못을 피한다. 지혜롭게 깊이 생각하는 그는 또한 그러한 부적절한 자리에 앉거나, 그런 부적절한 행락지에 자주 드나드는 것을 피하며, 거룩한 수행의 삶을 사는 분별 있는 동료들이 그가 타락했다고 판단하게 할만한 나쁜 친구들과의 어울림을 피한다. 비구들이여, 이런 것들 가운데 어느 것이라도 회피하지 않으면 근심, 괴로움과 고통이 뭐라도 있지만, 이렇게 이런 것들을 회피하는 이에게는 그러한 근심, 괴로움과 고통이 없다. 비구들이여, 이를 일러 회피로 없애야 할 걱정과 근심이라고 한다.

(6) 비구들이여, 흩어 없어지게 함으로써 없애야 할 걱정과 근심은 무엇인가?

비구들이여, 지혜롭게 깊이 생각하는 비구는, 자신에게 생겨난 감각적 쾌락에 매인 생각을 용납하지 않고, 거부하고 버리고 파괴하고 소멸시키며, 자신에게 생겨난 악의에 찬 생각을 용납하지 않고, ···, 자신에게 생겨난 폭력적 생각을 용납하지 않고, ···, 자신에게 생겨난 사악하고 나쁜 생각은 무엇이든 용납하지 않고, 거부하고 버리고 파괴하고 소멸시킨다. 비구들이여, 이런 것들 가운데 어느 것이라도 흩어 없어지게 하지 않으면 근심, 괴로움과 고통이 뭐라도 있지만, 이렇게 이런 것들을 흩어 없어지게 하는 이에게는 그러한 근심, 괴로움과 고통이 없다. 비구들이여, 이를 일러 흩어 없어지게 함으로써 없애야 할 걱정과 근심이라고 한다.

(7) 비구들이여, 수양Bhāvanā으로 없애야 할 걱정과 근심은 무엇인가?

비구들이여, 지혜롭게 깊이 생각하는 비구는, 초탈超脫, 초연함, 그침과 연관되어 있고, 내려놓음에 이르는, 깨달음의 한 요소인 '마음챙김'을 수양한다. 지혜롭게 깊이 생각하는 그는, ···, 깨달음의 한 요소인 '법dhamma(진리, 교리)에 대한 탐구'를 수양한다. ···, 깨달음의 한 요소인 '근기根氣'를···. ···, 깨달음의 한 요소인 '기쁨'을···. ···, 깨달음의 한 요소인 '고요 즉 이완'을···. ···, 깨달음의 한 요소인 '정신집중 즉 삼매三昧'를···. ···, 초탈, 초연함, 그침과 연관되어 있고, 내려놓음에 이르는, 깨달음의 한 요소인 '평정平靜'을 수양한다. 비구들이여, 이런 것들 가운데 어느 것이라도 수양하지 않으면 근심,

괴로움과 고통이 뭐라도 있지만, 이렇게 이런 것들을 수양하는 이에게는 그러한 근심, 괴로움과 고통이 없다. 비구들이여, 이를 일러 수양으로 없애야 할 걱정과 근심이라고 한다.

비구들이여, 어느 비구가 통찰로 없앨 수 있는 걱정과 근심을 통찰로 없앴고, 삼가기로 없앨 수 있는 걱정과 근심을 삼가기로 없앴고, 활용으로 없앨 수 있는 걱정과 근심을 활용으로 없앴고, 감내로 없앨 수 있는 걱정과 근심을 감내로 없앴고, 회피로 없앨 수 있는 걱정과 근심을 회피로 없앴고, 흩어 없어지게 함으로써 없앨 수 있는 걱정과 근심을 흩어 없어지게 함으로써 없앴고, 수양으로 없앨 수 있는 걱정과 근심을 수양으로 없앴다. 비구들이여, 이 비구는 모든 걱정과 근심을 방지했다고 일컬어진다. 그는 갈애를 끊었고, 그의 족쇄를 부수었으며, 그릇된 자존심을 헤아려 괴로움을 끝냈다."

세존께서 이렇게 말씀하셨다. 비구들은 마음으로 기뻐하며 세존의 말씀에 즐거워하였다.

『맛지마 니까야』 No. 2

옷감 조각의 비유
옷감의 비유경(포유경布喩經), Vatthupama sutta

(요약)

나는 이렇게 들었노라. 한때 세존께서는 싸밧티 근처 제따 숲의 급고독장자給孤獨長者(아나타삔디까Anathapindika)의 사찰(기원정사祇園精舍)에 계셨다. 거기서 세존께서 비구들을 불러서 "비구들이여"라고 말씀하시자, 비구들은 "공경하는 스승이시여"라고 대답하였다. 세존께서는 다음과 같이 말씀하셨다.

"때 묻고 더러워진 옷감 조각은, 천을 다듬는 직공이 파란색, 노란색, 빨간색 또는 분홍색의 온갖 색깔 중 어느 염료에 적셔도 여전히 형편없고 더러운 색일 것이다. 왜 그럴까? 옷감이 깨끗하지 않기 때문이다. 그와 같이 비구들이여, 마음이 깨끗하지 못하면 앞으로의 삶이 틀림없이 나쁠 것으로 예견된다.

완전히 깨끗한 옷감 조각은, 천을 다듬는 직공이 파란색, 노란색, 빨간색 또는 분홍색의 온갖 색깔 중 어느 염료에 적시든지 아름답고 깨끗한 색이 될 것이다. 왜 그럴까? 옷감이 깨끗하기 때문이다. 그와 같이 비구들이여, 마음이 깨끗하면 앞으로의 삶이 틀림없이 좋을 것으로 예견된다.

자, 무엇이 마음의 때인가? 탐욕 즉 지나친 욕망이 마음의 때고, 증오가 …, 분노가 …, 원한이 …, 위선이 …, 악의가 …, 질투가 …, 허욕이 …, 속임수가 …, 사기가 …, 고집이 …, 오만이 …, 자부심이

…, 거만이 …, 자만이 …, 게으름이 마음의 때다.

비구들이여, 탐욕 즉 지나친 욕망이 마음의 때라는 것을 아는 비구는 그것을 버리며, 증오가 …, 분노가 …, 원한이 …, 위선이 …, 악의가 …, 질투가 …, 허욕이 …, 속임수가 …, 사기가 …, 고집이 …, 오만이 …, 자부심이 …, 거만이 …, 자만이 …, 게으름이 마음의 때라는 것을 아는 비구는 그것을 버린다. 비구들이여, 그 비구가 탐욕 즉 지나친 욕망이 마음의 때라는 것을 알고 버리면, 증오가 …, 분노가 …, 원한이 …, 위선이 …, 악의가 …, 질투가 …, 허욕이 …, 속임수가 …, 사기가 …, 고집이 …, 오만이 …, 자부심이 …, 거만이 …, 자만이 …, 게으름이 마음의 때라는 것을 알고 버리면, 그는 깨달은 분에 대하여 '세존께서는 귀한 분(응공應供)이시고, 완전히 깨달은 분(정변지正遍知)이시며, 지식과 선덕善德을 부여받은 분(명행족明行足)이시며, 복된 분(선서善逝)이시며, 세간을 잘 알고 계신 분(세간해世間解)이시며, 위없는 분이시며(무상사無上士), 사람을 잘 길들이는 분(조어장부調御丈夫)이시며, 천신과 인간의 스승(천인사天人師)이시며, 깨우친 분(불佛)이시고 신성한 분(세존世尊)이시다.'라는 것을 알고 청정清淨한 기쁨(만족)을 얻는다. 그는 가르침(법法, dhamma)에 대하여, '법은 세존에 의해 훌륭하게 설해졌고, 현세에서 깨달을 수 있고, 즉시 성과를 내고, 와서 보라고 권해지고, 목표한 바 즉 열반으로 이끌며, 지혜로운 사람들이 각자 스스로 이해해야만 한다.'라는 것을 알고 청정한 기쁨을 얻는다. 그는 제자들의 공동체 즉 승가僧伽에 대하여, '세존의 제자들의 공동체는 선한 행실을 하고, 올바르고, 지혜롭고, 충실하다. 세존의 제자들의 공동체, 즉 네 쌍의 위격位格, 여덟 부류의 무리는127) 공양받아 마땅하고, 환대받아 마땅하고, 보시받아 마땅하고,

정중한 절을 받아 마땅하며, 위없는 공덕의 밭이다.'라는 것을 알고 청정한 기쁨을 얻는다.

마지막으로, 마음의 때를 폐기하고, 토해내고, 배출하고, 버리고, 그리고 부처님과 법法과 승가僧伽에서 청정한 기쁨을 얻으면, 통찰과 진리의 느낌을 접하고 진리로 인한 즐거움을 성취한다. 사람이 즐거우면 기쁨이 생겨나고, 마음이 기쁘면 몸이 이완되고, 몸이 이완되면 행복을 느끼고, 행복한 사람의 마음은 집중되어 삼매에 든다.

선덕善德과 정신 수양과 지혜에서 이 경지에 도달한 비구는, 가장 좋은 쌀과 갖가지 소스와 카레를 탁발해 먹더라도 신성한 생활에 장애가 되지 않는다. 때 묻고 더러워진 옷을 맑은 물에 빨면 때 없이 깨끗해지는 것처럼, 금을 용광로로 제련하면 불순물 없이 깨끗해지는 것처럼. 그와 같이 선덕과 정신 수양과 지혜에서 이 경지에 도달한 비구는, 가장 좋은 쌀과 갖가지 소스와 카레를 탁발해 먹더라도 그에게 해가 되지 않는다.

그는 자애로운 마음, 연민하는 마음, 동정하는 마음과 평정한 생

---

127) 네 쌍의 위격位格 즉 사쌍팔배四雙八輩는 깨달음을 얻어 성자가 된 부처님의 제자를 4가지 목표별 수행 단계(사향四向 또는 사도四道) 및 도달 경지(사과四果)로 나눈 것이다. 즉 수다원須陀洹Sotāpatti-예류預流(성자의 영원한 평안함의 흐름에 들어간 자), 사다함斯陀含Sakadāgāmi-일래一來(한 번만 욕계欲界로 돌아오는 자), 아나함阿那含Anāgāmī-불환不還(욕계欲界로 결코 돌아오지 않는 자), 아라한阿羅漢Arahatta-응공應供(공양과 존경을 받을 만한 가치가 있는 자)으로 구성되어 있다. 각 목표별 수행 단계에 있는 사람과 네 부류의 성자의 경지에 이른 사람은 한 번은 같아지므로 한 쌍으로 간주된다. 따라서 네 쌍의 위격이다. 그리고 각 쌍의 두 사람을 따로 생각하면, 여덟 부류의 무리가 된다.

각을 세상의 1/4에 가득 차게 하고, 두 번째, 세 번째, 네 번째 사분면과 위로, 아래로, 가로질러서, 모든 곳에 역시 가득 차게 한다. 그리하여 광대하고 끝이 없는, 증오도 없고 악의도 없는, 모든 것을 포용하는 마음으로 환하게 빛나는 생각을 온 세상에 충만하게 한다.

그리고 그는 안다. '이것이 있고, 더 저열한 경지가 있고, 더 훌륭한 경지가 있다. 해탈은 이러한 인식의 영역 너머에 있다.' 그가 이것을 알고 볼 때, 그의 마음은 감각적 쾌락에 매인 번뇌, 계속해서 존재하고자 하는 탐욕이라는 번뇌와 무명이라는 번뇌에서 벗어나게 된다. 해탈될 때, 그가 해탈되었다는 것을 알게 된다. 그러면 그는 '태어남은 끝났고, 거룩한 삶을 살았으며, 해야 할 일은 다 했고, 이번 생에서 할 일은 더 이상 없다.'는 것을 안다. 비구들이여, 이런 비구를 속으로 목욕 했다고 한다."

그런데 이때 가까이 앉아 있던 쑨다리까-바라드바자Sundarika-Bhāradvāja 바라문이 세존께 여쭈었다. "고따마Gotama 존자께서는 바후까Bhāhukā강으로 목욕하러 가십니까?"

"바라문이여, 바후까강이 무슨 의미가 있습니까? 바후까강이 무엇을 해줍니까?"

"고따마 존자여, 많은 사람들은 바후까강이 정화淨化해 준다고 생각하며, 신성한 곳으로 여깁니다. 많은 사람들이 바후까강에서 죄를 씻어냅니다."

그러자 세존께서는 쑨다리까-바라드바자 바라문에게 게송偈頌으로 말씀하셨다.

"바후까Bhāhukā에 그리고 아디깍까Adhikakka,

가야Gaya, 쑨다리까Sundarika, 싸랏싸띠Sarassati,
빠야가Payāga, 바후마띠Bāhumati에
나쁜 짓을 하는 어리석은 이들이
날마다 뛰어들지만 그래도 정화되지는 않는다네.
쑨다리까, 빠야가나 바후마띠가 무엇을 할 수 있나?
강물이 증오와 악을 행한 사람과 그 죄업을 씻어내 주지 않네.
마음이 청정한 사람에게는
나날이 상서祥瑞롭고, 나날이 신성하네.
죄업을 씻고 청정한 행위를 하려면 항상 계율을 지켜가야 하리.
그러니 바라문이여, 이리 와서 여기서 목욕하라.
살아 있는 모든 것을 사랑하라.
거짓말하지 않고, 생명을 해치지 않고, 훔치지도 않는다면,
욕심 많은 구두쇠도 아니고 신뢰하며 산다면,
가야 강에 갈 필요가 무엇인가?
당신의 집 우물이 가야인데."

이에 쑨다리까-바라드바자 바라문이 세존께 말했다. "훌륭하십니다, 고따마 존자여, 훌륭하십니다! 마치 뒤집혔던 것을 바로 세우듯, 감춰져 있던 것을 드러내듯, 길을 잃은 자에게 길을 알려주듯, 눈 있는 자가 볼 수 있도록 어둠 속으로 등불을 가져오듯 하십니다. 이런 식의 여러 가지 방법으로 고따마 존자께서 법을 설하십니다. 저는 고따마 존자께 귀의합니다. 법에 귀의합니다. 그리고 승가에 귀의합니다. 저는 승단僧團에 입회하고 고따마 존자에게 출가하여 비구 고등 서품을 받고자 합니다."

쑨다리까-바라드바자 바라문은 승단에 입회하고 고등 서품을 받았다. 고등 서품을 받은 지 얼마 지나지 않아 바라드바자 존자는 홀로 초연히 불굴의 의지로 열렬히 단호하게 정진하며 지냈다. 그리하여 일반 가정의 아들들이 출가하며 추구하는, 비할 데 없는 경지, 거룩한 삶의 궁극적인 목표를 이루고 살았다. 그리고 심오한 지식을 통해 '태어남은 끝났고, 거룩한 삶을 살아왔으며, 해야 할 일을 다 하였고, 이번 생에서 해야 할 일은 더 이상 남아 있지 않다.'라고 알게 되었다. 이렇게 해서 바라드바자 존자도 아라한의 한 사람이 되었다.

『맛지마 니까야』 No.7

마음챙김의 확립
염처경念處經, Satipaṭṭhāna sutta

(요약)

나는 이렇게 들었노라. 한때 세존께서는 꾸루Kuru족의 상업지구인 깜맛싸담마Kammassadamma에서 꾸루족과 함께 머물고 계셨다. 거기서 세존께서 비구들을 불러서 다음과 같이 말씀하셨다.

"비구들이여, 중생들을 청정하게 하고, 슬픔과 비탄을 극복하게 하고, 고통과 비애를 타파하게 하고, 올바른 길에 이르게 하고, 열반을 성취하게 하는 유일한 길은 곧 네 가지 형태의 마음챙김(알아차림)의 확립이다. 무엇이 네 가지인가?

자 열심히 정진하고, 사물을 명확하게 이해하며, 마음챙김을 하는, 비구는 몸의 활동을 주시注視하며, 세상에 대한 몸의 탐욕과 혐오를 극복하면서 지낸다. … 느낌의 활동을 주시하며, 세상에 대한 느낌의 탐욕과 혐오를 극복하면서 지낸다. … 마음의 활동을 주시하며, 세상에 대한 마음의 탐욕과 혐오를 극복하면서 지낸다. … 마음 대상(관념, 생각, 법 등)의 활동을 주시하며, 세상에 대한 마음 대상의 탐욕과 혐오를 극복하면서 지낸다.

I. 몸

그러면 비구는 어떻게 몸의 활동을 주시하며 지내는가?

1. 호흡

자 비구들이여, 비구는 숲속이나 나무 밑 또는 인적이 없는 곳에 가서 가부좌를 틀고 상체를 똑바로 세우고 마음챙김을 빈틈없이 유지하며 앉는다.

그는 늘 마음을 챙기며 숨을 들이마시고, 늘 마음을 챙기며 내쉰다. 긴 숨을 들이마시면서 그는 '나는 길게 숨을 들이마시고 있다.'는 것을 알아차린다. 긴 숨을 내쉬면 '나는 길게 숨을 내쉬고 있다.'는 것을 알아차린다. 짧은 숨을 들이마시면 그는 '나는 짧게 숨을 들이마시고 있다.'는 것을 알아차린다. 짧은 숨을 내쉬면 그는 '나는 짧게 숨을 내쉬고 있다.'는 것을 알아차린다.

'호흡하는 몸을 완전히 느끼면서 나는 숨을 들이마실 것이다.' 그렇게 그는 자신을 수련한다. '호흡하는 몸을 완전히 느끼면서 나는 숨을 내쉴 것이다.' 그렇게 그는 자신을 수련한다. '호흡하는 몸의 움직임을 고요하게 하면서 나는 숨을 들이마실 것이다.' 그렇게 그는 자신을 수련한다. '호흡하는 몸의 움직임을 고요하게 하면서 나는 숨을 내쉴 것이다.' 그렇게 그는 자신을 수련한다.

이처럼 그는 안으로 몸의 활동을 주시하며 지내거나, 밖으로 …, 또는 안팎으로 … 지낸다. 그는 또한 몸의 생겨나는 요소나 몸의 사라지는 요소나 몸의 생겨나고 사라지는 요소를 주시하며 지낸다. 즉 몸이 있다는 것을 알고 알아차리는 데 필요한 정도까지만 그의 마음챙김을 확고히 하며, 그는 집착하지 않고 지내고 세상의 아무것에도 매달리지 않는다. 이와 같이 비구들이여, 비구는 몸의 활동을 주시하며 지낸다.

2. 몸의 자세
또 비구들이여, 비구는 자기가 가고 있을 때 '나는 가고 있다.'는 것을 알아차린다. 그는 자기가 서 있을 때 '내가 서 있다.'는 것을 알아차린다. 그는 자기가 앉아 있을 때, '내가 앉아 있다.'는 것을 알아차린다. 그는 자기가 누워 있을 때 '내가 누워 있다.'는 것을 알아차린다. 즉 자신의 몸이 어떻게 놓여 있는지 정확히 알아차린다.
이처럼 안으로 몸의 활동을 주시하며 지내거나, 밖으로 ….

3. 완전히 주의하기
그리고 더 나아가 비구들이여, 비구는 앞으로 나아가거나 돌아올 때도, 똑바로 보거나 눈길을 돌릴 때도, 구부리거나 펼 때도, 가사를 입거나 발우를 지닐 때도, 먹고 마시고 씹고 맛볼 때도, 대소변을 볼 때도, 걷고 서고 앉을 때도, 잠자거나 깨어 있을 때도, 말하거나 침묵할 때도 완전히 주의를 기울인다. 이 모든 일에 그는 완전히 주의를 기울인다.
이와 같이 몸의 활동을 주시하며 지낸다.

4. 몸의 역겨움
또 비구들이여, 비구는 가죽으로 둘러싸여 있으며, 발바닥부터 위로 머리카락 끝까지 여러 가지의 더러운 것으로 가득 찬 바로 이 몸에 대해 곰곰이 생각하여, '이 몸에는 머리털, 몸의 털, 손발톱, 치아, 피부, 살, 힘줄, 뼈, 골수, 콩팥, 염통, 간, 횡격막, 지라, 허파, 창자, 장간막, 위장, 똥, 쓸개즙, 가래, 고름, 피, 땀, 지방, 눈물, 기름, 침, 콧물, 관절활액, 오줌이 있다.'라고 곰곰이 생각한다.

마치 보리, 벼, 녹두, 동부콩, 깨, 쌀 등 여러 종류의 곡물이 가득 담긴 주둥이 둘인 식량 자루가 있는데, 어떤 눈이 성한 사람이 그 자루를 열어서 '이것은 보리, 이것은 벼, 이것은 녹두, 이것은 동부콩, 이것은 깨, 이것은 쌀이다.'라고 생각하는 것처럼. 이와 같이 비구들이여, 비구는 가죽으로 둘러싸여 있으며, 발바닥부터 위로 머리카락 끝까지 여러 가지의 더러운 것으로 가득 찬 바로 이 몸에 대해 곰곰이 생각하여, '이 몸에는 머리털, 몸의 털, 손발톱, 치아, …, 관절활액, 오줌이 있다.'라고 곰곰이 생각한다.

이와 같이 몸의 활동을 주시하며 지낸다.

5. 물질 원소

또 비구들이여, 비구는 바로 이 몸이 물질 원소의 형태로 존재하고 물질 원소의 형태로 구성되어 있다는 것을 생각한다. '이 몸에는 땅(지地) 원소, 물(수水) 원소, 불(화火) 원소, 바람(풍風) 원소가 있다.'라고.

비구들이여, 마치 솜씨 좋은 도축업자나 그의 조수가 소 한 마리를 잡아 부위별로 나누어 사거리에 펼쳐놓는 것같이, 비구는 바로 이 몸이 물질 원소의 형태로 존재하고 물질 원소의 형태로 구성되어 있다는 것을 생각한다. '이 몸에는 땅(지地), 물(수水), 불(화火)과 바람(풍風)이라는 원소가 있다.'라고.

이와 같이 몸의 활동을 주시하며 지낸다.

6. 묘지에서 보는 아홉 가지 대상

(1) 게다가 비구들이여, 비구는 묘지에 버려진 죽은 지 하루나 이틀 또는 사흘 지난 시체가 부풀어 오르고 퍼렇게 되어 부패해 가는 것을 보면서, 그는 이 자각을 자신의 몸에 이렇게 적용한다. '진실로 내 몸도 역시 같은 속성을 지니고 있으니, 이렇게 될 것이며, 이를 피할 수는 없을 것이다.'라고.

이와 같이 몸의 활동을 주시하며 지낸다.

(2) 또 비구들이여, 비구는 묘지에 버려진 시체가 까마귀, 매, 독수리, 개, 자칼 또는 갖가지 종류의 벌레에게 파 먹히고 있는 것을 보면서, 그는 이 자각을 자신의 몸에 이렇게 적용한다. '진실로 내 몸도 역시 같은 속성을 지니고 있으니, 이렇게 될 것이며, 이를 피할 수는 없을 것이다.'라고.

이와 같이 몸의 활동을 주시하며 지낸다.

(3) 또 비구들이여, 비구는 묘지에 버려진 시체가 힘줄에 의해 서로 지탱하고 있는 약간의 살과 피가 붙어있는 해골로 쇠락한 것을 보면서, ….

(4) 또 비구들이여, 비구는 묘지에 버려진 시체가 힘줄에 의해 서로 지탱하고 있는 피로 얼룩지고 살점 없는 해골로 쇠락한 것을 보면서, ….

(5) 또 비구들이여, 비구는 묘지에 버려진 시체가 힘줄에 의해 서로 지탱하고 있는 살점과 핏자국이 없는 해골로 쇠락한 것을 보면서, ….

(6) 또 비구들이여, 비구는 묘지에 버려진 시체가 뼈마저 분리되어, 여기에 손뼈, 저기에 발뼈, 정강이뼈, 넓적다리뼈, 골반뼈, 척추

뼈, 두개골이 사방으로 흩어져 쇠락한 것을 보면서, ….

(7) 또 비구들이여, 비구는 묘지에 버려진 시체가 조개껍데기 색깔의 백골로 쇠락한 것을 보면서, ….

(8) 또 비구들이여, 비구는 묘지에 버려진 시체가 일 년 이상 지난 뼈 무더기로 쇠락한 것을 보면서, ….

(9) 또 비구들이여, 비구는 묘지에 버려진 시체가 뼈도 삭아 가루로 쇠락한 것을 보면서, 그는 이 자각을 자신의 몸에 이렇게 적용한다. '진실로 내 몸도 역시 같은 속성을 지니고 있으니, 이렇게 될 것이며, 이를 피할 수는 없을 것이다.'라고.

이와 같이 몸의 활동을 주시하며 지낸다.

II. 느낌

비구들이여, 그러면 비구는 어떻게 느낌을 주시하며 지내는가?

자 비구들이여, 비구는 즐거운 느낌을 느끼면 '즐거운 느낌을 느낀다.'고 알아차린다. 괴로운 느낌을 느끼면 '괴로운 느낌을 느낀다.'고 알아차린다. 괴롭지도 즐겁지도 않은 느낌을 느끼면 '괴롭지도 즐겁지도 않은 느낌을 느낀다.'고 알아차린다. 세속적인 즐거운 느낌을 느끼면 '세속적인 즐거운 느낌을 느낀다.'고 알아차린다. 종교적 즐거운 느낌을 느끼면 '종교적 즐거운 느낌을 느낀다.'고 알아차린다. 세속적인 괴로운 느낌을 느끼면 '세속적인 괴로운 느낌을 느낀다.'고 알아차린다. 종교적 괴로운 느낌을 느끼면 '종교적 괴로운 느낌을 느낀다.'고 알아차린다. 세속적인 괴롭지도 즐겁지도 않은 느낌을 느끼면 '세속적인 괴롭지도 즐겁지도 않은 느낌을 느낀다.'고 알아차린다. 종교적 괴롭지도 즐겁지도 않은 느낌을 느끼면 '종교적 괴롭지도 즐겁지도 않은 느낌을 느낀다.'고 알아차린다.

이처럼 그는 안으로 느낌을 주시하며 지내거나, 밖으로 …, 또는 안팎으로 … 지낸다. 그는 또한 느낌의 생겨나는 요소나 느낌의 사라지는 요소나 느낌의 생겨나고 사라지는 요소를 주시하며 지낸다. 즉 느낌이 있다는 것을 알고 알아차리는 데 필요한 정도까지만 그의 마음챙김을 확고히 하며, 그는 집착하지 않고 지내고 세상의 아무것에도 매달리지 않는다. 이와 같이 비구들이여, 비구는 느낌을 주시하며 지낸다.

III. 마음

비구들이여, 그러면 비구는 어떻게 마음을 주시하며 지내는가?

자 비구들이여, 비구는 탐욕이 있는 마음은 탐욕이 있다고 알아차린다. 탐욕이 없는 마음은 탐욕이 없다고 알아차린다. 미움이 있는 마음은 미움이 있다고 알아차린다. 미움이 없는 마음은 미움이 없다고 알아차린다. 어리석음이 있는 마음은 어리석음이 있다고 알아차린다. 어리석음이 없는 마음은 어리석음이 없다고 알아차린다. 움츠러든 마음 상태는 움츠러든 상태라고 알아차린다. 산만한 마음 상태는 산만한 상태라고 알아차린다. 발전된 마음 상태는 발전된 상태라고 알아차린다. 미성숙한 마음 상태는 미성숙한 상태라고 알아차린다. 우월한 어떤 다른 정신 상태를 가진 마음 상태는 정신적으로 우월한 상태라고 알아차린다. 우월한 어떤 다른 정신 상태가 없는 마음 상태는 정신적으로 우월한 것이 없는 상태라고 알아차린다. 집중된 마음 상태는 집중된 상태라고 알아차린다. 집중되지 않은 마음 상태는 집중되지 않은 상태라고 알아차린다. 해탈한 마음 상태는 해탈한 상태라고 알아차린다. 해탈하지 않은 마음 상태는 해탈하지 않은 상태라고 알아차린다.

이처럼 그는 안으로나, 밖으로 또는 안팎으로 마음을 주시하며 지낸다. 그는 또한 마음의 생겨나는 요소나 마음의 사라지는 요소나 마음의 생겨나고 사라지는 요소를 주시하며 지낸다. 즉 마음이 있다는 것을 알고 알아차리는 데 필요한 정도까지만 그의 마음챙김을 확고히 하며, 그는 집착하지 않고 지내고 세상의 아무것에도 매달리지 않는다. 이와 같이 비구들이여, 비구는 마음을 주시하며 지낸다.

IV. 마음 대상

비구들이여, 그러면 비구는 어떻게 마음 대상을 주시하며 지내는가?

다섯 가지 장애물(오개五蓋, 오장애五障礙)
자 비구들이여, 비구는 마음 대상으로서 다섯 가지 장애를 주시하며 지낸다.
비구들이여, 비구는 어떻게 마음 대상으로서 다섯 가지 장애를 주시하며 지내는가?

(1) 자 비구들이여, 비구는 감각적 탐욕이 있을 때 '내게 감각적 탐욕이 있다.'고 알아차리고, 감각적 탐욕이 없을 때 '내게 감각적 탐욕이 없다.'고 알아차린다. 그는 일어나지 않은 감각적 탐욕이 어떻게 해서 일어나는지 알고, 일어난 감각적 탐욕이 어떻게 해서 사라지는지 안다. 그리고 끊어낸 감각적 탐욕이 어떻게 하면 앞으로 다시 일어나지 않게 되는지 안다.

(2) 화가 났을 때 그는 '내가 화가 나 있다.'고 알아차리고, ….

(3) 무기력하고 나른할 때 그는 '내가 무기력하고 나른하다.'고 알아차리고, ….

(4) 불안과 걱정이 있을 때 그는 '내게 불안과 걱정이 있다.'고 알아차리고, ….

(5) 의심이 들 때 그는 '내게 의심이 있다.'고 알아차리고, 의심이 없을 때 '내게 의심이 없다.'고 알아차린다. 그는 일어나지 않은 의심이 어떻게 해서 일어나는지 알고, 일어난 의심이 어떻게 해서 사라지는지 안다. 그리고 끊어낸 의심이 어떻게 하면 앞으로 다시 일어나지 않게 되는지 안다.

이처럼 그는 안으로나, 밖으로 또는 안팎으로 마음 대상을 주시하며 지낸다. 그는 또한 마음 대상의 생겨나는 요소나 마음 대상의 사라지는 요소나 마음 대상의 생겨나고 사라지는 요소를 주시하며 지낸다. 즉 마음 대상이 있다는 것을 알고 알아차리는 데 필요한 정도까지만 그의 마음챙김을 확고히 하며, 그는 집착하지 않고 지내고 세상의 아무것에도 매달리지 않는다. 이와 같이 비구들이여, 비구는 마음 대상으로서 다섯 가지 장애를 주시하며 지낸다.

다섯 가지 무더기(오온五蘊)

또 비구들이여, 비구는 마음 대상으로서 집착하는 다섯 가지 무더기(오취온五取蘊)를 주시하며 지낸다.

비구들이여, 비구는 어떻게 마음 대상으로서 집착하는 다섯 가지 무더기를 주시, 정관靜觀128)하며 지내는가?

자 비구들이여, 비구는 '이것이 물질적 형태(색色)이다. 이것은 이 방식으로 생겨나고 이 방식으로 사라진다. 이것이 느낌(감각, 수受)이다. 이것은 이 방식으로 생겨나고 이 방식으로 사라진다. 이것이 지각(상想)이다. 이것은 이 방식으로 생겨나고 이 방식으로 사라진다. 이것이 마음작용(행行)이다. 이것은 이 방식으로 생겨나고 이 방식으로 사라진다. 이것이 알아차림(식識)이다. 이것은 이 방식으로 생겨나고 이 방식으로 사라진다.'라고 생각한다.

그는 안으로나, … 마음 대상을 정관하며 지낸다. …. 이와 같이 비구들이여, 비구는 마음 대상으로서 다섯 가지 무더기를 정관하며 지낸다.

여섯 가지 감각 대상과 감각기관(육경六境과 육근六根)

또 비구들이여, 비구는 마음 대상으로서 내적으로 여섯 가지의 감각기관(육근六根)과 외적으로 여섯 가지의 감각 대상(육경六境)을 정

---

128) 〈역주〉 정관靜觀하다: 무상無想한 현상계 속에 있는 불변의 본체적, 이념적인 것을 심안心眼에 비추어 바라보다. 실천적 관여의 입장을 떠나 현실적 관심을 버리고 순 객관적으로 바라보다.

관하며 지낸다.

비구들이여, 비구는 어떻게 마음 대상으로서 내적으로 여섯 가지의 감각기관과 외적으로 여섯 가지의 감각 대상을 정관하며 지내는가?

자 비구들이여, 비구는 눈(안眼)과 보이는 형상(색色)을 알고, 눈과 형상의 인연에 따라 생겨나는 족쇄를 안다. 그는 생겨나지 않은 족쇄가 어떻게 해서 생겨나는지 알고, 생겨난 족쇄가 어떻게 해서 사라지는지 안다. 그리고 끊어낸 족쇄가 어떻게 하면 앞으로 다시 생겨나지 않게 되는지 안다.

그는 귀(이耳)와 소리(성聲)를 알고, …. 코(비鼻)와 냄새(향香)를 …. 혀(설舌)와 맛(미味)을…. 몸(신身)과 만질 수 있는 물체(촉觸) …. 마음(의意)과 마음 대상(법처法處, 법진法塵)을 알고, 마음과 마음 대상의 인연에 따라 생겨나는 족쇄를 안다. 그는 생겨나지 않은 족쇄가 어떻게 해서 생겨나는지 알고, 생겨난 족쇄가 어떻게 해서 사라지는지 안다. 그리고 끊어낸 족쇄가 어떻게 하면 앞으로 다시 생겨나지 않게 되는지 안다.

이처럼 비구들이여, 비구는 안으로나, … 마음 대상을 정관하며 지낸다. …. 이와 같이 비구들이여, 비구는 마음 대상으로서 내적으로 여섯 가지의 감각기관과 외적으로 여섯 가지의 감각 대상을 정관하며 지낸다.

일곱 가지 깨달음의 요소
또 비구들이여, 비구는 마음 대상으로서 일곱 가지 깨달음의 요소들을 주시하며 지낸다.

비구들이여, 비구는 어떻게 마음 대상으로서 일곱 가지 깨달음의 요소들을 주시하며 지내는가?

(1) 자 비구들이여, 마음챙김이라는 깨달음의 요소(염각지念覺支)가 있을 때, 비구는 '내게 마음챙김이라는 깨달음의 요소가 있다.'고 알아차리고, 마음챙김이라는 깨달음 요소가 없을 때, '내게 마음챙김이라는 깨달음의 요소가 없다.'고 알아차린다. 그는 생기지 않은 마음챙김이라는 깨달음의 요소가 어떻게 해서 생겨나는지 알고, 생겨난 마음챙김이라는 깨달음의 요소를 어떻게 수련해서 완전히 성취하는지 안다.

(2) 마음 대상에 대한 탐구라는 깨달음의 요소(택법각지擇法覺支)가 있을 때, 비구는 '내게 마음 대상에 대한 탐구라는 깨달음의 요소가 있다.'고 알아차리고, 마음 대상에 대한 탐구라는 깨달음 요소가 없을 때, '내게 마음 대상에 대한 탐구라는 깨달음의 요소가 없다.'고 알아차린다. 그는 생기지 않은 마음 대상에 대한 탐구라는 깨달음의 요소가 어떻게 해서 생겨나는지 알고, 생겨난 마음 대상에 대한 탐구라는 깨달음의 요소를 어떻게 수련해서 완전히 성취하는지 안다.

(3) 근기根氣라는 깨달음의 요소(정진각지精進覺支)가 있을 때, 비구는 '내게 근기라는 깨달음의 요소가 있다.'고 알아차리고, 근기라는 깨달음 요소가 없을 때, '내게 근기라는 깨달음의 요소가 없다.'고 알아차린다. 그는 생기지 않은 근기라는 깨달음의 요소가 어떻게 해서 생겨나는지 알고, 생겨난 근기라는 깨달음의 요소를 어떻게 수련해서 완전히 성취하는지 안다.

(4) 기쁨이라는 깨달음의 요소(희각지喜覺支)가 있을 때, 비구는 '내게 기쁨이라는 깨달음의 요소가 있다.'고 알아차리고, 기쁨이라는

깨달음 요소가 없을 때, '내게 기쁨이라는 깨달음의 요소가 없다.'고 알아차린다. 그는 생기지 않은 기쁨이라는 깨달음의 요소가 어떻게 해서 생겨나는지 알고, 생겨난 기쁨이라는 깨달음의 요소를 어떻게 수련해서 완전히 성취하는지 안다.

(5) 몸과 마음의 이완이라는 깨달음의 요소(경안각지輕安覺支)가 있을 때, 비구는 '내게 이완이라는 깨달음의 요소가 있다.'고 알아차리고, 이완이라는 깨달음의 요소가 없을 때, '내게 이완이라는 깨달음의 요소가 없다.'고 알아차린다. 그는 생기지 않은 이완이라는 깨달음의 요소가 어떻게 해서 생겨나는지 알고, 생겨난 이완이라는 깨달음의 요소를 어떻게 수련해서 완전히 성취하는지 안다.

(6) 정신집중이라는 깨달음의 요소(정각지定覺支)가 있을 때, 비구는 '내게 정신집중이라는 깨달음의 요소가 있다.'고 알아차리고, 정신집중이라는 깨달음 요소가 없을 때, '내게 정신집중이라는 깨달음의 요소가 없다.'고 알아차린다. 그는 생기지 않은 정신집중이라는 깨달음의 요소가 어떻게 해서 생겨나는지 알고, 생겨난 정신집중이라는 깨달음의 요소를 어떻게 수련해서 완전히 성취하는지 안다.

(7) 마음의 평정平靜이라는 깨달음의 요소(사각지捨覺支)가 있을 때, 비구는 '내게 평정이라는 깨달음의 요소가 있다.'고 알아차리고, 평정이라는 깨달음 요소가 없을 때, '내게 평정이라는 깨달음의 요소가 없다.'고 알아차린다. 그는 생기지 않은 평정이라는 깨달음의 요소가 어떻게 해서 생겨나는지 알고, 생겨난 평정이라는 깨달음의 요소를 어떻게 수련해서 완전히 성취하는지 안다.

이처럼 비구는 안으로나, … 마음 대상을 주시하며 지낸다. ….
이와 같이 비구들이여, 비구는 마음 대상으로서 일곱 가지 깨달음의 요소들을 주시하며 지낸다.

<u>네 가지 거룩한 진리</u>(사성제四聖諦)
또 비구들이여, 비구는 마음 대상으로서 네 가지 거룩한 진리들을 정관靜觀하며 지낸다.

비구들이여, 비구는 어떻게 마음 대상으로서 네 가지 거룩한 진리들을 정관하며 지내는가?

비구들이여, 여기 비구는 여실如實하게 '이것이 둑카(괴로움, 고苦)이다.'라고 안다. 그는 여실하게 '이것이 둑카의 원인이다.'라고 안다. 그는 여실하게 '이것이 둑카의 소멸이다.'라고 안다. 그는 여실하게 '이것이 둑카의 소멸로 이끄는 길이다.'라고 안다.

이처럼 그는 안으로나, … 마음 대상을 정관하며 지낸다. …. 이와 같이 비구들이여, 비구는 마음 대상으로서 네 가지 거룩한 진리들을 정관하며 지낸다.

비구들이여, 누구든지 이 네 가지 마음챙김의 확립을 이처럼 칠 년 동안 수행한다면, 그는 다음의 두 열매 중 하나를 기대할 수 있다. 지금 여기서 최고의 앎 즉 아라한의 경지나, 집착의 잔재가 아직 남아 있다면 다시 돌아오지 않는 경지(불환不還) 즉 아나함阿那含의 경지를 얻는다.

비구들이여, 칠 년까지는 아니더라도 누구든지 이 네 가지 마음챙김의 확립을 이처럼 육 년 동안 수행한다면, … 오 년 동안 …, 사년 …, 삼 년 …, 이 년 …, 일 년 …, 그는 다음의 두 열매 중 하나를 기대할 수 있다. 지금 여기서 최고의 앎 즉 아라한의 경지나, 집착의 잔재가 아직 남아 있다면 다시 돌아오지 않는 경지 즉 아나함의 경지를 얻는다.

비구들이여, 일 년까지는 아니더라도 누구든지 이 네 가지 마음챙김의 확립을 이처럼 일곱 달 동안 수행한다면, … 여섯 달 동안 …, 다섯 달 …, 네 달 …, 세 달 …, 두 달 …, 한 달 …, 보름 …, 그는 다음의 두 열매 중 하나를 기대할 수 있다. 지금 여기서 최고의 앎 즉 아라한의 경지나, 집착의 잔재가 아직 남아 있다면 다시 돌아오지 않는 경지 즉 아나함의 경지를 얻는다.

비구들이여, 보름까지는 아니더라도 누구든지 이 네 가지 마음챙김의 확립을 이처럼 이레 동안 수행한다면, 그는 다음의 두 열매 중 하나를 기대할 수 있다. 지금 여기서 최고의 앎 즉 아라한의 경지나, 집착의 잔재가 아직 남아 있다면 다시 돌아오지 않는 경지 즉 아나함의 경지를 얻는다.

이런 이유로 '비구들이여, 중생들을 청정하게 하고, 슬픔과 비탄을 극복하게 하고, 고통과 비애를 타파하게 하고, 올바른 길에 이르게 하고, 열반을 성취하게 하는 유일한 길은 곧 네 가지 마음챙김의 확립이다.'라고 말하였다."

세존께서 이렇게 말씀하셨다. 만족한 비구들은 세존의 말씀에 즐거워하였다.

『맛지마 니까야』 No.10

씨갈라에게 한 충고 - 가정 및 사회 관계
선생경善生經(교수시가라월경敎授尸迦羅越經), Sigālovāda sutta

(요약)

나는 이렇게 들었노라. 한때 세존께서는 라자가하Rajagaha129) 근처 대나무 숲의 다람쥐 먹이터에 머물고 계셨다.

그 무렵 장자의 아들인 씨갈라Sigāla가 일찍 일어나 라자가하를 떠났다. 그는 젖은 머리에, 젖은 옷을 입고, 합장한 손을 들어 땅과 하늘의 여러 방위, 즉 동쪽, 남쪽, 서쪽, 북쪽, 바닥과 천정天頂 방향을 향해 예배 의식을 거행하였다.130)

그날 아침 일찍, 세존께서는 의복을 갖추고, 발우와 가사를 챙기고, 탁발을 위해 라자가하로 들어가셨다. 세존께서 예배 의식을 하는 씨갈라를 보고 그에게 이렇게 말씀하셨다. "젊은 장자여, 왜 그대는 일찍 일어나 머리와 옷을 적신 채 라자가하를 떠나서, 땅과 하늘

---

129) 〈역주〉 라자가하Rajagaha, 마가다Magadha국의 수도, 현재 인도 비하르Bihar 주의 도시인 라즈기르Rajgir이다.
130) 외부 세계의 여러 방위에 깃들어 있는 강력한 정령精靈이나 신을 불러서 보살핌을 받기 위해 예배를 거행하는 것은, 베다 전통에 따른 오랜 의식이었다. 그러한 미신적이고 낡은 관습을 인정하지 않고 비판하며, 부처님께서는 설법을 듣는 사람 각각에 맞도록, 그러한 관습에 새로운 의미와 해석을 부여하신다. 참조 - 「옷감 조각의 비유」에서 부처님께서 바라문에게 '신성한 강에서의 성스러운 목욕' 대신에 '내면의 목욕'을 말씀하신다(p.207).

의 여러 방위에 예배를 드리는가?"

"선생님, 저의 아버지께서 임종 시 저에게 '사랑하는 아들아, 너는 땅과 하늘의 각 방위에 예배해야 한다.'라고 당부하셨습니다. 선생님, 그래서 저는 아버지의 유언을 존경하며 외경하고 숭배하고 거룩하게 여기어 아침 일찍 일어나 라자가하를 떠나서 이렇게 예배를 드립니다."

"하지만 젊은 장자여, 거룩한 자의 계율에 의하면 여섯 방위를 이런 식으로 예배해서는 안 되네."

"그렇다면, 선생님, 거룩한 자의 계율에서는 여섯 방위에 어떻게 예배해야 합니까? 세존께서 거룩한 자의 계율에 따라 여섯 방위에 예배하는 방법을 바로 가르쳐 주신다면 정말 감사하겠습니다."

"젊은 장자여, 그러면 잘 듣고 새겨라. 내 설하리라."

"네, 알겠습니다." 젊은 씨갈라가 대답하자, 세존께서 이렇게 말씀하셨다.

"젊은 장자여, 거룩한 제자가 처신함에 네 가지 악행을 버린 것처럼, 그가 네 가지 동기에 의한 사악한 행동을 하지 않는 것처럼, 그가 재산을 탕진하는 여섯 가지 길을 향해 가지 않는 것처럼, 이 열네 가지 악한 일을 피하면, 그는 여섯 방위의 수호자가 되고, 양쪽 세상에서 모두 승리하는 길로 가고, 이 세상과 다음 세상에서 모두 성공한다. 몸이 사멸해 죽은 후에 그는 천상에서 복된 운명으로 다시 태어난다.

그가 버린 처신 중 네 가지 악행은 무엇인가? 살생, 도둑질, 간음과 거짓말이다. 이것이 그가 버린 처신 중 네 가지 악행이다.

그는 어떤 네 가지 동기에 의해 사악한 행동을 하지 않는가? 사악한 행동은 편애, 적개심, 어리석음, 두려움의 동기에서 비롯된다. 그러나 거룩한 제자는 이러한 동기에 이끌리지 않기 때문에 이로 인해 사악한 행동을 하지 않는다

그리고 재산을 탕진하는 여섯 가지 길은 무엇인가? 음주, 부적절한 시간에 번화가에 자주 드나들기, 구경거리 쫓아다니기, 도박, 나쁜 친구들과 어울림 그리고 게으름이다.

젊은 장자여, 음주에는 여섯 가지 위험이 있다. 재산의 실제적인 손실이 생기고, 다툼이 증가하며, 질병에 취약해지고, 평판이 나빠지고, 상스러운 노출을 하게 되고 자신의 지성이 파괴된다.

젊은 장자여, 남자가 부적절한 시간에 번화가에 자주 드나들어서 겪는 위험이 여섯 가지다. 그 자신도 지켜지거나 보호받지 못하며, 그의 아내와 자녀들도 마찬가지다. 그의 재산을 지키거나 보호하지 못하며, 더구나 범인이 드러나지 않은 범죄에 대해 그가 저지른 것으로 의심을 받게 된다. 헛소문이 따라다니고, 많은 곤경을 겪게 된다.

구경거리 쫓아다니는 데에 여섯 가지 위험이 있다. 춤판이 어디인지? 노래판이 어디인지? 낭송하는 곳은? 심벌을 연주하는 곳은? 징 치는 곳은? 이런 것들을 구경하기 위해 여기저기 계속 찾아다닌다.

젊은 장자여, 도박의 위험이 여섯 가지다. 만일 그가 이기면 미움을 받고, 만약 그가 지면 잃은 재산에 대해 한탄한다. 재산을 허비하고, 법정 같은 모임에서 그의 말은 영향력이 없다. 친구들과 동료들에게 멸시받는다. 아무도 그와 결혼하려 하지 않는다, 사람들이 노

름꾼인 남자는 결코 좋은 남편이 될 수 없다고 말하니까.

나쁜 친구들과 어울리는 데에 여섯 가지 위험이 있다. 노름꾼, 난봉꾼, 술꾼, 사기꾼, 협잡꾼, 깡패가 그의 친구나 동료가 된다.

게으름에는 여섯 가지 위험이 있다. 어떤 이는 너무 춥다면서 일을 하지 않는다. 너무 덥다면서 일을 하지 않고, 너무 이르다면서 …, 너무 늦었다면서 …, 너무 배고프다면서 …, 너무 배부르다면서 일을 하지 않는다. 그가 해야 할 모든 일을 하지 않고 있는 동안, 그는 돈을 벌지 못하고, 그가 가진 재산은 줄어든다.

네 부류의 사람은 친구의 모습을 한 원수로 여겨야 한다. 욕심 사나운 사람, 친구에게 말만 앞세우는 사람, 아첨하는 사람과 방탕한 자이다.

이들 중 첫 번째 욕심 사나운 사람은 네 가지 근거에서 친구의 모습을 한 원수로 여겨야 한다. 그는 탐욕스럽고, 그는 적게 주고 많은 것을 원하고, 친구를 위해 해야 할 일을 관계 유지에 대한 염려 때문에 마지못해서 하고, 자신의 이익만 챙긴다.

네 가지 근거에서 친구에게 말만 앞세우는 사람은 친구의 모습을 한 원수로 여겨야 한다. 그는 과거에 관하여 친구처럼 고백을 하고, 미래에 관하여 친구처럼 공언을 한다. 그는 공허한 말로만 도움을 주고, 도와야 할 기회가 생겼을 때 미덥지 못한 사람임을 드러낸다.

네 가지 근거에서 아첨하는 사람은 친구의 모습을 한 원수로 여겨야 한다. 그는 너의 선행뿐만 아니라 너의 악행에도 괜찮다고 한다. 그는 면전에서는 그대를 칭찬하고, 뒷전에서는 험담한다.

네 가지 근거에서 방탕한 자는 친구의 모습을 한 원수로 여겨야 한다. 그는 술 마실 때, 부적절한 시간에 번화가에 드나들 때, 공연이나 축제 마당을 쫓아다닐 때와 도박할 때 그대의 동무다.

착한 친구로 여겨야 할 친구가 네 부류가 있다. 도움을 주는 친구, 행복과 역경 속에서 변함없는 친구, 유익한 조언해 주는 친구, 인정 많은 친구다.

네 가지 근거에서 도움을 주는 친구는 착한 친구로 여겨야 한다. 그대가 예기치 않았던 일을 당하였을 때 그는 그대를 보호해 주고, 그대가 자리를 비워 재산을 지킬 수 없을 때 당신 재산을 보호해 주고, 그는 그대가 두려워할 때 의지처가 되고, 그대가 해야 할 일로 도움이 필요할 때 그 곱절로 도와준다.

네 가지 근거에서 행복과 역경 속에서 변함없는 친구는 착한 친구로 여겨야 한다. 그는 그대에게 자기의 비밀을 털어놓고, 그대의 비밀은 누설하지 않으며, 그대가 곤란에 처했을 때 저버리지 않고, 그대를 위해 자기 목숨조차도 버릴 것이다.

네 가지 근거에서 유익한 조언해 주는 친구는 착한 친구로 여겨야 한다. 그는 그대가 악한 일을 하지 않도록 말리고, 선한 일을 하도록 권한다. 그대는 그에게서 그대가 전에 배우지 못했던 것을 배우고, 그는 그대에게 천상으로 가는 길을 가르쳐 준다.

네 가지 근거에서 인정 많은 친구는 착한 친구로 여겨야 한다. 그는 그대의 불행을 기뻐하지 않으며, 그대의 성공을 그대와 함께 기뻐한다. 그는 그대에 대하여 험담하는 자들을 저지하며, 그대에 대해 칭송하는 사람들을 칭찬한다.

그리고 젊은 장자여, 거룩한 제자는 어떻게 여섯 방위를 수호하는가?131) 다음을 여섯 방위로 여겨야 한다. 부모를 동쪽으로, 스승을 남쪽으로, 아내와 자녀를 서쪽으로, 친구와 동료를 북쪽으로, 하인과 고용인을 바닥(천저天底)으로, 사문와 바라문을 천정天頂으로 여겨야 한다.

자녀는 자기 부모를 동쪽 방위로 여겨 다섯 가지 방법으로 섬겨야 한다. '이전에 부모님이 나를 키워주셨으니 이제 내가 그분들을 봉양할 것이다. 부모님이 해야 할 본분과 의무를 내가 맡아서 하겠다. 나는 내 가족의 혈통과 전통을 유지할 것이다. 나는 내가 물려받은 재산을 잘 보살피겠다. 그리고 나는 부모님이 돌아가시면 부모님을 위해 보시布施를 할 것이다.'라고 스스로에게 말하면서.

이처럼 동쪽 방위로서 자녀들에 의해 섬김을 받는 부모는 다섯 가지 방법으로 자녀들에 대한 사랑을 나타낸다. 부모는 자녀들이 악행을 못 하게 말리고, 선행으로 이끈다. 자녀들이 직업을 갖게 교육하고, 자녀에게 적합한 혼인을 주선한다. 그리고 때가 되면 유산을 자녀들에게 물려준다.

이런 방식으로 동쪽 방위는 수호되고 그에게 안전하고 튼튼하게 된다.

---

131) 이제 부처님께서는 씨갈라에게 여섯 방위가 무엇인지, 그리고 오래된 브라만 전통에 따라 의례적인 예배를 드리는 대신에, '거룩한 자의 계율'에 따라 여섯 방위에 대한 의무와 책임을 수행하는 방식으로 여섯 방위에 어떻게 예배드려야 하는지 설명하신다. 만약 여섯 방위가 이런 식으로 수호된다면, 그들은 안전하고 튼튼하게 되어 거기서부터 어떠한 위험도 오지 않을 것이다. 바라문들은 외부 세계에 깃들어 있는 정령精靈이나 신들로부터의 어떤 위험을 막기 위해 외부의 방위들에 대해 너무 과하게 예배했다.

제자는 그의 스승을 남쪽 방위로 여겨 다섯 가지 방법으로 섬겨야 한다. 자리에서 일어나 스승에게 경의를 표함으로써, 스승을 시중듦으로써, 배우고자 하는 열망으로써, 개인적 시봉侍奉으로써 그리고 공손히 스승의 가르침을 받아들임으로써 섬긴다.

이처럼 남쪽 방위로서 제자에 의해 섬김을 받는 스승은 다섯 가지 방법으로 제자에 대한 사랑을 나타낸다. 스승은 제자를 잘 가르치고, 배운 것을 완전히 이해하게 하고, 온갖 기술에 대해 전승되는 지식을 모두 물려주고, 제자를 친구와 동료에게 소개해 주고, 어디서나 그를 보장해 준다.

이런 방식으로 남쪽 방위는 수호되고 그에게 안전하고 튼튼하게 된다.

서쪽 방위로서 아내는 다섯 가지 방법으로 남편에 의해 섬김을 받아야 한다. 남편은 아내를 존중함으로써, 친절로써, 그녀에 대한 충실함으로써, 그녀에게 권한을 넘겨줌으로써, 보석 등 장신구를 사줌으로써 섬긴다.

서쪽 방위로서 남편에 의해 섬김을 받는 아내는 다섯 가지 방법으로 남편을 사랑한다. 자신의 본분을 잘 수행함으로써, 시중드는 사람 등 주위에 대한 후대로써, 정절을 지킴으로써, 남편의 벌이를 잘 관리함으로써 그리고 관여된 일을 노련하고 부지런하게 처리함으로써 남편에게 사랑으로 보답한다.

이런 방식으로 서쪽 방위는 수호되고 그에게 안전하고 튼튼하게 된다.

가족의 구성원은 다섯 가지 방법으로 그의 친구들과 동료들을 북쪽 방위로서 섬겨야 한다. 너그러움으로써, 친절로써, 선의로써, 자신을 대하듯이 동등하게 대함으로써 그리고 약속을 지킴으로써 섬겨야 한다.

이처럼 북쪽 방위로서 섬김을 받는 그의 친구와 동료는 다섯 가지 방법으로 그를 사랑한다. 친구와 동료는 그에게 보호가 필요할 때 그를 보호하고, 그가 할 수 없는 경우 그의 재산을 돌보고, 위험에 처하면 의지처가 되고, 곤란에 처했을 때 저버리지 않으며 그리고 그의 자녀와 친족까지도 존중한다.

이런 방식으로 북쪽 방위는 수호되고 그에게 안전하고 튼튼하게 된다.

주인은 천저天底로서 하인과 고용인들을 다섯 가지 방법으로 보살핀다. 소질과 능력에 따라 일을 배분함으로써, 음식과 품삯을 지급함으로써, 병들었을 때 돌봄으로써, 특별한 진미眞味를 나눔으로써 그리고 적당한 때에 휴가와 선물을 줌으로써 보살핀다.

이렇게 주인의 보살핌을 받는 하인과 고용인들은 다섯 가지 방법으로 주인을 사랑한다. 주인보다 먼저 일어나고, 나중에 자고, 주어진 것만 취하고, 자기 일을 잘하며 그리고 주인을 칭송하고 좋은 평판을 남긴다.

이런 방식으로 천저는 수호되고 그에게 안전하고 튼튼하게 된다.

평신자인 가족의 구성원은 천정天頂으로서 사문과 바라문을 다섯 가지 방법으로 섬겨야 한다. 다정한 행동으로써, 상냥한 말로써, 애정 어린 생각으로써, 그들을 위해 집을 개방함으로써, 속세에서 필요한 물품을 제공함으로써 섬겨야 한다.

이런 식으로 천정으로 섬김을 받는 사문과 바라문은 여섯 가지 방법으로 평신자인 가족 구성원들에 대한 사랑을 나타낸다. 그들은 가족들이 악행을 못 하게 하고, 선행을 권한다. 그들은 선한 생각으로 자애심을 보이고, 가족들이 배우지 못한 것은 가르쳐주고, 배운 것을 바로잡고 순화하고, 그들에게 천상으로 가는 길을 일러준다.

　이런 방식으로 천정은 수호되고 그에게 안전하고 튼튼하게 된다네."

　세존께서 이렇게 말씀하시자, 젊은 장자 씨갈라가 말했다. "훌륭합니다, 존자^{尊者}시여, 훌륭합니다! 마치 뒤집혔던 것을 바로 세우듯, 감춰져 있던 것을 드러내듯, 길을 잃은 자에게 길을 알려주듯, 눈 있는 자가 볼 수 있도록 어둠 속으로 등불을 가져오듯 하십니다. 이런 식의 여러 가지 방법으로 세존께서 법을 설하십니다. 저는 세존께, 그리고 가르침과 승가에 귀의하옵니다. 세존께서 저를 오늘부터 목숨이 다할 때까지 귀의한 평신도 제자로 받아 주소서."

『디가 니까야』 No.31

진리의 말씀
법구경法句經, Dhammapada에서 가려 뽑음

1.

모든 상태는 마음이 앞서가고, 마음이 지배하고, 마음에 의해 이루어진다. 만일 어떤 사람이 더러운 마음으로 말하거나 행동하면 고통이 따라온다. 마치 수레바퀴가 황소의 걸음을 따라가듯이.

2.

모든 상태는 마음이 앞서가고, 마음이 지배하고, 마음에 의해 이루어진다. 만일 어떤 사람이 깨끗한 마음으로 말하거나 행동하면 행복이 따라온다. 마치 그림자가 그를 떠나지 않듯이.

3.

그 사람이 나를 학대하고, 나를 때리고, 나를 좌절시키고, 나를 약탈했다는 생각을 품고 있는 사람의 원한은 가라앉지 않는다.

5.

이 세상에서 원한은 결코 원한에 의해 풀리지 않는다. 원한은 사랑에 의해 풀린다. 이것은 영원한 원칙이다.

24.

누구든 활기에 차 있고, 사려 깊고, 행동이 순수하고, 분별력이 있고, 자제력이 있고, 바르게 살고, 조심성이 있으면 그의 명성은 꾸준히 높아진다.

25.

노력, 근면, 절제 그리고 극기로써, 지혜로운 사람은 자신을 어떤 홍수도 휩쓸지 못할 섬으로 만든다.

26.

바보 즉 무식한 자들은 태만에 빠지지만, 지혜로운 사람은 자신의 근면을 최고의 보물로 여겨 보호한다.

27.

태만에 빠지지 말라. 감각적 쾌락을 가까이 말라. 부지런히 명상하는 사람은 많은 행복을 얻으리라.

33.

이 변덕스럽고, 불안정한 마음은 지키기 어렵고, 통제하기 어려운데, 지혜로운 사람은 곧게 한다. 마치 화살 만드는 이가 화살 만들듯이.

35.

억제하기 어렵고 불안정한 것이 이 마음이다. 마음은 바라는 곳 어다나 훌쩍 날아간다. 마음을 다스리는 것은 훌륭한 일이다. 다스려진 마음은 행복을 가져온다.

38.
마음이 불안정한 사람, 훌륭한 가르침을 알지 못하는 사람, 확신이 흔들리는 사람, 그런 사람의 지혜는 완성되지 못한다.

42.
적이 적에게 하거나, 싫어하는 사람이 다른 싫어하는 사람에게 하는 어떤 해악보다도, 비뚤어진 마음이 자신에게 훨씬 더 큰 해악을 끼친다.

43.
어머니도 아버지도 다른 어떤 친척도, 바르게 먹은 마음이 가져다주는 것과 같은 선을 우리에게 베풀 수 없다.

47.
감각적 쾌락의 꽃만을 모으는, 마음이 혼란스러운 사람은 죽음이 데려가 버린다. 잠자는 마을을 홍수가 휩쓸어 가듯.

50.
남의 허물을 캐지 말라. 남이 한 것과 하지 않고 내버려둔 것을 캐지 말라. 오히려 자신이 한 것과 하지 않고 내버려둔 것을 살펴라.

51.

빛깔은 몹시 곱지만, 향기가 없는 아름다운 꽃이 있는 것처럼, 훌륭한 말도 실천하지 않는 이에게는 무익하다.

61.

만일 길을 가는데 자기보다 훌륭하거나 비슷한 수준의 동반자를 찾지 못했거든, 단호하게 고독한 길을 가야 한다. 어리석은 자와 벗이 될 수는 없으니.

62.

'내 자식이 있소.', '내 재산이 있소.'라고 생각하면서 어리석은 자는 괴로워한다. 사실, 자기 자신조차 자기 것이 아닌데, 어찌 자식이나 재산이 제 것이 될 수 있으랴?

64.

어리석은 자는 설사 평생을 지혜로운 사람과 어울린다고 할지라도 진리를 깨닫지 못한다. 마치 숟가락이 국 맛을 알지 못하듯.

67.

하고 나서 후회하거나 결과로 눈물 흘리게 된다면 그 행위는 잘 된 것이 아니다.

69.

어리석은 자는 악행이 무르익기 전까지는 꿀처럼 달콤하다고 여긴다. 그러나 무르익을 때, 어리석은 자는 괴로움에 빠진다.

81.

마치 단단한 바위가 바람에 흔들리지 않는 것처럼, 지혜로운 사람은 칭찬이나 비난에 흔들리지 않는다.

82.

마치 깊은 호수가 지극히 맑고 고요한 것처럼, 지혜로운 사람은 가르침을 듣고 고요해진다.

85.

사람들 가운데는 피안彼岸132)으로 건너가는 사람은 거의 없다. 대부분은 그저 이쪽 언덕을 오르내리기만 할 뿐.

90.

이 세상의 여행을 끝냈으며, 슬픔이 없고 완전히 자유로워진, 모든 속박을 끊어낸 사람에게는 타오르는 번뇌는 없다.

94.

마차꾼에 잘 길든 말처럼 감각이 잘 제어된 자, 교만과 번뇌에서 벗

---

132) 〈역주〉 피안彼岸: 강 저쪽의 언덕으로 세속을 초월한 이상세계; 건너편의 깨달음의 해안, 즉 열반 또는 깨달음의 상태

어난 자. 그런 흔들리지 않는 사람은 신들조차 부러워하네.

96.

바르게 깨달아 완전히 자유로워지고 완벽히 평온과 균형을 유지하는 사람은 생각이 차분하고, 말과 행동이 조용하다.

97.

그릇되이 믿지 않고, 영원을 깨닫고, 모든 얽매임을 끊어내고, 선과 악의 계기에 종지부를 찍어버리고, 모든 욕망을 토해낸 사람은, 참으로 사람들 가운데서 최고다.

103.

전쟁터에서 백만 인을 이길 수도 있겠지만, 자기 자신을 이기는 이가 가장 위대한 승리자이다.

104, 105.

다른 사람을 이기는 것보다 자기 자신을 이기는 것이 정말로 더 낫다. 자신을 제어하고 행동을 언제나 절제하는 이런 사람의 승리는 신도, 건달바乾闥婆133)도, 마魔Mara도, 범천梵天도 패배로 바꿀 수 없다.

---

133) '천사'로 마음대로 번역되는 건달바는 반半신적인 존재, 즉 천상의 음악가들의 부류를 가리킨다. 〈역주〉 싼.gandharva, 빨.gandhabba. 팔부 신장 중의 하나. 술과 고기를 먹지 않으며 향香만 먹으며 공중을 날아다님.

111.

참된 통찰력과 자제력이 없이 비록 백 년을 살 수 있을지라도, 지혜롭게 명상하는 사람의 단 하루의 삶이 참으로 더 낫다.

116.

선한 일은 서둘러 하고, 마음을 악에서 멀리하라. 선을 행하는데 더딘 자는 그 마음이 악을 즐긴다.

119.

악을 행하는 자는 그의 악행이 무르익을 때까지는 잘 된다. 그러나 그의 악행이 열매를 맺을 때, 그는 그 비참한 결과를 본다.

120.

선을 행하는 자는 그의 선행이 무르익기 전까지는 어쩌면 힘들 수 있다. 그러나 선행이 열매를 맺을 때, 그는 그 행복한 결과를 본다.

121.

작은 허물을 가벼이 여기어 '나에게 영향이 없을 것이다.' 라고 말하지 말라. 물항아리도 떨어지는 물방울이 모여 가득 차듯이 어리석은 자는 한 방울 한 방울 작은 허물을 모아서 자신을 악으로 채운다.

122.

작은 선행을 가벼이 여기어 '나에게 영향이 없을 것이다.' 라고 말하지 말라. 물항아리도 떨어지는 물방울이 모여 가득 차듯이 지혜로운 사람은 한 방울 한 방울 작은 선행을 모아서 자신을 선으로 채운다.

125.
청정하고 죄 없는 무고한 사람을 해치는 사람은 누구든지 그의 악이 그 어리석은 자신에게 되돌아온다. 맞바람에 던진 흙먼지가 되돌아오듯.

129.
누구나 무기에 가슴이 떨리고 누구나 죽음을 두려워한다. 자기 자신에 견주어서, 남을 죽여서 안 되고, 죽이게 해서도 안 된다.

131.
자신의 행복은 추구하면서 행복을 갈망하는 중생을 매질로 괴롭히는 자는 저 세상에서 행복을 얻지 못하리.

152.
배운 게 적은 무지한 사람은 황소처럼 자란다. 그의 육체는 자라나 지혜는 자라지 않는다.

155.
젊었을 때 거룩한 삶을 살지 않고 재산을 모으지 못한 사람은 물고기 없는 호수의 늙은 왜가리처럼 여위어가리라.

159.

남에게 가르치는 것을 만일 자신이 스스로 행한다면, 그 자신도 잘 제어되고 다른 사람도 제어할 수 있게 될 것이다. 자신을 제어한다는 것은 참으로 어려운 일이다.

160.

자기 자신만이 자신의 보호자(의지처)이니, 어떤 다른 보호자(의지처)가 있을 수 있으랴? 자신을 완전히 제어하면 얻기 어려운 보호자(의지처)를 얻는다.

165.

실로 자기 스스로 악을 행해서 자기 스스로 더럽혀지고, 자기 스스로 악을 행하지 않아서 자기 스스로 참으로 청정해진다. 깨끗함과 더러움은 자신에게 달려있다. 아무도 다른 사람을 청정하게 할 수는 없다.

167.

비열한 짓을 따르지 말라. 태만하게 살지 말라. 그릇된 견해를 신봉하지 말라. 그러면 윤회는 이어지지 않는다.

171.

와서 이 세상을 보라, 그것이 얼마나 잘 꾸며진 왕의 수레와 닮았는지. 어리석은 자들은 그 속에서 허우적대지만, 지혜로운 자는 그에 대한 집착이 없다.

178.

예류預流에 드는 것(수다원須陀洹)이 이 지구의 왕이 되는 것보다 낫고, 천상에 가는 것보다 낫고, 온 우주를 다스리는 것보다 낫다.

183.

어떠한 악도 행하지 않고, 선을 닦고, 마음을 청정하게 하는 것, 이것이 부처님들의 가르침.

184.

가장 훌륭한 수행은 인내와 자제이다. '열반이 최고다.'라고 부처님들께서 말씀하신다. 실로 남을 해치는 출가자 없고 남을 괴롭히는 수도자 없다.

185.

험담하지 않는 것, 해치지 않는 것, 근본적인 계율에 따라 삼가는 것, 음식을 절제하는 것, 은둔하여 지내는 것, 더 높은 지각에 몰두하는 것, 이것이 부처님들의 가르침이다.

197.

우리는 증오에 찬 사람들 가운데서 증오 없이 사니 참으로 행복하여라. 우리는 증오에 찬 사람들 가운데서 증오에서 벗어나 산다.

201.

승자는 원한을 낳고, 패자는 고통 속에 누워 있다. 평화를 즐기는 자는 승리와 패배를 모두 버리고 행복 속에 쉰다.

204.

건강은 가장 큰 이익이고 만족은 가장 큰 재산이다. 믿음직한 친구는 가장 좋은 혈육이고 열반은 최상의 행복이다.

205.

독거獨居와 평온의 향기를 맛보면, 진리의 기쁨의 본질을 보게 되어 괴로움과 더러움을 여의게 된다.

215.

탐욕에서 슬픔이 생겨나고 탐욕에서 두려움이 생겨난다. 탐욕에서 벗어난 사람에게는 슬픔이 없고, 두려움은 더더욱 없다.

222.

질주하는 마차를 저지하듯이 솟아오르는 분노를 억누르는 자, 나는 그를 마차꾼이라고 부른다. 다른 이들은 고삐를 쥐고만 있을 뿐.

223.

사랑으로 분노를 이기고, 선으로 악을 이겨라. 너그러운 베풂으로 인색한 구두쇠를 이기고, 진리로 거짓말쟁이를 이겨라.

231.

몸의 흥분을 경계하고 몸을 제어하라. 나쁜 몸가짐을 버리고 착한 행위를 좇아라.

232.

말의 흥분을 경계하고 말을 제어하라. 올바르지 못한 말을 버리고 착한 말을 좇아라.

233.

마음의 흥분을 경계하고 생각을 제어하라. 나쁜 생각을 버리고 착한 생각을 좇아라.

234.

지혜로운 자는 행동을 제어하고, 말을 제어하고, 생각을 제어하니, 진실로 완전히 제어한 사람이다.

239.

마치 대장장이가 은의 불순물을 제거하듯이, 지혜로운 사람은 조금씩 조금씩 순간순간 자신의 불순물을 제거한다.

240.

쇠에서 생겨난 녹이 스스로를 갉아먹듯이, 자신이 저지른 행위가 범죄자를 재앙으로 이끈다.

248.

오 선한 사람이여, 제어되지 않는 것은 악한 행위임을 알아라. 탐욕과 악행으로 오랫동안 고통받지 않게 하라.

251.
탐욕보다 더한 불길은 없다. 증오보다 더한 손잡이(자루)는 없다. 망상보다 더한 그물은 없다. 갈망보다 더한 강물은 없다.

252.
남의 허물은 쉽게 보이나 자기 허물은 보이지 않는다. 남의 허물은 겨처럼 까불러 버리고 자기 허물은 감춘다. 들새 사냥꾼이 자기 몸을 숨기듯.

267.
선과 악을 모두 초월한 자, 청정한 삶을 영위하는 자, 이 세상을 지성으로 사는 자, 실로 그를 비구라고 한다.

268, 269.
어리석고 배우지 못한 사람이라면 침묵하는 것만으로는 현자가 되지 않는다. 그러나 마치 한 쌍의 저울을 든 것처럼 선한 것은 취하고 악한 것은 버리는 지혜로운 사람은 참으로 현자다. 그 사려思慮 때문에 그는 현자다. 이 세상의 선과 악 양쪽을 모두 이해하는 사람을 현자라고 부른다.

273.
길 중에서는 팔정도八正道가 제일이고, 진리 중에서는 네 가지 거룩한 진리(사성제四聖諦)가 제일이다. 해탈이 최고의 경지이고, 두 발 중생 중에는 '보는 자(부처님)'가 최고이다.

274.

이것이 유일한 길이다. 눈을 청정하게 하는 다른 길은 없다. 이 길을 따라가라. 그러면 악귀는 당혹하게 되리니.

275.

이 길을 따르면 너는 괴로움을 끝낼 것이다. 이것은 진실로 내가 괴로움의 화살을 빼내는 법을 배웠을 때 분명히 밝힌 길이다.

276.

스스로 노력해야 한다. '깨달은 자'들은 단지 선생일 뿐이다. 이 길에 들어서서 명상하는 자들은 악귀의 속박에서 벗어나리라.

277.

'모든 조건 따라 있는 것은 한결같지 않고 변한다(제행무상諸行無常).' 지혜로 이 이치를 깨닫게 되면 고통에 흔들리지 않게 된다. 이것이 청정함에 이르는 길이다.

278.

'모든 조건 따라 있는 것은 둑카이다(일체개고一切皆苦).' 지혜로 이 이치를 깨닫게 되면 고통에 흔들리지 않게 된다. 이것이 청정함에 이르는 길이다.

279.

'모든 상태(법法)에는 자아가 없다(제법무아諸法無我).' 지혜로 이 이치를 깨닫게 되면 고통에 흔들리지 않게 된다. 이것이 청정함에 이르는 길이다.

280.

노력해야 할 때 노력하지 않으며, 젊고 힘이 세지만 게으름에 빠져서 목적과 생각이 흐트러지고 나태한, 그런 게으름뱅이는 지혜에 이르는 길을 결코 찾지 못하리.

281.

말을 조심하고, 마음을 잘 제어하며, 몸으로 악을 범하지 말라. 이 세 가지 행위를 청정히 하고 현자들이 알려준 길을 성취하게 하라.

334.

되는대로 사는 삶에 빠진 인간의 갈망은 덩굴식물처럼 자라난다. 그는 마치 숲속의 원숭이가 과일을 찾듯이 이리저리 헤맨다.

335.

이 세상 누구든지 이 천박한 집착, 갈애에 정복되면 고통은 비 온 뒤의 비라나 풀처럼 무성해진다.

336.

그러나 이 세상 누구든지 이겨내기 어려운 이 천박한 갈망을 억제하는 사람은 고통이 사라진다. 연꽃잎에서 떨어져 나가는 물방울처럼.

338.

베어져 쓰러진 나무라도 뿌리가 다치지 않고 튼튼하게 남아 있다면 나중에 다시 새싹이 나오는 것처럼, 갈망하는 성향을 절멸絶滅하지 않으면 이러한 고통은 생겨나고 또 생겨난다.

343.

갈망에 이끌려 사람들은 올가미에 걸린 토끼처럼 이렇게 뛴다. 그러므로 집착에서 벗어나려는 비구는 갈망을 버려라.

348.

과거로부터 자유로워지고, 미래로부터 자유로워지고, 현재로부터 자유로워져라. 모든 데서 마음을 풀어 놓고 존재의 피안으로 건너가면, 그대는 더는 태어나고 쇠하지 않으리.

360.

눈을 절제하는 것은 좋은 일이다. 귀를 절제하는 것은 좋은 일이다. 코를 절제하는 것은 좋은 일이다. 혀를 절제하는 것은 좋은 일이다.

361.

몸을 절제하는 것은 좋은 일이다. 말을 절제하는 것은 좋은 일이다. 마음을 절제하는 것은 좋은 일이다. 어디든지 절제하는 것은 좋은 일이다. 모든 면에서 절제된 비구는 모든 괴로움에서 벗어나리.

362.

손을 삼가고 발을 삼가고 말을 삼가고 마음을 극진히 삼가고, 내면에서 즐거워하고, 침착하고, 홀로 지내고, 만족하는 사람을 비구라고 부른다.

365.

자신이 얻는 것을 하찮게 여기지 말아야 하며, 남이 얻은 것을 부러워하지 말아야 한다. 남을 부러워하는 비구는 집중하지 못한다.

367.

이름과 형상(마음과 몸, 명색名色)에 조금도 집착하지 않는 이 그리고 이름과 형상이 없다고 슬퍼하지 않는 이를 실로 비구라고 한다.

368.

자비심에 머물며 부처님의 가르침을 기뻐하는 비구는 평정平靜의 경지, 조건 따라 있는 것들이 잠잠해진 행복을 성취한다.

385.

자기에게 이 해안도 저 해안도 즉 둘 다 없는, 괴로워하지 않고 속박되지 않은 사람을, 나는 바라문이라고 부른다.

387.

태양은 낮에 빛나고 달은 밤에 빛나고, 전사 계급은 갑옷에서 빛나고 바라문은 명상에서 빛난다. 그러나 부처님은 밤이나 낮이나 항상 광휘光輝로 빛난다.

420.

신들도 반신반인들도 인간들도 그의 운명을 알지 못하는, 번뇌를 없애고 존경받을 만하게 된 자, 나는 그를 바라문이라고 부른다.

423.

전생을 알고, 천국과 지옥을 보며, 태어남을 끝냈고, 지극한 지혜를 얻은 현자, 모든 성취를 이루었으니 나는 그를 바라문이라고 부른다.

부처님의 마지막 말씀
대반열반경大般涅槃經, Mahaparinibbana sutta에서 가져옴

그때 세존께서는 아난다Ānanda 존자에게 말씀하셨다. "아난다야, 그대들 중 몇몇 사람에게는 이런 생각이 들 수 있다. '여기 돌아가신 스승의 말씀만 남았구나.134) 우리의 스승은 더 이상 우리와 함께 계시지 않는다.' 그러나 아난다야, 이렇게 가벼이 생각해서는 안 된다. 아난다야, 내가 가르치고 정해 놓은 법法dhamma과 계율vinaya이 내가 떠난 후에 너희들의 스승이 될 것이다."

"아난다야, 비구들이 지금 서로를 '벗āvuso(친구, 형제, 도반道伴)'이라고 부르던데, 내가 떠난 후에는 그렇게 해서는 안 된다. 선배 비구인 아난다는 후배를 그의 이름이나 성 또는 '벗'으로 부를 수 있다. 후배 비구는 선배를 '존자尊者bhante' 또는 '장로長老āyasmā'135)라고 불

---

134) 'atītasatthukaṃ pāvacanaṃ', 리스 데이비즈Rhys Davids의 번역인, '스승의 말씀은 끝났다.'는 원문의 느낌을 전하지 못한다.
135) 〈역주〉「빠알리어-영어 사전」의 풀이로, 'bhante'는 'sir, lord, venerable sir, reve-rend' 등으로 되어 있어 '선생님', '주군主君', '존자尊者'나 '존사尊師', '수도자님'으로 해석되고, 'āyasmant'나 'āyasmā'는 'sir, venerable, reverend, having age quality' 등으로 되어 있어 '선생님', '존자尊者'나 '존사尊師', '수도자님', 연세 드신, 즉 '장로長老'나 '구수명具壽命'으로 해석되어 의미는 비슷하다.

러야 한다."

"아난다야, 승가僧伽가 원한다면, 내가 떠나고 나서 사소하고 중요하지 않은 계율은 폐지하도록 해라."

"아난다야, 내가 떠나면, 찬나Channa 비구에게 최고의 처벌136)을 내려야 한다."

"하지만 선생님, 가장 높은 처벌은 무엇입니까?"

"아난다여, 찬나 비구가 하고 싶은 대로 말하게 하라. 비구들은 그에게 말하거나, 충고하거나, 타이르지 말아야 한다."137)

그리고서 세존께서 비구들에게 말씀하셨다. "비구들이여, 마음 속에 '붓다'나 '법'이나 '승가' 또는 '길'이나 '수행'에 대해 의혹이나 혼란이 있는 비구가 한 사람이라도 있는지 모르겠다. 물어보라 비구들이여. 나중에 '우리 스승께서 바로 앞에 계셨다. 바로 앞에 계실 때 세존께 여쭈어보지 못하였다.'라고 생각하며 자책하지 말고."

이렇게 말씀하셔도 비구들은 말이 없었다.

두 번째, 세 번째로 세존께서 비구들에게 … 위와 같이 말씀하셨다.

---

136) 'brahma-daṇḍa', 직역하면 '신의 형벌(천벌)'
137) 찬나는 씻다르타 왕자가 부처가 되기 전에 그의 가까운 동료이자 마차꾼이었다. 나중에 승가에 들어온 그는 스승과의 친분을 믿고 자기 마음대로 뽐내고 다녔다. 그는 고집이 세고 제멋대로 굴었으며, 적절한 단체정신이 부족하고 자주 심술궂게 행동했다. 붓다의 반열반 즉 죽음 이후, 아난다가 찬나를 찾아가 완전한 사회적 배척이라는 처벌을 내렸을 때, 그의 교만한 정신도 길들여지고, 겸손해지고, 그의 눈이 열렸다. 나중에 그는 자신의 행실을 고치고 아라한이 되었으며 그 벌은 자동으로 사라졌다.

세 번째 말씀에도 비구들은 여전히 말이 없었다.

그러자 세존께서 그들에게 말씀하셨다. "비구들이여, 너희가 스승에 대한 경외감에서 물어보지 못하는지도 모르겠다. 그러면 비구들이여, 친구에게 알려라."[138]

이때도 비구들은 말이 없었다.

그때 아난다 존자가 세존께 여쭈었다. "정말 놀랍습니다, 선생님. 경탄스럽습니다, 선생님. 선생님, 저는 이곳 비구들의 공동체에서 '붓다'나 '법'이나 '승가' 또는 '길'이나 '수행'에 대해 어떤 의혹이나 혼란을 가진 비구가 단 한 명도 없다는 믿음을 가지고 있습니다."

"아난다야, 너는 믿음 때문에 말하지만, 아난다야, 여기에 대해서 여래는 이 비구들의 공동체에는 '붓다'나 '법'이나 '승가' 또는 '길'이나 '수행'에 대해 어떤 의혹이나 혼란을 가진 비구가 단 한 명도 없다는 것을 알고 있고, 확실히 알고 있다. 아난다야, 실로 이 오백 명의 비구 중에서 영적 성취가 가장 낮은 사람조차도 낮은 경지로 떨어지지 않는 예류預流(수다원須陀洹, Sotāpanna)의 경지이며, 확신하고 있고, 깨달음으로 나아간다."

그리고 세존께서 비구들에게 말씀하시기를, "그럼, 비구들이여, 나는 이제 너희에게 당부하노라. 조건에 따라 있는 것은 무상無常하다. 목표를 성취하기 위해 부지런히 노력하여라."

---

138) 비구가 스승에 대한 존경심으로 부처님께 직접 질문하는 것이 꺼려진다면 비구는 친구에게 질문을 속삭여 이야기하고, 친구는 그를 대신하여 질문할 수 있다는 발상이다.

이것이 여래께서 남기신 마지막 말씀이었다.

『디가 니까야』 No. 16

사진 10. 일본 에도시대 나가사와로세츠長澤蘆雪의 반열반도般涅槃圖. 〈국립중앙박물관 제공〉

영어 독자를 위해 가려 뽑은 참고문헌

1. Arnold, Sir Edwin: The Light of Asia (in many editions).
2. Burtt, Edwin A.: The Teachings of the Compassionate Buddha (The New American Library, 1955).
3. Conze, Horner, Snellgrove, Waley: Buddhist Texts Through the Ages (Bruno Cassirer, Oxford).
4. Dahlke, Paul: Buddhism (Macmillan, London); Buddhist Essays (Macmillan, London); Buddhism and Science (Macmillan, London).
5. Dhammapala, Bhikkhu: Basic Buddhism (The Associated Newspapers of Ceylon, Ltd., Colombo).
6. Evola, J.: The Doctrine of Awakening (Luzac & Co., London).
7. Humphreys, Christmas: Buddhism (Pelican Series).
8. Lounsbery, G. Constant: Buddhist Meditation in the Southern School (Luzac & Co., London).
9. Ludowyk, EFC.: The Footprint of the Buddha (George Allen & Unwin, London, 1958).
10. Malalasekera, GP.: The Buddha and His Teachings (The Lanka Bauddha Mandalaya, Colombo).
11. Narada, Maha Thera: Buddhism in a Nutshell (The Associated Newspapers of Ceylon, Colombo).

12. Nyanaponika, Thera: Buddhist Dictionary: Manual of Buddhist Terms and Doctrines (The Associated Newspapers of Ceylon, Colombo); The Heart of Buddhist Meditation (Colombo, 1954).

13. Nyanatiloka, Mahathera: The Essence of Buddhism (The Associated Newspapers of Ceylon, Colombo); The Fundamentals of Buddhism (The Associated Newspapers of Ceylon, Colombo); The Word of the Buddha (The Associated Newspapers of Ceylon, Colombo).

14. Rahula, Walpola: History of Buddhism in Ceylon (M. D. Gunasena & Co., Colombo, 1956).

15. Rhys Davids, TW.: Buddhism, American Lectures on the History of Religions (Putnam, London).

16. Suriyabongs, Dr. Luang: Buddhism in the Light of Modern Scientific Ideas (Bangkok, Thailand).

17. Tachibana, S.: The Ethics of Buddhism (The Maha Bodhi Society. Colombo).

18. Thomas, EJ.: Early Buddhist Scriptures (Kegan Paul, London); The Life of Buddha as Legend and History (Kegan Paul, London); History of Buddhist Thought (Kegan Paul, London); The Road to Nirvana (The Wisdom of the East Series, John Murray, London); The Quest of Enlightenment (John Murray, London).

19. Warren, Henry Clark: Buddhism in Translations (Harvard University Press, U.S.A.).

20. Woodward, FL.: Some Sayings of the Buddha (World's Classics,

Oxford); The Buddha's Path of Virtue (The Translation of the Dhammapada) (Adyar, Madras, India).

용어 목록

Ācariya 선생님, 스승, 종교 지도자.

Ācariya-muṭṭhi 스승의 움켜쥔 주먹, 즉 난해한 교리, 비밀스러운 가르침.

Adhamma 악한, 잘못된, 불공평한, 부도덕한.

Adhimokkha 결심.

Ādīnava 악한 결과, 위험, 불만족.

Āhara 영양소.

Ajjava 정직, 성실.

Akkodha 증오나 분노로부터 벗어남.

Akusala 불건전한, 단점, 잘못된, 나쁜, 악한.

Ālaya-vijānana 저장의식, 아뢰야식阿賴耶識.

Amata(싼.**Amṛta**) 불멸, 열반nirvāṇa의 동의어.

Anāgāmī 불환不還, 아나함阿那含, 진리를 깨달음의 세 번째 단계.

Ānāpānasati 들숨과 날숨의 마음챙김, 수식관數息觀, 명상의 한 형태.

Anatta 영혼 없음, 자아 없음, 무아無我.

Anicca 무상無常한.

Arahant 아라한阿羅漢, 진리를 깨달음의 네 번째이자 마지막 단계로, 모든 족쇄, 번뇌와 더러움에서 벗어난 자이며, 윤회에서 자유로운 자.

Ariya-aṭṭhaṅgika-magga 거룩한 팔정도八正道.

Ariya-sacca 거룩한 진리.

Assāda 즐거움, 매력.

Atakkāvacara 논리의 영역을 넘어서, 생각의 영역을 넘어서.

Ātman(빨.**Atta**) 영혼, 자기, 자아.

Attadīpa 자신을 자신의 섬(보호)으로 삼는 것.

Attasaraṇa 자신을 자신의 피난처로 삼는 것.

Avihiṃsa(=**Ahiṃsa**) 비폭력.

Avijjā 무지, 무명無明, 환상, 망상.

Avirodha 방해하지 않음, 반대 없음.

Āvuso 벗(동등한 사람들 사이의 호칭 형태).

Avyākata (문제와 관련하여) 설명되지 않은, 선언되지 않은, (윤리적으로) 중립(좋지도 나쁘지도 않음).

Āyasmā 존자尊者, 장로長老, 구수具壽.

Āyatana 영역. 여섯 가지 내부 영역 - 눈, 귀, 코, 혀, 몸 및 마음; 여섯 가지 외부 영역 - 보이는 형태, 소리, 냄새, 맛, 만질 수 있는 대상 및 마음 대상(관념, 생각, 개념).

Bhaiṣajya-guru 의사, 약사불藥師佛.

Bhante 선생님, 존자尊者, 존사尊師.

Bhava 태어남, 존재, 연속성.

Bhāvanā 명상, 정신 수양.

Bhikkhu 불교 승려, 탁발승.

Bhisakka 의사, 내과의사.

Bodhi. Bo-tree 지혜의 나무, Ficus religiosa, 부처가 깨달음을 얻은 나무.

Bojjhaṅga 깨달음의 요인.

Brahma 최고의 존재, 우주의 창조자.

Brāhmaṇa 바라문, 인도에서 가장 높은 카스트의 일원.

Brahma-vihara 최고의 거주(보편적 사랑, 자비, 공감하는 기쁨과 평정심으로).

Buddha 깨달은 이, 붓다.

Cetanā 의도.

Chanda 의지, 관심, 바람.

Citta 마음.

Cittekaggatā 마음이 하나의 대상에 집중된 상태, 심일경성心一境性.

Dāgaba 사리śarīra탑, =싼.Dhātugarbha.

Dāna 자선, 보시.

Dasa-raja-dhamma 왕의 열 가지 의무.

Deva 신, 천상의 존재.

Dhamma(싼.Dharma) 진리, 가르침, 교리, 의로움, 경건, 도덕, 정의, 자연, 조건 따라 있거나 조건을 따르지 않거나 간에 모든 사물과 상태 등.

Dhamma-cakka 진리의 수레바퀴.

Dhamma-cakkhu 진리의 눈.

Dhamma-vicaya 진리의 탐구.

Dhamma-vijaya 독실함의 승리, 진리의 승리.

Dhyāna 황홀경, 무아경, 고도의 명상을 통해 달성되는 마음의 상태, 선정禪定.

Dosa 분노, 증오, 악의.

Dravya 실체.

Dukkha 괴로움, 갈등, 불만족, 튼튼하지 못함, 헛됨, 고苦.

Ehi-passika 직역하면 '와서 보라.', 부처님의 가르침을 묘사하는 데 사용되는 문구.

Hīnayāna 소승小乘, 대승주의자들이 불교의 초기 정통 종파를 언급하면서 만들어 사용하는 용어.=Theravāda.

Indriya 기능, 감각 기능, 감각기관.

Jāti 출생.

Jara-maraṇa 늙음과 죽음.

Kabaḷīkārāhāra 물질적인 음식.

Kalyāṇa-mitta 당신을 올바른 길로 이끄는 좋은 친구.

Kāma 감각적 쾌락, 감각적 쾌락에 대한 욕망.

Kamma(싼.Karma) 의도적 행위, 직역하면 행위, 행동.

Kamma-phala, Kamma-vipāka 행위의 열매 또는 결과.

Karuṇā 자비.

Khandha 무더기, 모음, 그룹.

Khanti 인내, 관용, 아량.

Kilesa 번뇌, 불순물, 열정.

Kṣatriya 왕실 카스트, 인도 카스트 제도의 두 번째 카스트, 그 카스트의 구성원.

Kusala 건전한, 공덕, 선한.

Maddava 부드러움, 온화함.

Magga 도道, 길.

Mahā-bhūta 주요 원소. 사대 원소 - 고체지地, 유체수水, 열화火, 운동풍風.

Mahāyāna 대승大乘, 후대에 발전한 불교의 한 형태로, 현재는 주로 중국, 일본, 한국, 티베트에서 추종되고 있다.

Majjhima-paṭipada 중도中道.

Māna 자만심.

Manas 정신 기관, 마음.

Manasikāra 집중.

Manosañcetanāhāra 자양분으로서 정신적 의도.

Mettā 사랑, 보편적 사랑, 직역하면 우정.

Micchā-diṭṭhi 잘못된 견해, 잘못된 의견, 사견邪見.

Moha 무지, 망상, 환상.

Muditā 동정심 어린 기쁨, 다른 사람의 성공, 복지 및 행복에 대한 기쁨.

Nairātmya 영혼 없음, 자아가 없다는 사실.

Nāma-rūpa 이름과 형태, 정신과 육체, 정신적 및 육체적 에너지.

Ñāṇa-dassana 통찰, 지혜를 통한 비전.

Nirodha 그침, 중단.

Nirvāṇa(빨.**Nibbāna**) 불교의 최고 선善, 궁극적 실재, 절대 진리, 직역하면 불이 꺼지다, 소멸하다.

Nissaraṇa 자유, 해방, 직역하면 벗어나다.

Nīvaraṇa 방해, 장애.

Pañcakkhandha 오온五蘊 즉 색色·수受·상想·행行·식識.

Paññā 지혜.

Paramattha(싼.**Paramārtha**) 절대 진리, 궁극적 실재.

Pariccāga 포기, 단념.

Paribnirvāṇa(빨.**Parinibbāna**) 완전히 꺼지다, 부처님 또는 아라한의 마지막 죽음. 반열반般涅槃.

Passaddhi 이완, 고요.

Paṭicca-samuppāda 조건 따라 생겨남, 연기緣起.

Paṭigha 혐오, 반감.

Paṭisotagāmi 흐름을 거슬러 가다.

Paṭivedha 침투, 깊은 이해.

Phassa 접촉.

Phassāhāra 영양분으로서의 접촉(영양분으로서의 외부 세계와 내부 감각 기능의 접촉).

Pīti 기쁨.

Puggala(싼.Pudgala) 개인, 사람.

Rāga 욕망, 갈망.

Ratanattaya 삼보三寶, 붓다와 법(붓다의 가르침)과 승가.

Rūpa 물질, 형태.

Sacca(싼.Satya) 진리.

Saddhā(싼.Śraddhā) 확신, 믿음.

Sakadāgāmi 일래一來, 사다함斯陀含, 진리를 깨달음의 두 번째 단계.

Sakkāya-diṭṭhi 영혼 또는 자아에 대한 믿음, 자아관념, 살가야견薩迦耶見.

Saḷāyatana 여섯 가지 감각 영역, Ayatana 참조.

Samādhi 고도의 명상, 정신 훈련을 통해 얻어지는 집중. 삼매三昧.

Samajīvikatā 자신의 형편에 맞게 사는 것, Samajīvitā.

Samatha 평온, 집중.

Saṅkhāra, saṅkhata(싼.Saṃskāra) 조건에 따라 있는 사물과 상태, 행行.

Sammā-ājīva 바른 생계.

Sammā-diṭṭhi 바른 견해, 바른 이해.

Sammā-kammanta 바른 행동.

Sammā-samādhi 바른 집중.

Sammā-saṅkappa 바른 생각.

Sammā-sati 바른 마음챙김.

Sammā-vācā 바른 말.

Sammā-vāyāma 바른 노력.

Sammuti 관습, 관례, 풍습. sammuti-sacca, 관습적인 진리.
Saṃsāra 윤회. 존재의 계속됨, 존재의 순환.
Samudaya 둑카의 생성, 두 번째 거룩한 진리.
Saṅgha 승가, 불교 승려 공동체.
Saññā 지각.
Sassata-vāda 영원주의, 영원주의 이론.
Sati 마음챙김, 알아차림.
Satipaṭṭhāna 마음챙김의 설정.
Satthā 선생님, 스승, 교주.
Sīla 미덕, 도덕, 계율.
Sotāpanna 예류預流, 수다원須陀洹, 진리를 깨달음의 첫 번째 단계.
Stūpa(빨.**Thūpa**) 사리탑, Dāgaba 참조.
Śūdra 낮은 카스트, 인도 카스트 제도의 네 번째 카스트, 이 카스트의 구성원.
Sukha 행복, 안락함, 편안함.
Sutta 설법, 경.
Taṇhā(싼.**Tṛṣṇā**) 갈애, 욕망, 갈망.
Taṇhakkhaya 갈애의 소멸, nirvāṇa의 동의어.
Tapas 고행, 금욕.
Tathāgata 여래如來, 진리를 발견한 자, 부처님과 동의어로, 부처가 자신이나 다른 부처님을 지칭할 때 일반적으로 사용하는 용어.
Theravāda 장로학파, 상좌부불교, 주로 실론, 버마, 태국, 라오스 및 치타공에서 받아 들여지고 따르는 불교의 정통적이고 독창적인 형태.
Thīna-middha 무감각과 무기력.
Tipiṭaka(싼.**Tripiṭaka**) 삼장三藏, 경장經藏 율장律藏 논장論藏의 세 가지 불서를 통틀어 이르는 말.
Tisaraṇa 세 가지 피난처, 삼귀의처三歸依處, 불법승佛法僧.
Uccheda-vāda 소멸주의.
Uddhacca-kukkucca 불안과 걱정.
Upādāna 집착.

Upādāyarūpa 파생 물질.

Upāsaka 재가 불교도.

Upekkhā 평정심.

Vaiśya 농업 및 상인 카스트, 인도 카스트 제도의 세 번째 카스트, 이 카스트의 구성원.

Vedanā 감각, 느낌.

Vibhava 소멸.

Vibhava-taṇhā 소멸에 대한 갈망.

Vicikicchā 의혹.

Viññāṇa 의식.

Viññāṇāhāra 영양분으로서의 의식.

Vipāka 결과.

Vipariṇāma 변화, 변형, 변경.

Vipassanā 통찰, 분석적 통찰.

Virāga 초탈, 욕망으로부터의 자유.

Viriya 에너지, 정력, 근기根氣.

Vyāpāda 분노, 증오, 악의.

Yathā-bhūta 실제로, 있는 그대로.

찾아보기

가르침
26, 27, 31, 33, 37, 38, 39, 42, 43, 50, 67, 69, 71, 78, 92, 103, 104, 113, 114, 120, 121, 122, 124, 126, 130, 135, 137, 140, 150, 158, 161, 164, 166, 171, 175, 180, 193, 195, 198, 205, 231, 233, 236, 238, 243, 250

가부좌
53, 145, 211

가사袈裟
35, 36, 212, 225

가자訶子
39

갈애渴愛
69, 74, 77, 117, 184

갈애멸진의 긴 경(다제경茶帝經)
41, 65

감각기관
57, 66, 76, 84, 88, 117, 219

감각의 무더기(수온受蘊)
58, 66

감수感受
58, 106, 117, 145, 187, 219

감정
32, 91, 104, 114, 142, 150, 162

개아個我
68, 120

갠지스Ganges
19

거룩한 삶
45, 189, 207, 209, 241

거룩한 자의 계율(성률聖律)
161, 163, 226, 230

걱정
28, 82, 91, 97, 107, 122, 129, 141, 148, 149, 150, 167, 194, 218

건전kusala
27, 72, 106
☞ 선善

검증
27, 37

검증자경(구해경求解經)
27

견해
27, 29, 41, 43, 47, 52, 61, 69, 75, 92, 108, 113, 121, 124, 125, 126, 137, 191, 197

경안각지輕安覺支
154, 222

경장經藏
15, 33, 65, 86

경전經典
10, 25, 27, 33, 37, 38, 39, 40, 50, 53, 75, 78, 122, 123, 141, 145, 154, 159, 163, 166, 180

계명誡命
27

찾아보기 · 267

계율戒律
14, 35, 159, 164, 208, 243, 252

고고苦苦
55

고따마Gotama
19, 33, 40, 70, 131, 133, 135, 207

고성제苦聖諦(고제苦諦)
☞ 괴로움의 거룩한 진리

고음경苦陰經
☞ 괴로움의 무더기의 긴 경

고통
19, 47, 51, 52, 55, 68, 70, 84, 102, 117, 125, 128, 155, 175, 176, 183, 187, 198, 199, 200, 201, 202, 203, 210, 224, 234, 243, 246, 247, 248, 249

고행苦行
71, 102, 183

고행수도자
19, 20, 33, 50, 70

공감
31, 155

공무변처空無邊處
90, 143

관념
32, 43, 58, 62, 65, 68, 75, 79, 85, 88, 97, 98, 106, 107, 113, 114, 118, 121, 134, 135, 137, 151, 188, 210

관용
32, 104, 174

관통지貫通智
109

광명
40

괴고壞苦
55

괴로움
47, 51, 52, 53, 55, 70, 74, 108, 109, 125, 168, 183, 198, 199, 200, 201, 202, 203, 223, 238, 244, 247, 249

괴로움의 거룩한 진리
(고성제苦聖諦, 고제苦諦)
49, 51, 70, 109
☞ 둑카Dukkha

괴로움의 무더기의 긴 경
(고음경苦陰經)
54

교리
26, 30, 31, 34, 37, 40, 41, 43, 64, 65, 68, 109, 115, 153, 167, 202

교주
24

구라단두경究羅檀頭經
☞ 꾸따단따경

구마라집鳩摩羅什
56

구부득고求不得苦
55

구전口傳
27, 39, 40, 180

구해경求解經
☞ 검증자경

궁극적 실상
84, 98, 108, 109, 110, 143

권능
24, 26

권태
28

귀의歸依
30, 38, 39, 65, 85, 87, 164, 208, 233

귀족
46, 186

그릇된 견해(사견邪見)
28, 61, 75, 191, 242

근기根氣(정진각지精進覺支)
61, 153, 202, 221

근기根器
103, 133

근상하지력根上下智力
133

근심
28, 70, 72, 97, 125, 153, 190, 194

금욕
19, 53, 102, 159

급고독給孤獨Anāthapindika
(쑤닷따Sudatta)
168, 192, 194, 204

기독교
31, 32, 127

기쁨
38, 66, 71, 72, 107, 108, 109, 141, 144, 146, 154, 155, 202, 205, 206, 221, 244

기원정사祇園精舍(Jetavana사원)
168, 169, 192, 194, 204

길
19, 20, 25, 43, 48, 51, 70, 92, 93, 96, 99, 102, 103, 109, 110, 122, 133, 158, 162, 163, 164, 165, 173, 183, 184, 185, 199, 208, 210, 223, 224, 226, 227, 229, 233, 237, 246, 247, 248, 253, 254

까르마karma
☞ 업業

까빠티까Kāpathika
40

깔라마Kālāma
26

깔링가Kalinga
30, 175

깨달음
20, 21, 24, 26, 36, 39, 48, 71, 96, 102, 108, 110, 114, 133, 136, 142, 147, 152, 153, 183, 186, 193, 202, 206, 238, 254

깨달음의 요소(칠각지七覺支)
72, 153, 220

께싸뿟따Kesaputta
26

꼬리표
31

꼬쌀라Kosala
26, 71, 169

꼬쌈비Kosambī
43

꾸따단따경(구라단두경究羅檀頭經)
166

꾸씨나라Kusinara
20

나

나란타那爛陀
☞ 날란다Nālandā

나한羅漢
☞ 아라한阿羅漢

낙관주의
51, 54

날란다Nālandā(나란타那爛陀)
29

내세
121, 126, 167, 168

네 가지 거룩한 진리(사성제四聖諦)
28, 37, 48, 50, 70, 96, 108, 109, 116, 119, 154, 185, 223, 246

네 가지 양분
76

네란자라Nerañjarā
19

녹야원鹿野苑
☞ 사슴동산

능가경楞伽經
85, 92, 135

니간타 나따뿟따Nigantha Nātaputta
☞ 자이나 마하비라Jaina Mahāvīra

니까야nikāya
15, 33

니르바나nirvāṇa
☞ 열반涅槃

다섯 가지 무더기
(오온五蘊, 오취온五取蘊)
56, 57, 60, 61, 67, 68, 80, 87, 94, 95, 96, 115, 116, 119, 122, 123, 124, 135, 154, 184, 219

다섯 장애(오개五蓋, 오장애五障礙)
27, 28, 152, 217

다제경荼帝經
☞ 갈애멸진의 긴 경

단멸론斷滅論
131, 132, 137

담마dhamma
123, 124
☞ 법法dhamma(dharma)

대반열반경大般涅槃經
25, 127, 170, 252

대승大乘Mahāyāna
12, 33, 62, 63, 92, 120, 124, 135, 155

대승아비달마집론大乘阿毗達磨集論
12, 38, 55, 58, 60, 71, 75, 138

대승오온론大乘五蘊論
61

대승장엄경론大乘莊嚴經論
120

데카르트
69

도거掉擧
61, 75, 153

도리천忉利天
21, 142, 155, 164

도성제도聖諦(도제道諦)
☞ 둑카의 소멸로 이끄는 길

도솔천兜率天
142

둑카Dukkha
48, 50, 52, 55, 70, 74, 84, 102, 123, 183, 198, 223, 247

둑카의 기원
(집성제集聖諦, 집제集諦)
51, 73, 74, 96, 109, 184, 223

둑카의 소멸
(멸성제滅聖諦, 멸제滅諦)
48, 51, 70, 78, 83, 84, 86, 91, 110, 184

둑카의 소멸로 이끄는 길
(도성제道聖諦, 도제道諦)
48, 51, 70, 101, 102, 109, 110, 184, 199, 223

둑카의 원인
☞ 둑카의 기원

디가 니까야
25, 26, 29, 33, 35, 127, 128, 129, 130, 144, 161, 166, 168, 233, 255

디가자누Dighajānu
167

뗏목
42

라다Rādha
87, 94

라훌라Rāhula
19

랏타빨라Ratthapāla
67

마야Maya
19

마음
53, 58, 60, 61, 62, 63, 64, 65, 66, 72, 75, 76, 84, 86, 90, 93, 104, 106, 107, 117, 130, 132, 135, 141, 142, 143, 145, 146, 149, 150, 151, 152, 154, 155, 159, 160, 163, 177, 186, 188, 190, 193, 199, 204, 208, 210, 216, 217, 234, 235, 236, 240, 243, 245, 248, 249, 250, 253

마음 대상(법처法處, 법진法塵)
58, 62, 64, 65, 188, 210, 217

마음의 평정平靜(사각지捨覺支)
154, 222

마음작용
60, 61, 63, 66, 90, 122, 123, 136, 219

마음작용의 무더기(행온行蘊)
60, 61, 66, 68, 77, 123

마음챙김
103, 107, 130, 144, 145, 149, 150, 153, 191, 202, 210
바른~ ☞ 바른 마음챙김

만동자鬘童子
☞ 말룬꺄뿟따Mālunkyaputta

말나식末那識
63, 64

말룬꺄 짧은 경(전유경箭喩經)
45

말룬꺄뿟따Mālunkyaputta
(만동자鬘童子)
44, 48

맛지마 니까야
27, 30, 32, 33, 39, 40, 41, 43, 43, 53, 54, 55, 65, 66, 72, 75, 76, 77, 78, 87, 89, 95, 97, 104, 116, 122, 125, 126, 133, 135, 143, 144, 151, 159, 160, 166, 203, 209, 224

멸성제滅聖諦(멸제滅諦)
☞ 둑카의 소멸

명상(바바나bhāvanā)
45, 53, 72, 103, 106, 107, 109, 139, 140, 148, 235, 240, 247, 250

명색名色
116, 250

모시라謨尸羅
☞ 무실라Musila

무기無記
☞ 붓다의 침묵

무기력
28, 153, 218

무명無明
28, 61, 63, 69, 75, 86, 92, 116, 117, 133, 195, 207

무문자설경無問自說經
88

무분별지無分別智
108

무상無常
52, 53, 67, 109, 123, 132, 247, 254

무색계無色界
142

무소유無所有
90, 142, 143

무실라Musila(모시라謨尸羅)
39, 87

무아無我anatta
68, 111, 115, 119, 121, 122, 123, 124, 125, 132, 134, 137, 159, 197, 248

무위無爲
86, 87, 93, 124

무지無知
28, 32, 36, 61, 85, 89, 97, 113, 114, 116, 241

무착無着
☞ 아쌍가Asaṅga

무학無學
37

물질
58, 59, 63, 66, 68, 76, 80, 116, 122, 136, 142, 154, 163, 165, 169, 177, 213, 219

물질의 무더기(색온色蘊)
57, 66

미혹迷惑
86, 87, 88, 92, 97, 98, 107, 151

믿음
27, 37, 38, 39, 41, 113, 119, 133, 137, 159, 168, 175, 244, 254

바

바라나씨Varanasi
20, 50, 130, 183

바라문婆羅門brāhmaṇa
20, 26, 40, 55, 67, 87, 112, 131, 185, 207, 225, 230, 250, 251

바른 노력(정정진正精進, 정근正勤)
103, 106, 108, 183, 184

바른 마음챙김(정념正念)
103, 106, 108, 183, 184

바른 말(정어正語)
61, 103, 105, 106, 183, 184

바른 생각(정사正思)
103, 108, 183, 184

바른 생계(정명正命)
61, 103, 105, 106, 183, 184

바른 이해(정견正見)
103, 108, 183, 184

바른 정신집중(정정正定)
103, 106, 107, 108, 183, 184

바른 행위(정업正業)
61, 103, 105, 106, 183, 184

바바나bhāvanā
141
☞ 명상

바퀴굴림경
(전륜성왕수행경轉輪聖王修行經)
166

박애
32, 97, 174

반떼bhante(존자尊者)
35, 252

반야般若paññā
61, 96

반얀나무
114

반열반般涅槃paribnirvāṇa
(parinibbuto)
21, 94, 95, 128, 180, 253, 256

발우鉢盂
35, 212, 225

발지跋耆Vajjis
170

밧차곳따Vacchagotta
131, 133, 135, 159

방랑수행자
87, 95, 131, 159

백성
30, 167, 171, 172

뱀 비유 경(아리타경阿梨吒經)
125

번뇌
28, 36, 53, 57, 64, 75, 79, 86, 87, 136, 152, 159, 189, 194, 207, 238, 251

범천梵天
112, 155, 161, 185, 239

법法dhamma
15, 26, 38, 43, 58, 61, 62, 64, 103, 106, 123, 124, 129, 130, 132, 134, 145, 164, 176, 184, 202, 205, 206, 208, 210, 233, 248, 252, 253

법구경法句經
25, 122, 123, 126, 127, 132, 171, 174, 234

법무아法無我
124

법안法眼
39

법열法悅
148

법집론
58, 75

법처法處(법진法塵)
☞ 마음 대상

벗(아부쏘āvuso)
33, 35, 237, 252

벨루바Beluva(죽림竹林)
128

보리수
19, 165

보석
38, 162, 231

보시布施
171, 205, 230

찾아보기 · 273

보호자
25, 127, 242

본생경本生經
171

부정不淨
39, 75, 79

분노
71, 152, 190, 204, 244

분별론
58, 75, 133

분별육계경分別六界經
☞ 요소의 분석 경

분별지分別智
108

분소의糞掃衣
35

불건전akusala(불선不善)
27, 106, 107

불만족
50, 54, 55, 109

불멸不滅
89

불선不善
☞ 불건전akusala

불환不還
☞ 아나함阿那含

붓다Buddha
10, 19, 26

붓다-가야Buddha-Gaya
19

붓다고사Buddhaghoṣa
65, 68, 81, 171

붓다의 침묵(무기無記)
47, 95, 131, 132

비관주의
51, 54

비구比丘
33, 35, 164, 246, 249, 250

비빳싸나vipassanā
142, 143

비상비비상처非想非非想處
(비유상비무상처非有想非無想處)
90, 142, 143

빠리닙부또parinibbuto
☞ 반열반般涅槃

뿍꾸싸띠Pukkusāti
35, 37, 89

사각지捨覺支
☞ 마음의 평정平靜

사견邪見
☞ 그릇된 견해

사권師拳
☞ 스승의 움켜쥔 주먹

사념처四念處
130

사념청정捨念淸淨
53

사다함斯陀含Sakadāgāmi
(일래一來)
36, 206

사대 원소
57

사랑
32, 55, 104, 105, 108, 151, 155, 160, 162, 163, 174, 177, 190, 208, 230, 231, 232, 234, 244

사량思量
63, 64, 135

사리불舍利弗
87, 98, 159

사무량심四無量心(사범주四梵住)
155

사문沙門sāmaña
26, 185, 193, 230, 232

사범주四梵住
☞ 사무량심四無量心

사성제四聖諦
☞ 네 가지 거룩한 진리

사슴동산(녹야원鹿野苑)
20, 50, 86, 183

사왕천四王天
142

사위성舍衛城Sāvatthi
34, 168, 169

사제司祭
26, 46

살가야견薩迦耶見
61, 68

삼계구지三界九地
142

삼귀의처三歸依處
26

삼마지三摩地
☞ 삼매三昧

삼매三昧
61, 93, 142, 202, 206

삼보三寶
26, 164

삼의三衣
35

삼장三藏tipiṭaka
10, 14, 33, 65, 75, 86, 180

삼학三學
☞ 세 가지 배움

상온想蘊
☞ 지각知覺의 무더기

상윳따 니까야
33, 39, 40, 44, 48, 50, 54, 56, 57, 58, 60, 62, 67, 69, 70, 74, 77, 86, 87, 88, 92, 94, 95, 97, 116, 132, 135, 149, 163, 186, 189

상좌부上座部Theravāda
33, 34, 61, 62, 63, 65, 92, 124, 155

상주론常住論
131, 132, 137

상처
30, 201

색계色界
53, 112, 142, 155

색온色蘊
☞ 물질의 무더기

생각
58, 62, 64, 65, 66, 69, 82, 96, 107, 108, 113, 114, 135, 144, 169, 175, 190, 194, 207, 210, 234, 239, 245, 248

생로병사生老病死
55

석가족釋迦族
19, 33, 170

선善
27, 60, 64, 77, 79, 85, 98, 104, 124, 135,

151, 155, 160, 162, 163, 169, 190, 197,
205, 206, 228, 229, 230, 231, 233, 236,
239, 240, 241, 243, 244, 245, 246

선禪
53, 143, 150

선교善巧
40

선생경善生經
161, 225

선생님
35, 133, 252

선정禪定
53, 93, 107, 147, 155

섭아비달마의론攝阿毘達磨義論
61

성률聖律
☞ 거룩한 자의 계율

성품
32, 36, 40, 72, 93, 104, 108, 160, 173

세 가지 배움(삼학三學)
104, 106, 108

세존世尊
205

세친世親Vasubandhu
12, 61, 66

수계受戒
35

수관隨觀
☞ 아누빳싸나anupassanā

수다원須陀洹Sotāpanna(예류預流)
36, 206, 243, 254

수면睡眠
61, 153

수식관數息觀(隨息觀)
106, 145, 147

수온受蘊
☞ 감각의 무더기

수행법
53, 106, 147

숭배
30, 120, 161, 164, 226

슛도다나Suddhodana
19

스승
19, 24, 27, 29, 30, 33, 40, 43, 64, 67,
129, 134, 143, 161, 162, 165, 205, 230,
231, 252, 253, 254

스승의 움켜쥔 주먹(사권사권師拳)
26, 129

승가僧伽saṅgha
14, 25, 26, 33, 35, 38, 45, 128, 160, 164,
166, 205, 206, 208, 233, 253

승가리僧伽梨saṃghāti
36

시자侍者
128

식무변처識無邊處
90, 143

식온識蘊
☞ 알아차림의 무더기

신들의 사랑을 받는 자
175, 176

신앙
24, 37, 38, 39, 40, 41, 109, 144

신자
31, 32, 53, 109, 140, 158, 159, 163, 164,
165, 172, 232

실상實相
19, 82, 90, 92, 97, 109, 142

궁극적~ ☞ 궁극적 실상

심일경성心一境性
61, 93, 107, 142

심판
24, 79, 112

십무기十無記
47

십왕법十王法
☞ 왕의 열 가지 본분

싸띠Sāti
64

싸빗타Savittha
39

쌋다saddhā
37, 38

쌍가saṅgha
☞ 승가僧伽

쌍대성雙對性
88

쌍카라saṅkhāra
60, 123

쑤닷따Sudatta(수달다須達多)
☞ 급고독給孤獨

쑤뜨라sūtra(쑷따sūtta)
25
☞ 경전經典

쑤카sukha
52

쑷따sūtta
☞ 쑤뜨라sūtra

쑷따니빠따suttanipāta
41, 191, 193

씨갈라Sigāla
161, 168, 225, 226, 230, 233

씻다르타Siddhārtha
19, 253

아귀餓鬼
142

아나함阿那含Anāgāmī(불환不還)
36, 206, 223

아난다Ānanda
10, 128, 131, 132, 252, 253, 254

아누빳싸나anupassanā(수관隨觀)
145

아뜨만ātman(진아眞我)
68, 80, 92, 96, 112, 126, 132, 135

아라까Araka
67

아라한阿羅漢Arahant(응공應供)
10, 34, 36, 48, 57, 79, 91, 95, 133, 135, 136, 140, 171, 182, 206, 209, 223, 234, 253

아뢰야식阿賴耶識
62, 63, 135

아리타경阿梨吒經
☞ 뱀 비유 경

아부쏘āvuso
☞ 벗

아사세阿闍世왕Ajātasattu
170

아수라阿修羅
142

아쌍가Asaṅga(무착無着)
12, 38, 61, 137

아쏘까Asoka
30, 173, 175

아야쓰마āyasmā(장로長老)
35, 252

아함경阿含經
33

악의惡意
28, 32, 36, 71, 105, 107, 108, 113, 141, 151, 152, 172, 177, 190, 202, 204, 207, 239

악작惡作
61, 153

안타회安陀會antarvāsa
35

알라하바드Allahabad
43

알아차림
38, 53, 61, 63, 64, 66, 103, 122, 144, 145, 149, 150, 187, 210, 219,
☞ 마음챙김

알아차림의 무더기(식온識蘊)
61, 62, 66

앙굿따라 니까야
27, 29, 33, 48, 53, 60, 67, 70, 87, 96, 133, 140, 168, 169

애별리고愛別離苦
55

애욕
28

야마천夜摩天
142

야쏘다라Yasodharā
19

약사여래불藥師如來佛
52

어머니
19, 32, 87, 190, 236

업業(까르마karma)
29, 60, 63, 76, 77, 78, 91, 116, 123

업과 업과業果
60, 78

업보業報
78, 137

여래如來
25, 27, 35, 45, 121, 129, 131, 183, 254, 255

여실如實
39, 108, 223

연기緣起
28, 75, 92, 115, 116, 118, 119, 137

연민憐憫
32, 151, 155, 160, 206

열반涅槃(니르바나nirvāṇa)
25, 36, 39, 47, 72, 82, 84, 86, 87, 88, 92, 93, 97, 98, 102, 110, 124, 135, 141, 177, 183, 193, 210, 238, 243, 244

염각지念覺支
153, 221
☞ 마음챙김

염식念食
77, 79

염처경念處經
107, 144, 210

영혼
45, 63, 68, 80, 92, 112, 119, 121, 125, 126, 127

영혼실재론靈魂實在論
125

예류預流
☞ 수다원須陀洹

오개五蓋
☞ 다섯 장애

오계五戒
164

오근五根
57

오염汚染
36, 39, 64, 75, 79, 86, 97, 110

오온五蘊(오취온五取蘊)
☞ 다섯 가지 무더기

오장애五障礙
☞ 다섯 장애

온蘊
56

옹기장이
32, 33, 89

와서 보라ehi-passika
39, 205

완전히 깨달은 이
34

왕의 열 가지 본분(십왕법十王法)
171

외도外道
47, 87

요별了別
61, 63, 135

요소의 분석 경
(분별육계경分別六界經)
32, 89

욕계欲界
36, 53, 142, 206

욕계육도欲界六道
142

욕망
32, 36, 48, 55, 67, 74, 75, 76, 79, 80, 86, 87, 107, 108, 113, 114, 142, 191, 204, 239

용수龍樹Nagarjuna
93

우다이Udayi優陀夷
98

우바리경優婆離經
☞ 우빠알리경

우바새優婆塞
29, 164

우빠알리경(우바리경優婆離經)
30

우빠알리Upāli
10, 29

우정
32

우주
45, 47, 121, 125, 126, 134, 243

운명
24, 112, 226, 251

울다라승鬱多羅僧uttarāsaṅga
35

원소
57, 88, 90, 213

원죄
28, 51

원증회고怨憎會苦
55

유위有爲
86, 87, 93, 124, 142

육경六境
60, 219

윤리적 처신
104, 105

윤회輪廻samsāra
56, 69, 82, 128, 142, 242

율장 대품
74, 86, 110, 115, 130

은총
26

응공應供
☞ 아라한阿羅漢

의도意圖
60, 77, 116

의문
27, 38, 69, 80, 95, 137

의사
46, 52

의식意識
62, 63, 65, 76, 90, 93, 116, 135, 188

의심
27, 38, 40, 75, 107, 153, 186, 197, 199, 218

의혹疑惑
28, 39, 253

이름표
31

이슬람교
31, 32

이씨빠따나Isipatana
20, 50, 183

이완
154, 202, 206, 222

이해
28, 30, 31, 32, 37, 38, 41, 54, 103, 108, 109, 114, 147, 174, 183, 184, 205, 210, 231, 246

인내
32, 71, 172, 193, 243

인무아人無我
124

일념경一念頃
82

일래一來
☞ 사다함斯陀含

일심집중一心集中
107

일체개고一切皆苦
123, 247

자기
24, 63, 107, 109, 112, 113, 119, 122, 127, 130, 135, 148, 150, 177, 197, 212, 237, 239, 241, 242, 246, 250

자기보존
113

자기보호
113

자단나무
44

자만自慢
32, 36, 61, 75, 113, 205

자비慈悲
36, 97, 104, 133, 174, 190, 250

자비희사慈悲喜捨
☞ 사무량심四無量心

자선慈善
32, 168

자아
63, 64, 68, 80, 88, 92, 96, 98, 112, 113, 115, 119, 120, 121, 122, 123, 124, 125, 126, 131, 132, 135, 137, 197, 248

자아관념
61, 68, 75, 79, 113, 120, 199

자유
25, 26, 51, 89, 109, 118, 151, 238, 239, 249

자유의지
118

자이나 마하비라Jaina Mahāvīra
(니간타 나따뿟따Nigantha Nātaputta)
29

자이나교Jainism
29

장님
41

장로長老
35, 71, 180, 252
☞ 아야쓰마āyasmā

장로게경長老偈經Theragāthā
71

장로니게경長老尼偈經Therīgāthā
71

장미
31

적멸寂滅
86, 91, 122, 142

전륜성왕수행경轉輪聖王修行經
☞ 바퀴굴림경

전유경箭喩經
☞ 말룬꺄 짧은 경

전유물
31

정각지定覺支
154, 222

정견正見
☞ 바른 이해

정념正念
☞ 바른 마음챙김

정명正命
☞ 바른 생계

정사正思
☞ 바른 생각

정신
58, 62, 63, 90, 106, 116, 153, 216

정신 수양
104, 106, 139, 141, 206

정신적 의도
☞ 염식念食

정신집중
142, 154, 222
바른~ ☞ 바른 정신집중

정어正語
☞ 바른 말

정업正業
☞ 바른 행위

정정正定
☞ 바른 정신집중

정정진正精進(정근正勤)
☞ 바른 노력

정진각지精進覺支
☞ 근기根氣

정치
76, 108, 166, 170

제법무아諸法無我
123, 132, 248

제석천帝釋天
113, 164

제자
25, 27, 29, 35, 39, 41, 44, 64, 67, 71, 87, 105, 121, 125, 128, 129, 135, 149, 158, 159, 162, 164, 168, 175, 180, 188, 198, 205, 226, 229, 231, 233

제행무상諸行無常
123, 247

조건
55, 60, 64, 75, 76, 86, 87, 88, 90, 93, 115, 116, 118, 123, 137, 142, 247, 250, 254

족쇄
41, 69, 137, 198, 199, 203, 220

존자尊者
☞ 반떼bhante

종교
12, 14, 19, 24, 26, 30, 31, 32, 37, 97, 103, 109, 112, 121, 153, 159, 165, 166, 168, 215

죄
27, 71, 200, 207, 241

주나문견경周那問見經
☞ 지워 없앰 경

중도中道
102, 119, 183

중생衆生
56, 67, 69, 76, 80, 115, 142, 155, 241

즐김
54

증오
32, 36, 61, 71, 86, 87, 89, 97, 105, 107, 108, 113, 141, 151, 152, 166, 170, 172, 174, 187, 191, 204, 208, 243, 246

지각知覺
60, 76, 90, 96, 116, 122, 136, 243

지각知覺의 무더기(상온想蘊)
59, 62, 66

지견知見
40

지계持戒
172

지론持論
44

지성知性
24, 25, 28, 71, 104, 133, 141, 144, 145, 152, 159, 160, 227, 246

지식
39, 108, 132, 133, 163, 165, 184, 205, 209, 231

지옥地獄
112, 142, 251

지워 없앰 경(주나문견경周那問見經)
143

282 · 붓다의 가르침

지혜
19, 36, 37, 39, 40, 61, 82, 90, 91, 96, 99,
104, 108, 114, 133, 137, 141, 168, 174,
184, 190, 192, 194, 199, 205, 206, 235,
236, 237, 238, 240, 241, 242, 245, 246,
247, 248, 251

진리
17, 25, 26, 27, 28, 31, 32, 34, 37, 39, 40,
49, 50, 73, 82, 83, 89, 92, 94, 97, 101,
109, 114, 119, 124, 135, 137, 141, 143,
154, 174, 177, 193, 206, 223, 234, 237,
244, 246

진속이제眞俗二諦
119

진아眞我
☞ 아뜨만ātman

진에瞋恚
28, 152, 172

집기集起
63, 135

집성제集聖諦(집제集諦)
☞ 둑카의 기원

집착
41, 43, 48, 53, 54, 56, 57, 61, 63, 67, 69,
75, 87, 90, 91, 108, 113, 117, 122, 136,
140, 168, 172, 184, 189, 190, 191, 199,
212, 242, 248, 249, 250

차

차마경差摩經
135

찬나Channa
253

찬양
30, 120

천민
20, 46

철학
15, 31, 52, 56, 58, 62, 63, 68, 76, 114,
118, 120, 153

청정淸淨
38, 39, 43, 53, 64, 85, 97, 142, 205, 208,
210, 224, 241, 242, 243, 246, 247, 248

청정도론淸淨道論
55, 62, 65, 68, 109, 118, 154

청정범행淸淨梵行
91, 162

초전법륜경初轉法輪經
50, 183

초탈超脫
48, 53, 54, 86, 202

최고선最高善
97

최고의 처벌
253

축생畜生
142

충고
27, 41, 48, 128, 225, 253

칙령
30, 175

친구
29, 35, 161, 163, 167, 169, 201, 227,
228, 231, 244, 252, 254

칠각지七覺支
☞ 깨달음의 요소

칠불퇴법七不退法
170

카스트
20, 26

케마까Khemaka
135

쾌락
54, 74, 77, 183, 184, 195, 207, 235, 236

쿳다까 니까야
33, 71, 81

타화자재천他化自在天
142

탁발
33, 35, 36, 206, 225

탐욕貪慾
28, 74, 75, 86, 87, 110, 113, 117, 142, 148, 152, 174, 177, 184, 187, 195, 204, 210, 244, 245, 246

탐진치貪瞋痴
86, 93

태어남
39, 47, 55, 76, 79, 87, 88, 91, 95, 183, 186, 189, 195, 198, 251

택법각지擇法覺支
153, 221

파생물
57

팔상八相 불비상佛碑像
21

팔정도八正道
102, 183, 246

편견
31, 97

평민
46, 186

평안
52, 206

평정平靜
48, 51, 53, 90, 102, 107, 140, 154, 155, 202, 222, 250

포용
29, 30, 31, 207

폭력
31, 108, 166, 170, 172, 174, 176, 202

표상表象
59

피안彼岸
66, 238, 249

하느님
24, 79, 112, 113, 114, 119, 121

해탈解脫
25, 89, 93, 143, 186, 189, 207, 247

행고行苦
55

행복
43, 51, 52, 53, 98, 102, 104, 109, 146,
160, 163, 165, 167, 168, 169, 174, 190,
192, 206, 229, 234, 235, 236, 240, 241,
243, 244, 250

행온行蘊
☞ 마음작용의 무더기

헛간
32, 33, 89

헤라클레이토스Heraclitus
67

현세現世
143, 158, 167, 197, 205

혼침惛沈
61, 75, 153

화락천化樂天
142

화살
46, 235, 247

후원
30, 127, 128, 129

희각지喜覺支
154, 221

희생犧牲
172

힌두교
31, 32, 112, 164

붓다의 가르침

인쇄 2025년 7월 20일
발행 2025년 7월 30일

발행인 이형두

펴낸이 김윤희
펴낸곳 맑은소리맑은나라
디자인 김창미
출판등록 2000년 7월 10일 제 02-01-295 호
본사 부산광역시 수영구 좌수영로 125번길 14-3 올리브센터 2층
전화 051-255-0263   **팩스** 051-255-0953
이메일 puremind-ms@hanmail.net

값 18,000원
ISBN 979-11-93385-20-3(03220)